中华译学倡主信字与

以中华为根　译与学并重

弘扬优秀文化　促进中外交流

拓展精神疆域　驱动思想创新

丁酉年冬月　许钧撰　罗卫东书

"十四五"时期国家重点出版物出版专项规划项目

中华译学馆·中华翻译研究文库

许 钧 ◎ 总主编

中国网络翻译批评研究

王一多 ◎ 著

ZHEJIANG UNIVERSITY PRESS
浙江大学出版社
· 杭州 ·

图书在版编目(CIP)数据

中国网络翻译批评研究 / 王一多著. —杭州:浙
江大学出版社,2023.8
　(中华翻译研究文库 / 许钧总主编)
　ISBN 978-7-308-23377-4

Ⅰ.①中…　Ⅱ.①王…　Ⅲ.①翻译理论－研究－中国
Ⅳ.①H059

中国版本图书馆 CIP 数据核字(2022)第 239362 号

中華譯學館　真言題

中国网络翻译批评研究

王一多　著

出 品 人	褚超孚
丛书策划	陈　洁　包灵灵
责任编辑	陆雅娟
责任校对	田　慧　曾　庆
封面设计	程　晨
出版发行	浙江大学出版社
	(杭州市天目山路 148 号　邮政编码 310007)
	(网址:http://www.zjupress.com)
排　　版	浙江大千时代文化传媒有限公司
印　　刷	杭州高腾印务有限公司
开　　本	710mm×1000mm　1/16
印　　张	16
字　　数	230 千
版 印 次	2023 年 8 月第 1 版　2023 年 8 月第 1 次印刷
书　　号	ISBN 978-7-308-23377-4
定　　价	68.00 元

总　序

　　改革开放前后的一个时期,中国译界学人对翻译的思考大多基于对中国历史上出现的数次翻译高潮的考量与探讨。简言之,主要是对佛学译介、西学东渐与文学译介的主体、活动及结果的探索。

　　20 世纪 80 年代兴起的文化转向,让我们不断拓宽视野,对影响译介活动的诸要素及翻译之为有了更加深入的认识。考察一国以往翻译之活动,必与该国的文化语境、民族兴亡和社会发展等诸维度相联系。三十多年来,国内译学界对清末民初的西学东渐与"五四"前后的文学译介的研究已取得相当丰硕的成果。但进入 21 世纪以来,随着中国国力的增强,中国的影响力不断扩大,中西古今关系发生了变化,其态势从总体上看,可以说与"五四"前后的情形完全相反:中西古今关系之变化在一定意义上,可以说是根本性的变化。在民族复兴的语境中,新世纪的中西关系,出现了以"中国文化走向世界"诉求中的文化自觉与文化输出为特征的新态势;而古今之变,则在民族复兴的语境中对中华民族的五千年文化传统与精华有了新的认识,完全不同于"五四"前后与"旧世界"和文化传统的彻底决裂与革命。于是,就我们译学界而言,对翻译的思考语境发生了根本性的变化,我们对翻译思考的路径和维度也不可能不发生变化。

变化之一,涉及中西,便是由西学东渐转向中国文化"走出去",呈东学西传之趋势。变化之二,涉及古今,便是从与"旧世界"的根本决裂转向对中国传统文化、中华民族价值观的重新认识与发扬。这两个根本性的转变给译学界提出了新的大问题:翻译在此转变中应承担怎样的责任? 翻译在此转变中如何定位? 翻译研究者应持有怎样的翻译观念? 以研究"外译中"翻译历史与活动为基础的中国译学研究是否要与时俱进,把目光投向"中译外"的活动? 中国文化"走出去",中国要向世界展示的是什么样的"中国文化"? 当中国一改"五四"前后的"革命"与"决裂"态势,将中国传统文化推向世界,在世界各地创建孔子学院、推广中国文化之时,"翻译什么"与"如何翻译"这双重之问也是我们译学界必须思考与回答的。

综观中华文化发展史,翻译发挥了不可忽视的作用,一如季羡林先生所言,"中华文化之所以能永葆青春","翻译之为用大矣哉"。翻译的社会价值、文化价值、语言价值、创造价值和历史价值在中国文化的形成与发展中表现尤为突出。从文化角度来考察翻译,我们可以看到,翻译活动在人类历史上一直存在,其形式与内涵在不断丰富,且与社会、经济、文化发展相联系,这种联系不是被动的联系,而是一种互动的关系、一种建构性的力量。因此,从这个意义上来说,翻译是推动世界文化发展的一种重大力量,我们应站在跨文化交流的高度对翻译活动进行思考,以维护文化多样性为目标来考察翻译活动的丰富性、复杂性与创造性。

基于这样的认识,也基于对翻译的重新定位和思考,浙江大学于2018年正式设立了"浙江大学中华译学馆",旨在"传承文化之脉,发挥翻译之用,促进中外交流,拓展思想疆域,驱动思想创新"。中华译学馆的任务主要体现在三个层面:在译的层面,推出包括文学、历史、哲学、社会科学的系列译丛,"译入"与"译出"互动,积极参与国家战略性的出版工程;在学的层面,就翻译活动所涉及的重大问题展开思考与探索,出版系列翻译研究丛书,举办翻译学术会议;在中外文化交流层面,举办具有社会影响力的翻译家论坛,思想家、作家与翻译家对话等,以翻译与文学为核心开展系列活动。正是在这样的发展思路下,我们与浙江大学出版社合作,集合全国译学界的力量,推出具有学术性与开拓性的"中华翻译研究文库"。

积累与创新是学问之道,也将是本文库坚持的发展路径。本文库为开放性文库,不拘形式,以思想性与学术性为其衡量标准。我们对专著和论文(集)的遴选原则主要有四:一是研究的独创性,要有新意和价值,对整体翻译研究或翻译研究的某个领域有深入的思考,有自己的学术洞见;二是研究的系统性,围绕某一研究话题或领域,有强烈的问题意识、合理的研究方法、有说服力的研究结论以及较大的后续研究空间;三是研究的社会性,鼓励密切关注社会现实的选题与研究,如中国文学与文化"走出去"研究、语言服务行业与译者的职业发展研究、中国典籍对外译介与影响研究、翻译教育改革研究等;四是研究的(跨)学科性,鼓励深入系统地探索翻译学领域的任一分支领域,如元翻译理论研究、翻译史研究、翻译批评研究、翻译教学研究、翻译技术研究等,同时鼓励从跨学科视角探索翻译的规律与奥秘。

　　青年学者是学科发展的希望,我们特别欢迎青年翻译学者向本文库积极投稿,我们将及时遴选有价值的著作予以出版,集中展现青年学者的学术面貌。在青年学者和资深学者的共同支持下,我们有信心把"中华翻译研究文库"打造成翻译研究领域的精品丛书。

许　钧

2018 年春

目　录

第一章 引 言

　　数字化时代的翻译研究面临着很多新现象新课题:翻译形式的多维多模式、译者身份的网民化和翻译过程的读者互动[①]。这些现象使得翻译和翻译批评都焕发出新的生机和活力,网络翻译批评更以其独特的姿态进入翻译研究者的视野,非常值得深入研究。单从数量上来看,网络上出现的翻译批评文章可以说是铺天盖地,仅以国内知名评论(书评、影评、乐评)网站——豆瓣网上与翻译批评相关的小组为例:该网站上的"翻译批评"小组有成员1529人,"翻译找茬与建设组"有成员3862人,"幻想文学翻译批评"小组有成员33人,"艺术类翻译小组"有成员3204人,"音乐文章翻译小组"有成员665人,"学术翻译批评"小组有成员514人。[②] 其中两三个虽然名为翻译小组,但是里面的内容还是以翻译批评为主。可以发现,网络上参与翻译批评的人员广泛,数量庞大。而这仅仅是豆瓣网一家网站上的翻译批评小组,还有很多类似的网站、论坛、博客、微信公众号等阵地,参与人员同样为数众多,批评的内容包罗万象。面对如此庞杂的网络翻译批评现象,翻译研究者需要对其认真梳理、综合分析、理性总结、合理定位。

---

① 张莹. 数字化时代翻译研究面对的新现象新课题. 中国翻译,2012(4):16.
② 2017年9月5日16:36采集。

第一节　概念的厘定

在谈到网络翻译批评时,不得不先提及批评和翻译批评,只有先对这两个术语有清晰认识和明确界定,才能准确地了解和把握网络翻译批评的概念。

一、批　评

说起批评,人们通常认为它同"指责""批判""责备"意思相近,"批评"在某些人的眼里就代表着否定,他们听到批评就会产生一种抗拒的心理,容易将其与"指责"和"批判"等同起来。"批评"所产生的这种联想在一定程度上阻挠了在正常意义上使用批评,影响了对"批评"的接受程度。实际上,"批评"二字所蕴含的意义十分丰富,"批评"的概念虽然古已有之,但批评这一概念并未得到正确的认识,并未完全发挥其应有的功能。

(一)批评概念的梳理

在《现代汉语词典》①中,批评主要有两个含义:(1)指出优点和缺点;评论好坏。(2)针对缺点和错误发表意见。这是字典中的含义,其中第一个意思就是指出优点和缺点,而第二个意思才是指出缺点和错误,也就是日常用语中的批评。人们往往听到"批评"二字,就感觉到一种否定的意味,但在文学批评、翻译批评或者艺术批评领域,其所具有的含义并非如此,而是有两个层次:既有指出缺点,也有列出优点。

"批评"这一概念在历史发展过程中已经发生了很大演变。罗根泽在《中国文学批评史》中探究了"批"的发展脉络,在中国古代,"批"并不是专用于对文学的评论,而是对文章的批注,甚至文章之外的批卷范围;"批"也不是针对评论,而主要是抉剔和裁判。"'批'表达的不是文学家与批评

---

① 中国社会科学院语言研究所词典编辑室. 现代汉语词典. 北京:商务印书馆,2016:942.

家之间的平等关系,而是一种上对下、君对臣、师对生的一种不平等关系表达的行为。"①从这一角度而言,古代"批"之义与文学批评之义是有明显区别的。而如今的"文学批评"指的是对写作、文本、阅读及影响写作和阅读的外部条件和主体素质进行研究和评价的活动。在西方,批评概念也发生了很多演变。古希腊的"批评"一词,原是"判断"之意,并不含有攻击破坏的意思。判断有两个步骤,判与断。在后来的历史分化过程中,不同的民族语言和民族国家的情况发生变化,因而"批评"的概念也随之发生变化,出现了不相一致的意义和用法。② 总的来说,批评的概念范围有由狭隘逐渐变得宽泛的趋势。

此外,人们对"批评"和"评论"的含义一直有些混淆,应加以区分。在斯陶尔曼的《批评文集》中,critique 用于表示"关于个别作家的讨论",而 criticism 则用来表示"理论"。③ 西方所谓的 criticism,中国古代名之曰"论"。罗根泽曾对"评论"一词进行溯源。他指出,"至'评论'二字连为一词,在汉末魏晋便已屡见不鲜。……'评论'这一范畴早在汉末魏晋时已流行,先是用于人物品藻和人物评论,此后用于文章和文学评论。故而'评论'一词兼有'评'与'论'两词的含义,即评价、裁判与理论、论说、分析之含义"④。而中国古代文学批评应从广义而非狭义来理解,它包括对文学的评价和裁判,也包括文学理论与批评理论。实际上,目前批评的内涵已经包含了评论的涵义,"批评"一词已扩展到全部文学研究,从而取代了"诗学"或"修辞学"。具体来说,关于"批评"一词的诸种含义,也许可以总结出一些基本的想法和做法:(1)编订版本;(2)纠正文法;(3)判断质量;(4)鉴定品质;(5)撰写评论;(6)诗学理论。⑤

随着批评的外延不断拓展,批评可以实现多个功能,包括甄别纠正功

---

① 张利群. 中国古代文学批评学的性质与定位辨析. 文学前沿,2009(1):7.
② 韦勒克. 批评的概念. 张今言,译. 杭州:中国美术学院出版社,1999:19-33.
③ 转引自:王宏印. 文学翻译批评论稿. 上海:上海外语教育出版社,2005:14.
④ 罗根泽. 中国文学批评史. 上海:上海书店出版社,2003:8-10.
⑤ 王宏印. 文学翻译批评论稿. 上海:上海外语教育出版社,2005:13-20.

能、评价判断功能以及评论理论功能。批评甚至已经并不仅仅代表对一部文学作品、翻译作品的看法,其中也包含着一种对文学和翻译的理解,也就是批评观。就如弗莱在《批评之路》中传达了这样的批评观:批评并不是我们所说的比理论更肤浅的阅读行为,并不是阅读的叙述运动,而是一种把文本看成历史性存在结构,能够传达文学深层文化意蕴的审美活动,一种能够提升文学价值和地位并且能够培养起读者对文学的敬畏感的行为。①

时至今日,铺天盖地的翻译批评中要么是溢美之词泛滥,要么是浅尝辄止,不敢深入。我们不禁更加渴望实现批评的真正意义。在进行批评时,我们需要关注的是事物本身,关注批评应起的作用。把批评的功能等同于专门挑刺、找问题,这是失之偏颇的。"批评行为是独立的,它建立在批评者的文学修养和批评能力之上,既说出作品的好,也说出作品的不好。假使一部作品只有'不好',它绝不虚夸个中之'好'或掩饰其中的'不好'。这里面要有学养,要有眼光,要有激情,要有理性。"②事实上,只有在这样的批评标准下,批评本身的有效性、准确性才能得到保障。下面我们探讨一下进行批评时通常运用的工具和所应具备的精神。

(二)批评的工具

批评通常诉诸两种手段,那就是感性和理性,这是一组概念,但并不对立。感性往往诉诸情感的力量,而理性往往需要经过思考和论证。感性与理性是批评过程中的两大利器。"感性的批评主要来自对语言材料的直觉判断。成功的感性化批评体现了直觉思维的特点,往往能直截了当地抓住本质性的东西。"③感性的批评有其自身的优势:感性的批评通常具有很强的个性,使用的语言具有明显的个人色彩,给读者带来强烈的冲击和感受;好的感性批评通常都需要批评者具有渊博的知识、敏锐的洞察

① 转引自:谭旭东.寻找批评的空间.哈尔滨:黑龙江教育出版社,2007:前言 1.
② 方卫平.呼唤独立、纯粹的批评精神.文艺报,2014-04-11(5).
③ 杨晓荣.翻译批评导论.北京:中国对外翻译出版有限公司,2005:前言 1.

力、深刻的思想以及不俗的语言功底。感性的批评也是我国文学批评中常见的一种批评方式,在我国的传统文学批评和翻译批评中,直觉印象式批评一直占据着主流的地位,更加强调顿悟和体悟方式的研究。传统翻译批评也因袭文学批评的特点,比如,佛经翻译时期提到的"质"与"文",钱锺书提出的"化境说",傅雷提出的"神似说"等。但感性批评的不足也显而易见,由于感性批评主要依据个人的判断,所以批评者如果不具备一定的学术修养,其批评无疑会流于主观和片面。理性批评则是西方学术传统的产物,其主要是依据实证性的研究方法,这种批评是通过对研究对象大量的观察、实验和调查,获取客观材料,从个别到一般,归纳出事物的本质属性和发展规律的一种研究方法。理性批评的特点是具有客观性、可还原性,免于受到情感的影响。不同的文化以及不同的哲学传统造就了不同的学术传统,由于西方对理性的重视,所以在进行研究时多采用科学的、分析的方法来演绎。

中国传统翻译批评理论主要传承传统文论和美学的术语和概念,所以传统翻译批评以感性为主,印象式批评、体悟式批评占据上风,但随着西方翻译批评理论的引入,西方学术体系中崇尚理性、科学的范式以压倒性的优势大行其道。在很长一段时间内,尽管传统的翻译批评理论以其独有的风格、话语体系获得了一定的发展,但中国翻译批评理论中占据主导的仍是西方理论支撑的多种模式,如目的论范式、功能语言学路径、阐释学视角、文化研究学派等。虽然这两种工具曾经被视为是对立的,一方优于另一方,属于二元对立的范畴,非此即彼,但随着解构主义的到来,二者之间的关系得到了重新审视。在之后的发展过程中,感性和理性之间也再无孰优孰劣的问题,它们都能发挥各自的作用。

在进行翻译批评时,传统翻译批评所借助的是纸媒,所以在从头脑到笔头的过程中经历了复杂的转化和梳理过程。而随着媒介的变化,网络成为人们表达意见的主要平台,随性的表达随处可见,感性批评又慢慢从后台走向了前台,在各个批评阵地表现十分活跃。特别是互联网时代,人们通过网站、论坛、微博、微信等平台或长篇大论,或三言两语,甚至用一句话、一个字、一个网络表情,都可以发表意见、表明态度。这些内容更多的是一种情感的释放,情绪的表达。

(三)批评的精神

批评的精神是在进行翻译批评时批评者所应该持有的态度,是进行真正的批评所应具备的风骨。刘云虹曾立足于翻译批评活动的本质与发展现状,从客观、创造和求真三方面论述如何树立科学的翻译批评精神。① 下文则从以下三个方面探讨一下批评精神。

1.批评需要有较真的精神。"批评是一种揭示真相和发现真理的工作。虽然进行肯定性的欣赏和批评,也是批评的一项内容,但就其根本性质而言,批评其实更多的是面对残缺与问题的不满和质疑、拒绝和否定,是的,真正意义上的批评意味着尖锐的话语冲突,意味着激烈的思想交锋。"② 在展示真相、揭示真理的过程中,由于观点相左会出现一些话语冲突,但正是因为这些交锋才能使问题越辩越明。在翻译史中,曾经有过针尖对麦芒的辩论,如"五四"时期就不缺乏这种指出问题的批评精神。我们可以看到"五四"时期的翻译批评经常有思想的激烈碰撞,学术论争也是此起彼伏,一些文学团体组织(其中以文学研究会和创造社为代表)相互论战,除了文学团体之间,名人之间的争论也是直接而尖锐的。比如,创造社的成员一开始翻译活动,就有意识地对翻译文学阵营内的投机分子和粗翻滥译行为进行"清算"。③ 从 1922 年到 1929 年,创造社以《创造》季刊和《创造周报》为阵地开展了多种形式的翻译文学活动;同时积极开展翻译文学批评,主张"唤醒译书家的责任心",检讨和批评别人(主要是文学研究会成员)的译作。在批评与接受批评的过程中,这些社团成员都能以追求真理的态度,把事情弄清楚,把问题指出来。

2. 批评需要讲究责任伦理。"真正意义上的批判,源于批判者个人真

---

① 刘云虹. 论翻译批评精神的树立. 外语与外语教学,2009(9):62-65.

② 李建军. 批评家的精神气质与责任伦理//方宁. 批评的力量. 重庆:西南师范大学出版社,2009:21.

③ 王向远,等. 二十世纪中国文学翻译之争. 南昌:百花洲文艺出版社,2006:25.

诚的信念,源于批判者自身的文化良知,源于批判者发自内心的对历史、对文化、对民族、对人类的使命感、责任感。"①责任伦理是马克斯·韦伯提出的一个非常著名的概念。在他看来,一切具有伦理意义的行为,皆可归并为两大类:一类是责任伦理,一类是心志伦理(信念伦理)。② 翻译批评所应承担的责任伦理,是为自己时代的翻译作品提供真实、可靠的判断,从而将这些判断转换为积极的具有生产性的话语力量。具体地说,就是要有助于读者了解真相,同时又要作为一种制衡力量,对译者的译作进行质量监督。

3. 批评需要具备质疑的态度和反思的精神。进行批评时,最为可贵的是具有质疑的精神。多年来,我们缺少质疑的精神,尤其是缺少基于反思的质疑精神。质疑精神有三层含义:(1)认识的可能性受限于思维的局限和思维客体的不可接近性,所以随着人类认识的发展以及思维的拓展,任何问题都可以从新的角度认识,从而产生新的理论和观点。(2)对于那些已具有较高知名度的名家和作品,批评者能够不受到其已拥有的名声的束缚,带着质疑的态度发现问题、指出问题。(3)被批评的对象能够坦然面对不同的声音,在反思的基础上进行探讨和交流。如果批评者不敢拿起手中的利器指向需要指出问题的翻译作品,批评者不敢挑战作品和译者的权威,那么批评就难以深入。当被批评的作品和人高高在上,批评者看到问题也不敢将其拉下,那么批评又有什么意义?是否有批评者有这样的勇气和精神,不管面对谁的作品,都敢于把其作品中的不足一一指出,以形成良好的批评气氛。如果没有这样的态度,那么就是一种"不温不火"的翻译批评,说了等于白说。③

二、翻译批评

翻译批评是翻译研究非常重要的一部分,翻译批评的内涵和外延随

---

① 王彬彬. 为批评正名. 长春:时代文艺出版社,2000:243-244.
② 韦伯. 学术与政治. 钱永祥,等译. 桂林:广西师范大学出版社,2010:233.
③ 肖维青. 翻译批评模式研究. 上海:上海外语教育出版社,2010:41-44.

着翻译研究的发展也在不断变化。从翻译批评这一概念的使用情况来看,有多个术语与之关系密切,即翻译(质量)评估(translation assessment)、翻译赏析/鉴赏(translation appreciation)、翻译评论(translation review)。这几个术语在翻译批评发展的过程中曾经出现过重叠或者混用的情况。下面笔者将对其进行区分,避免在使用过程中的混淆,也为了能够界定其在本研究中的具体所指。

翻译(质量)评估,顾名思义,这一术语主要指的是对翻译质量进行评估。"按照坎贝尔和黑尔的主张,翻译(质量)评估主要有两大类,教学和鉴定,用于教学培训、比赛、人才选拔等需要量化来评价翻译质量的场合。"[1]肖维青认为,翻译(质量)评估分为两类,一类是翻译教学测试,一类是职业翻译评估。换句话说,翻译(质量)评估主要所适用的场合并非学术研究,而是应用实践。[2] 但在翻译理论中,翻译(质量)评估也代表着一种翻译批评模式,如美国翻译家茱莉安·豪斯提出的翻译质量评估模式,这一理论主要是从系统功能语言学角度对翻译质量进行评估,即根据原文文本功能及译文文本功能的异同将翻译划分为"显性翻译"与"隐性翻译",是翻译批评的方法之一。[3] 与之相近的一个词语是翻译评价(translation evaluation),但这个词语并没有形成自己固定的定义,只是一个普通词语,从而并不能称为术语。

翻译赏析/鉴赏主要指的是对原文和译文进行比较后所做的分析和鉴赏,赏析的对象是翻译质量上乘的佳作,主要目的是用来进行学习和研究,所采用的方法多为传统的文本比较方法。翻译赏析/鉴赏是语文学阶段翻译研究中常见的一种研究方法,如袁锦翔所著的《名家翻译研究与赏析》。翻译赏析/鉴赏也可以说是进行翻译批评的第一个阶段,正如翻译

---

① 转引自:王克非,杨志红. 翻译测试中的理论与实践问题. 外国语,2010(6):54-60.

② 肖维青. 翻译批评模式研究. 上海:上海外语教育出版社,2010:73.

③ House,J. *Translation Quality Assessment*:*Past and Present*. London and New York:Routledge,2015:63-70.

批评与文学批评在本质上是一致的,都可以被理解成一种广义的阅读,都可以从阅读出发,达到研究的高度,涵盖鉴赏—阐释—评论三种类型或三个层次。①

　　翻译评论在使用过程中曾经与翻译批评混用,如何元建在《翻译学报》上将"A Review of Translation Criticism: The Potentials & Limitations"翻译为《翻译评论:空间和限制——翻译质量评估的范畴和标准》,而《中国翻译》刊登的《我对翻译评论的几点看法》一文的摘要中,却用了翻译批评和翻译评论两个术语来表达同一个意思。此外,桂乾元的《译事繁荣需评论——论翻译评论》一文以及杨晓荣的《对翻译评论的评论》一文都把翻译评论和翻译批评等同。"翻译批评主要针对具体的译作或与译作有关的某种翻译现象所作的评论,'批评'与'评论'在此基本同义。"②再如,美国文学翻译家协会有一本杂志 Translation Review,该刊关注文化层面上文学移植的理论和批评。内容包括对译者的深度访谈和翻译评估,剖析小型的、商业的、大学的外国文学翻译出版商,多语种翻译的比较研究,翻译工作和课程的方法调查,美国与其他国家(地区)的翻译研究的进展信息等。而在中国台湾地区有一个名叫《编译论义》(Compilation and Translation Review)的在线期刊,从在这个刊物发表的文章中我们可以看到,这里的"translation review"的含义要宽泛得多。

　　除此之外,翻译评论还有广义和狭义之分。广义上的翻译评论是指对翻译作品的评论,不论是刚出版的翻译作品,还是出版了很久的作品。这是一种围绕作品中的翻译问题所进行的评论。狭义上的翻译评论和书评类似,其目的是引起读者对新出版的翻译作品的注意,同时,评论者会对作品是否值得阅读和购买发表自己的看法,具有一定的导读和导向的作用。在这一点上,翻译批评则有所不同,翻译批评的对象不限于新译著,翻译批评者常对译著做详细的研究,因而通常期待读者已经熟悉该译

① 许钧,穆雷. 翻译学概论. 南京:译林出版社,2009:281.
② 杨晓荣. 翻译批评导论. 北京:中国对外翻译出版有限公司,2005:3.

著。① 但狭义的翻译评论并非书评,书评即评论或介绍书籍的文章,书评是对所有的书籍进行介绍或者评论,翻译评论只对那些经过翻译的书籍进行评论。书评具有信息功能、中介功能和导读功能,而翻译评论更准确地说是译评,主要是对译作的质量进行评论,其中也包含对译者的翻译观、风格的研究,对原作的理解等。肖维青认为,翻译评论是了解对翻译的文化态度的有用信息来源,为广义的翻译批评提供研究、考察翻译策略和翻译准则的一手资料。② 可以说,"翻译批评与翻译评论是主从关系,即翻译评论是下义词,其范围仅限于对新的译作或者译著作出评论、推介"③。

翻译批评的概念随着翻译理论的发展呈现出一些变化,在翻译研究的语文学阶段,翻译批评关注的主要是文本,比如根据《中国翻译词典》的描述,翻译批评即"参照一定的标准,对翻译过程及其译作质量与价值进行全面的评价"④。而许钧和袁筱一则将其定义为:"翻译批评是指在一定的社会条件下,遵循一定的翻译原则、并运用一定的方法,对某一译作所作的评价。这种评价必须避免随意性和盲目性、杜绝胡批乱评和感想式的点评,应该在一定的理论指导下,历史地、客观地、全面地翻译赏析。"⑤与之相似的还有,"依据一定的翻译标准,采用某种论证方法,对一部译作进行分析、评论、评价,或通过比较一部作品的不同译本对翻译中的某种现象做出评论"⑥。换句话说,翻译批评包含两方面的内容:一种是与翻译作品相关的评论;另外一种是对翻译现象的学理批评。德国学者赖斯的经典之作《翻译批评:潜能与局限》是世界范围内第一部翻译批评专著,赖斯根据德国哲学家(和语言学家)布勒关于语言功能的理论,建立了一个

① Baker,M. 翻译研究百科全书. 上海:上海外语教育出版社,2004:205.
② 肖维青. 翻译批评模式研究. 上海:上海外语教育出版社,2010:71.
③ 李平,何三宁. "翻译批评"名下的"翻译评论". 译林(学术版),2012(5):148-156.
④ 林煌天. 中国翻译词典. 武汉:湖北教育出版社,1997:184.
⑤ 许钧,袁筱一. 试论翻译批评. 翻译学报,1997(1):2.
⑥ 杨晓荣. 翻译批评导论. 北京:中国对外翻译出版公司,2005:3.

语篇类型模式并在此基础上提出了每种语篇的翻译原则和评判标准。①这就是属于后一类翻译批评概念的内容。

从中国期刊网上术语的使用情况可以看出,"翻译批评"这一术语从一开始使用到最终确定下来,经历了概念的发展和变化的过程,其外延在不断扩展。"翻译批评"最早被提出是在 20 世纪 40—50 年代,如董秋斯 1950 年发表的文章《翻译批评的标准和特点》。在翻译批评这一概念发展之初,由于翻译理论的研究还处于语文学阶段,所进行的批评围绕着文本进行翻译赏析/鉴赏是比较常见的。如王宏印 2000 年所著的《世界名作汉译选析》,刘士聪 2002 年所著的《汉英英汉美文翻译与鉴赏》,辜正坤 2003 年所著的《中西诗比较鉴赏与翻译理论》。与之相伴随使用的术语有翻译赏析和翻译鉴赏,之后则主要为翻译评论,如《翻译与评论》②《对翻译评论评论》③《翻译评论浅议》④。尽管其间翻译批评和翻译评论这两个概念有混用的情况,但翻译批评在之后成为翻译研究的一个分支,有了清晰的定义和概念。随着翻译事业的发展,翻译批评也发生了很大变化,最突出的表现是其范围扩大了:(1)批评的对象从译文扩大到译者、翻译过程、翻译理论等;(2)译文批评从文学翻译扩大到各类不同文体的翻译;(3)译文文体批评从忠实于原文的译文扩大到译文的各类变体如编译、摘译等。⑤

总而言之,就术语的种属关系来看,翻译批评是"种",它下面有翻译赏析/鉴赏,也有翻译评论。翻译评论主要指的是对翻译作品的评论,翻译赏析/鉴赏主要是以语言审美和技巧分析为主,而严格的翻译批评则强调建立在充分论证基础上的准确判断。杨晓荣指出,"翻译批评可以是鉴

---

① Reiss,K. *Translation Criticism：The Potentials & Limitations*. 上海:上海外语教育出版社,2004.
② 许渊冲. 翻译与评论. 外国语(上海外国语大学学报),1985(6):13-20.
③ 杨晓荣. 对翻译评论的评论. 中国翻译,1993(4):19-23.
④ 李全安. 翻译评论浅议.中国翻译,1992(1):11-14.
⑤ 杨自俭. 简论翻译批评——《文学翻译批评论稿序》. 解放军外国语学院学报,2006(1):52-54.

赏,也可以是指出错误式的批评,还可以是理论性的研究,借评论某种现象说明某个问题"①。从这个层面上来看,翻译批评是上义词,而翻译鉴赏和翻译评论是下义词。

第二节 多层翻译批评空间

翻译批评之所以呈现出新的形式、新的态势,与媒介的巨大变化密不可分。网络的普及和新技术的发展使得翻译批评呈现出多元化、动态化的特点,具体表现为扩大了翻译批评的范围,革新了翻译批评形式,丰富了翻译批评主体。蒂博代把文学批评分为自发的批评、大师的批评和职业的批评。笔者根据传播的媒介不同,把翻译批评空间分为学院翻译批评空间、大众传媒翻译批评空间和网络翻译批评空间。学院翻译批评空间主要包括专著和期刊论文,由于发行渠道少以及专业程度较高,这一部分的受众数量较少。大众传媒翻译批评空间主要包括电视、报纸和杂志,发行量较大,受众较多。网络翻译批评空间参与人数庞大,平台较多,具有其自身的特点和特色。这三类翻译批评空间在翻译批评主体、客体以及批评标准等方面都有所不同。

一、学院翻译批评空间

学院翻译批评空间主要指的是由专家、学者、职业的批评者对翻译现象和翻译问题所撰写的有关翻译批评的专著和论文。目前,体现翻译批评研究成果的主要是各类专著以及学术期刊论文,比如已出版的代表性专著主要有《文学翻译批评研究》(许钧,1992),《翻译批评导论》(杨晓荣,2005),《翻译与批评》(周仪,2005),《文学翻译批评论稿》(王宏印,2005),《翻译批评学引论》(吕俊、侯向群,2009),《翻译批评模式研究》(肖维青,2010),《译者行为批评:理论框架》(周领顺,2014),《翻译批评研究》(刘云

---

① 杨晓荣. 翻译批评导论. 北京:中国对外翻译出版公司,2005:1.

虹,2015)等。

　　学院翻译批评空间是进行学术研究的重要阵地,在这个空间所做的研究一直都受到学术界高度推崇,由传统翻译批评主要依赖的翻译批评主体从事翻译批评活动。目前对中国翻译研究现状的概述所采用的数据主要来源于专著和学术论文。毫无疑问,学院翻译批评空间处于金字塔的顶端,专著和学术论文是学院翻译批评的主要内容,数量少而精,属于阳春白雪,通常是学者经过深思熟虑、多次修改,并经过编辑审核后发表的研究成果。学院翻译批评最大的特点就是专业化,在取材方面,学院翻译批评不如大众传媒批评那么随意,必须在学科的框架内决定哪些作品值得考察,应当考察作品的哪些方面。"学科的发展要求不仅指出某些有价值的研究对象,同时还排斥某些无价值的问题。"[①]不管批评家如何为某些作品所激动,然而,如果提不出新见,最好都不要重复研究某个作品。是否善于取材是对批评家专业学识程度一个很重要的衡量。在学理方面,与一般的大众传媒翻译批评、网络翻译批评相比,学院翻译批评往往具有较强的理论性、专业性,又得益于学院本身相对单纯的研究环境,较少受其他社会因素的干扰和制约,而体现出批评的纯粹性和学术性。

二、大众传媒翻译批评空间

　　大众传媒翻译批评主要是在电视、报纸和杂志上进行的有关翻译的批评。常见的一些读书类报纸和杂志,如《文汇读书周报》《中华读书报》《中国图书商报·书评周刊》。除了这些专门的读书类报纸,一些综合性报纸,如《人民日报》《光明日报》《文学报》《北京青年报》《新民晚报》《羊城晚报》等也会发表与翻译相关的文章,还有其他大众报刊(晚报、周末报、都市报、周刊)的文艺副刊、读书和书评版块、文学专栏、文学报道等,以及

①　袁英.话语理论的知识谱系及其在中国的流变与重构.武汉:华中师范大学博士论文,2011:98.

电视里的翻译类节目、人物访谈、谈话节目。这些大众媒体形式更容易渗透到读者的生活中,可以更加快捷、便利地进入读者的视野,引起读者的思考和共鸣。这些报纸和杂志有的已经有了网络版,便于读者浏览,比如《中华读书报》《光明日报》等。毋庸置疑,这些报纸和杂志以前是,现在仍然是,将来也会是非常重要的翻译批评平台。

大众传媒翻译批评以活跃的姿态进入翻译批评空间,拓宽了翻译批评的接受范围,使得公众可以通过这一途径获知翻译活动、翻译热点以及翻译标准。大众传媒翻译批评空间有其自身的特点,与学院翻译批评空间有以下不同:其一,由于作者的经验范围与洞察力不同,大众传媒翻译批评与学院翻译批评在取材、文体、规模上显示出很大的不同。通常,大众传媒翻译批评的对象总是更倾向于那些读者关注的作品,批评文章一般都不长,经常是多数读者阅读印象的总结,批评家的结论与多数读者的经验大体上是吻合的。由于受多数读者接受能力的制约,大众传媒翻译批评一般会选用通俗化的字眼,也很少对一部重要但很可能是多数读者所不感兴趣的作品加以探讨。其二,大众传媒翻译批评空间和学院翻译批评空间的批评主体不同。大众传媒翻译批评空间的批评主体范围比学院翻译批评空间的批评主体范围广泛,不只有那些从事翻译批评的人,还包括很多与此相关的诗人、作家、编辑和读者等,他们可以对翻译作品发表自己的意见。如读者武晓蓓于 2007 年 6 月 6 日在《中华读书报》上发表的《译者,请你查一查辞书!》一文。值得注意的现象是,传统的大众传媒翻译批评表面上看起来和学院翻译批评互不牵涉,但实际上,学院的专家资源和理论资源也会为大众传媒翻译批评服务。大众传媒翻译批评的批评主体更多的是游走于学院与媒体之间的专家学者和权威人士。这些人的影响力非常大,比如许钧、黄友义等著名的专家学者经常在报纸上发表文章,其他学者也积极参加这样的活动。

与学院翻译批评空间相比,大众传媒更易于把读者与批评者连接起来,批评选取的内容也更容易被读者接受。文章内容以翻译评论为主,包括与译者的访谈、译者对翻译的认识、某个新词热词的翻译、版本比较等。

如 1995 年,《文汇读书周报》与南京大学西语系翻译研究中心联合举行了对《红与黑》几个版本意见的调查。同时,译者与译者、译者与读者和研究者之间也开展了广泛的对话。① 再如,1997 年《中华读书报》发起的"翻译作品面面观"的征文、20 世纪 90 年代中期关于《尤利西斯》译本的讨论等。大众传媒翻译批评空间与学院翻译批评空间相比具有速度快、范围广、影响大等特点,但也存在单向传播,反馈少,交流互动慢等缺点。

三、网络翻译批评空间

网络翻译批评空间是继学院翻译批评空间和大众传媒翻译批评空间之后发展出来的另一重要翻译批评空间,这一空间没有设下任何限制,是一个开放的空间。网络翻译批评主要指的是在网络上所能看到的与翻译批评相关的内容,网络翻译批评散落在网上的各种空间里,它可能是在网站上,也可能是在博客、微博、微信里。网络翻译批评空间的主要特点就是借助互联网这一媒介,在互联网上出现的与翻译批评相关的内容都可以隶属于网络翻译批评空间。网络翻译批评空间出现的翻译批评分为两种情况:一是将纸质媒介已出版或者发表的翻译批评放在网上;二是在网上首次出现的翻译批评,也就是原创的翻译批评。由于网上的翻译批评载体也包括纸质媒体的电子版,所以学院翻译批评空间和大众传媒翻译批评空间里的内容一旦放在网上,也可以被囊括进网络翻译批评空间。这两种情况中更令人瞩目的主要是那些在网络上首次出现的翻译批评。

学院翻译批评空间、大众传媒翻译批评空间和网络翻译批评空间构成了翻译批评空间类似金字塔形的三个层次(见图 1.1)。最底下一层是网络翻译批评空间,中间一层是大众传媒翻译批评空间,最上面一层是学院翻译批评空间。这样的层次划分表明了三类批评数量以及质量上的不同。与此同时,这三个空间相互之间并非隔离的,而是相互影响、相互渗透的。网络翻译批评空间的活力、张扬给学院翻译批评空间带来了冲击,

---

① 文军,刘萍. 中国翻译批评五十年:回顾与展望. 甘肃社会科学,2006(2):38-43.

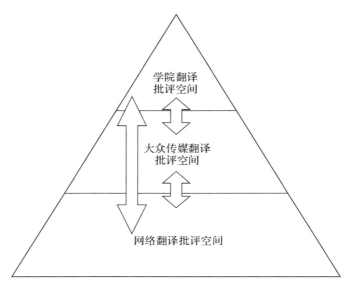

图 1.1　多层翻译批评空间

使得学院翻译批评空间和大众传媒翻译批评空间开始反思自己的问题和
处境,学院翻译批评空间和大众传媒翻译批评空间也对网络翻译批评空
间有一定的监督和指导功能。

第三节　网络翻译批评:大众的狂欢

在大众传媒颠覆了传统的世界观,给人们的生活带来了巨大的变化
后。翻译批评界由于新媒体、融媒体和全媒体的广泛应用,也出现了新的
局面。网络给了更多读者发表意见的平台,读者可以借助互联网这个载
体,进行"在线性"的、即时互动的批评活动,以各种各样的翻译现象为言
说批评的对象。网络翻译批评使翻译批评活动趋向大众化和传媒化,赋
予读者批评的自由。这也意味着网络翻译批评打破了传统翻译批评主
体的权威地位,传统翻译批评主要是学院翻译批评,能够拿起批评的利
器进行批评的主体主要是专家和从事翻译研究的人员,而在新媒体时
代,每个翻译爱好者都可以借助网络平台表达自己对翻译作品和与翻译

有关事情的意见。在这种批评的狂欢下，"人人都是批评家"，人人都可以平等有效地参与进来。传统翻译批评主要通过纸质文字形式呈现，而网络翻译批评可以借助图片、音乐、动画和超链接让翻译批评的形式多样化，一扫传统翻译批评的平面形象，极大地丰富翻译批评的形式。

在著名文学评论家蒂博代的分类中，自发的批评具有上面所呈现的特点，"还存在有另外一种批评，它更为警觉，更为关心现时的声音和生动活泼的问题，就某种程度来说，它装备更为轻便，它向同时代的人发出信号。自发的批评的作用使书籍被一种现代的潮流、现代的新鲜感、现代的呼吸和现代的气氛所包围，它们通过谈话形成、沉淀、蒸发和更新"①。在过去和现在，经典与现代之间有着这样的一种关系，"经典的批评涉及的是一个过去了的翻译世界，其中筛选已然进行。今日的批评针对一个现存的世界，其中筛选尚未进行。它的功能在于感觉、理解、帮助形成现在"②。

蒂博代告诉我们，所谓自发的批评是一种读者的批评。当然这里所指的读者并非任意一位读书的人，而是一些有文化修养却"述而不作"的人。他们有趣味，有鉴赏力，读书只求获得精神上的满足和快乐，而自己并不执笔写作。自发的批评的功能是在书的周围保持着经由谈话而形成、积淀、消失、延续的那种现代的潮流、清新、气息和氛围。③ 这样的自发批评正是网络翻译批评所力图达到的一种理想状态，或者说是追求的一种境界。当然这里的读者主要是那些具有较高语言素养、文学或者翻译鉴赏能力的人，而网络翻译批评中的读者范围更加广泛，但其中也不乏这样的读者。尤为重要的是，这些读者所发表的意见、形成的批评氛围改变了批评的环境，创造了一种全新的体验。

---

① 蒂博代.六说文学批评.赵坚，译. 北京：生活·读书·新知三联书店，1989：12-13.
② 郭宏安.《批评生理学》：自发的批评. 读书，1987(5)：126.
③ 郭宏安.《批评生理学》：自发的批评. 读书，1987(5)：123.

一、传统翻译批评的历史问题与现实困境

前文我们将翻译批评分为三个层次的批评空间,传统翻译批评主要指的是在网络翻译批评出现之前所进行的翻译批评,即学院翻译批评以及大众传媒翻译批评。学院翻译批评又称为"学院派批评"或"学院式批评",按照蒂博代的划分,学院派批评可看作是以大学教授为批评主体的"职业批评"。在翻译界,传统翻译批评和学院翻译批评一样,其批评主体主要是专家学者。即使是大众传媒翻译批评,发出声音的批评主体仍是如此。所以,总体来说,学院翻译批评一枝独秀,其他批评主体的声音微乎其微。诚然,学院翻译批评有其固有的优势,如肖维青认为,"这是实证研究,以搜集材料开始,以考证渊源、运用理论(文学、语言学、哲学、文艺学)为主要活动,因此呈现出相当的条理化、系统化和科学化"①。而随着翻译活动的丰富、翻译形式的变化、翻译作品的增多,传统翻译批评需要正视自身的局限和不足。

目前,不少有识之士已经看到了传统翻译批评的弊端,认为当代批评晦涩、神秘、学院气重,批评主体局限于少数专家学者。令人不安的是,每当提到翻译批评,缺席、危机、失语等字眼仿佛成了它无法摆脱的修饰语。"翻译的繁荣与批评的缺席已经逐渐成为一对矛盾:一方面,翻译事业理性、健康的发展离不开翻译批评;另一方面,翻译批评长期处于非理性状态,甚至陷入了一种尴尬的境地,对翻译实践中出现的重大问题常常以缺席者的姿态出现。"②我们不得不反思学院翻译批评的批评客体范围是否过于狭窄,所采取的批评方法是否过于程式化,还有哪些类型的批评被忽视。笔者认为,传统翻译批评目前主要存在以下几个问题。

(一)与现实翻译活动的疏离

近 20 年的翻译批评论文和专著对译品、译者、译事、译论和翻译过程

---

① 肖维青. 翻译批评模式研究. 上海:上海外语教育出版社,2010:63.
② 刘云虹. 论翻译批评精神的树立. 外语与外语教学,2009(9):62.

都有涉及。翻译批评研究不但在范围上有了突破,而且其内容也更具系统性和理论性。尽管如此,人们在日益感受到翻译研究的发展和翻译作品大量涌现的同时,仍会发现翻译批评中存在着一些缺失。

翻译事业繁荣的背后,翻译批评却没有获得其应有的地位、没有起到应起的作用,没有专门的批评期刊与批评队伍,"批评的缺席"成了人们感慨最多,也是谈论最多的一个话题。读者普遍感受到翻译质量良莠不齐,比如,"鲁迅文学奖"中翻译奖项空缺,《史蒂夫·乔布斯传》的译文引发巨大争论等。在这些受到广大读者关注的事件中,翻译批评者需要并且应当能够给出一个理性的声音、权威的解释、专业的意见,但是与读者的愿望相反,他们往往一头雾水,被各种不同的声音所困扰。

文学批评应是一种使文学与外部现实相通的批评,翻译批评同样如此,翻译批评也是通过关注翻译质量、翻译现象、翻译活动而使翻译与外部现实接通的批评。那么都有哪些批评客体和翻译问题目前没有受到关注并给予批评呢?(1)对文学翻译之外其他类型的翻译,比如社科类著作、影视翻译等,一直以来并未给予充分的重视。(2)缺失对译品质量的批评。在当今世界的翻译作品正以几何级数增长的时候,当读者正受到越来越多的翻译作品轰炸时,我们并不能够及时了解翻译作品的质量,不能够对新兴的翻译,如译言网中的众包翻译的翻译质量进行批评,不能向出版社和读者提供可以参考的作品榜单和译者榜单。(3)缺失对译者的批评。如今,从事翻译工作的人数众多,但每每提及优秀的翻译家,人们脑海中出现的竟然仍是那些老一代的翻译家。中青年的翻译家不存在吗?事实是,我们也许并没有认真观察那些活跃在文学和非文学翻译领域中的成千上万的中青年翻译者。(4)其他现实翻译问题。如迅速出现的新的翻译形式和翻译过程等其他翻译现象,重译对原译的借鉴规范,翻译抄袭的鉴定和仲裁,对各种翻译评估方法效度的验证,出版界实用的翻译标准及其实施和保障方法调查,翻译教学效果评估等。[①]

[①] 杨晓荣.翻译批评性质再认识.外国语文研究,2010(1):144-151.

关于为什么翻译批评者没有发出自己的声音，有方方面面的原因。以引进版图书的书评缺失为例，李景端认为其原因一是引进版图书大多涉及两种文字和两种文化，这对书评作者知识面的要求更高，所以作者不易找。二是高校和研究机构通常只教、只研究外国名家的高雅著作，而在现在的引进版图书中，却有大量无定论作家的通俗作品或实验作品，不少学者对他们往往不熟悉、不欣赏，以致"不敢"或"不屑"去写书评。三是撰写书评的报酬太低。① 笔者认为，除了以上提到的原因，还因为学院式批评更多关注那些具有研究价值的课题，始终把文学翻译作为翻译批评的主要对象，尤其是经典文学；而大众传媒批评又对翻译不那么关注，没有及时地做出反应，与翻译现实有脱节的现象。也就是说，翻译批评目前仍然缺乏让翻译批评者发出不同声音的合适平台，无法让不同类型的批评者起到不同的作用，尤其是无法让职业批评者迅速对读者进行"科普"，让更多读者能获得相关的信息。

（二）翻译批评实践的单声部

翻译批评近年来发展迅速，从相关文章和专著的数量就可以看出翻译批评早已获得学界的充分重视，以误译纠错为目的的有关日常生活翻译的批评类论文、多译本对比类论文已很少出现在学术刊物中，逻辑验证法、语料库等研究方法也被广泛应用于批评实践。与这一现象不符的是，翻译批评者对于可能引起争论的现象发出的多是一个声音，而不是各种各样不同声音同时存在。这一现象主要体现在两个方面。（1）翻译批评的主体以专家学者为主，尽管职业批评者也会开展以读者调查为研究方法的研究，但从整体来看，读者批评和译者批评在翻译批评中所占的比例非常小。（2）翻译批评中的溢美之词居多，极少出现"五四"时期那种针锋相对的交锋和较量；对于同一部翻译作品很少有不同的批评；对于受人敬仰的大家也很少提出批评。"应该说，作为翻译批评的主体，专家、读者、译者这三类人关注的重点不同，起的作用也不同，理论意义也不同：以角

---

① 李景端. 翻译编辑谈翻译. 武汉：湖北教育出版社，2009：122-123.

色特征而论,专家批评侧重综合性的全面分析和比较深入的理论探讨;读者批评侧重效果检验或接受状况检验,主要是一种结果分析;译者批评侧重于以经验为基础的过程分析或结果分析。从翻译批评的整体看,三者的作用是互补的。"①

(三)翻译批评主体意识的束缚

20世纪80年代的印象式批评一度为翻译批评的研究者所诟病,但印象式批评其实也是一种极力张扬批评家主体意识的批评。在翻译批评者不愿被贴上印象式批评标签时,翻译批评已经日趋走向理性化、系统化、体制化和专业化。撰写专业的翻译批评意味着需要遵循一定的模式,主要表现为语言的术语化、结构的模式化和形式的单一化。当传统翻译批评越来越走向理性的时候,它也就给自己套进一个框架,只有在这样的框架下,批评者才觉得是合乎规范的。

语言的术语化。传统翻译批评往往用学科的理论术语将自己包裹起来,从而呈现出专业和小众的特点,这非常符合学术研究的规范。但是,术语化却很可能既远离现实问题,又为读者试图接近这些问题制造语言障碍,这就使得批评真的成了象牙塔里的物件,非专业人士不可读。

结构的模式化。传统翻译批评往往需要按照既定的模式进行。如肖维青的专著《翻译批评模式研究》总结了当代翻译批评模式,即目的论模式、纽马克模式、维尔斯模式、奚永吉模式等十三种模式。② 在进行理论化、系统化的翻译批评时往往需要进行分析和论证。这些理论模式一方面使得翻译批评摆脱了从前随意、主观的印象,更加理性和专业;另一方面也让翻译批评陷入了窠臼,难以摆脱现有的模式,从而实现创新。

形式的单一化。传统翻译批评往往以论文和专著的形式呈现,尽管也有其他形式,比如译评、访谈、散论等,但这些形式的批评并未在很多平

---

① 杨晓荣. 翻译批评导论. 北京:中国对外翻译出版公司,2005:55.
② 肖维青. 翻译批评模式研究. 上海:上海外语教育出版社,2010:187-256.

台上得到展示。此外,与学术著作相比,此类形式受到的重视程度也明显不足。相比之下,访谈、散论等形式在表达的时候虽然没有固定的模式,但往往有系统论述中所没有的自由挥洒。

传统翻译批评之所以重新受到审视,并且出现了一些争议,除了需要从内部进行反思外,也因为外部——新的媒介给传统翻译批评带来了巨大冲击。在今日这个新媒体时代,除了之前的媒体翻译批评,还出现了大量网络翻译批评,网络使得批评进入一个人人都可参与、生产和消费的时代,这些网络上的声音无处不在,产生了声势浩大的回响。

二、网络翻译批评的兴起原因

任何一个理论的产生都有其历史语境,任何一个新鲜事物的诞生也是如此,网络翻译批评之兴起主要是源于两个因素的综合作用——哲学思潮的指引和技术上的革新,前者提供了思想的基础,后者提供了技术的保障,这两个方面的结合促成了网络翻译批评的诞生和繁荣。

(一)后现代哲学思潮为滥觞

后现代时代是令人激动和振奋的,它所带来的经验、理念和生活形态使已有的思考和行为方式不再无可争议,并提供了观察、写作和生活的新方式。它让人们能够跨越那些既定的、人们久已习惯安于其中的事物,进入一个新的思想与经验的王国。它不仅包括新型的文化与日常生活形态,也包括已经到来的日益扩展的全球经济和文化、政治及后现代自身的新方式。"毋庸置疑,后现代时代是全球性的,已波及整个世界,活跃在从学术界、前卫文化圈到大众文化及日常生活的广泛领域,因而尽管对于后现代多有争议,但它对于阐明当今时代已具有决定性的意义。"①

后现代的到来改变的不仅是思想和文化,还有各个学科的发展趋势,随着哲学思潮的不断发展,范式的不断转变,学界从结构主义进入后结构主义,从二元对立进入多元的时代,原来的唯一标准逐渐被打破。曾经,

---

① 贝斯特,科尔纳. 后现代转向. 陈刚,等译. 南京:南京大学出版社,2002:序言.

一切博大的思想体系都想要回答一切问题。于是,许多思想体系曾以此享有独尊的光荣,但这样的时代已经过去。现在是一个多元的时代,多元批评是批评的本然状态。这种批评的多样性正是符合当代现实的合理形态,我们不必也不可能把它们一概统一于一或整合于一,甚至回到一种涵盖一切的大一统的批评模式中去。① 在翻译研究中,情况同样如此,翻译本身的多向度、多层面及其交叉性和复合性造就了批评创造的多样性和阅读阐释的无限可能性。正是因为如此,翻译批评也呈现出开放、动态和多元的状态。后现代的一些理论,比如解构主义、阐释学、后殖民主义以及女性主义等都进入翻译批评领域,改变了翻译原有的样子。在这种情况下,在网络上发出的翻译批评声音也进入了大众的视野,进入了专业翻译批评者的视野。

(二)互联网技术对翻译批评的影响

一直以来,传统翻译批评在翻译批评界占据主导地位,这是因为我们一直认为批评者仍然需要是那些手握权杖的职业批评者。殊不知随着互联网技术的发展,批评瞬间成为每一个读者的权利。在过去,参与翻译批评并不是一件容易的事情,而今天,只要你会上网,只要你使用键盘,或者仅仅使用声音,就可以对任何翻译作品和翻译现象进行评论或者参与评论,这一媒介的变化使得翻译批评的模式产生了巨大的变革。原有的被遮蔽的、被放置在角落的现象都突显了出来,原本被淹没的声音显现了出来,这些声音组成了翻译批评的多声部,为翻译批评增添了活力和动力。

媒介的发展经历了几个阶段,从最初的纸质到广播、电视,再到现在影响最为广泛的网络。互联网技术的发展为新媒体的出现奠定了基础。新媒体指的是新的技术支撑体系下出现的媒体形态。相对于广播、报纸、电视这三大传统意义上的媒体,新媒体被形象地称为"第四媒体"。新媒体影响了人们的思维习惯和交流方式。新的信息交流方式以前所未有的

---

① 金元浦. 博弈时代中国文艺学的勃勃生机. 文艺争鸣. 2005(3):82-84.

速度和难以置信的方式改变着人们的生活方式、工作方式、社交方式,让世界发生了深刻的变化。平板电脑和智能手机的出现以及其性能的完善加速了这一变化过程。

新媒体时代有诸多特点,如媒体从精英媒体转向草根媒体、从大众媒体转向个人媒体,以个人为中心的新媒体从边缘进入主流,官方、民间、个人三个舆论场互融、并存成为常态形式。① 此外,新媒体还有一个共同特点:互动。互动使个人成为新媒体时代的主体,用户不再是信息的被动接受者和信息的下载者。用户可以上传文字、图片和视频等信息,可以进行即时互动或延时互动。这种信息的流动不再只是单向的,而是双向的,甚至是多向的。在新媒体时代,"消费者即生产者;其生产者多半是非专业人士;个人能选择适合自己才能和兴趣的新新媒介去表达和出版;新新媒介没有自上而下的控制;新新媒介使人人成为出版人、制作人和促销人"②。从下载到上传,从被动接受信息到主动发表意见,人们的观念在悄然发生变化。

在网络这一虚拟空间里有众多的网民,他们可以进行自由表达。数量众多的网民也可以通过受众分层予以区分。受众分层指的是将受众这一数量众多、来源广泛的集合性群体根据不同的特征和爱好进行细分。细分后的受众群具有相似的特征,有利于大众传媒的精准和有效传播。网络为不同类型的受众(如根据年龄、性别、职业、兴趣爱好、地域等)设置不同的区域空间,从而形成有效的交流。其中一个典型的形式就是虚拟社区或者论坛。虚拟社区为有着相同爱好、经历或专业相近、业务相关的网络用户建立了一个聚会的场所,方便他们相互交流和分享经验。

网络空间还可以通过超链接实现无限延伸。超链接是指从一个网页指向一个目标的连接关系,这个目标可以是另一个网页,也可以是相同网

---

① 张智勇.新媒体时代的审美意识浅析.新闻爱好者,2019(9):58.
② 莱文森.新新媒介.何道宽,译.上海:复旦大学出版社,2011:3-4.

页上的不同位置,它们还可以是一张图片、一个电子邮件地址、一个文件,甚至是一个应用程序。超链接技术的出现使得信息之间相互延伸、连接,形成信息的网络,拓展了空间。

(三)大众文化与网络公共空间的形成

大众文化是"当代大众大规模地共同参与的当代社会文化公共空间或公共领域,是有史以来人类广泛参与的,历史上规模最大的文化事件"①。后结构主义包括福柯的知识考古学和知识谱系学、德里达的解构主义、鲍德里亚的文化仿真理论、后弗洛伊德精神分析学等,这些学说共同构成文化研究的理论基础。大众文化为网络翻译批评的出现提供了适宜的土壤:一方面,更多的人尤其是普通大众进入当代社会文化公共空间,如论坛、微博、网站、微信等,自由发表意见;另一方面,正是大众文化(或消费文化)培育了一代代"新人",建构着他们感知、表达和理解世界的文化结构,让他们对于经典和各种作品产生了自己的看法和认知,从而在进行批评时也表现出大众文化的丰富性和复杂性。即使同为大众文化,大众传媒公共空间与网络公共空间仍有区别(见表 1.1)。

表 1.1 大众传媒公共空间与网络公共空间的区别②

	特点及要素	大众传媒公共空间	网络公共空间
参与性	参与人物	意见领袖	具备计算机知识及设备的网民
	公开性	低	高
	参与形式	大众传媒中介,缺乏个人接触	网络中介,允许个人接触
	参与渠道及范围	各式大众传媒(范围大)	互联网(范围极大)
	参与机会	参与受政治、经济及社会身份限制	网民自由参与(但仍受计算机科技限制)

---

① 金元浦. 大众文化兴起后的再思考. 河北学刊,2010(3):193.
② 彭兰. 网络传播学. 北京:中国人民大学出版社,2009:41.

续表

特点及要素		大众传媒公共空间	网络公共空间
资讯的收集及发放	资讯数量及种类	多（受篇幅限制）	大量（不受篇幅限制）
	意见的性质	单一化	多元化（多角度分析）
	内容	受过滤或操控的观点	自发性的意见及受过滤操控的观点兼备
	资讯储存性	有记录，无储存	长时间储存
	互动性	无互动性	具互动功能
	联结性	无	有（多角度全面了解一个问题）
	参与者资讯选择权	被动	主动（并可裁剪资讯）
	地域限制	限制多	不受限制
	时间性	延迟	实时
	多媒体运用	无	有
讨论及意见交流	互动论坛	无互动论坛	有互动论坛
	身份表露	非匿名	可匿名
	社群意识	低	中等
	参与讨论的自发性	被动（自发性低）	主动（自发性高）

通过表 1.1 中两个公共空间在参与性、资讯的收集及发放、讨论及意见交流方面存在的差异，我们可以看出网络公共空间将会使翻译批评进入前所未有的新天地，使翻译批评在参与性、开放性、互动性等方面都呈现出很大的突破，让翻译批评从金字塔顶端慢慢走向大众，成为一道独特的风景线。大众文化与精英（学院）文化表面上似乎存在对立和冲突，实际上，两者并不对立，两者的相互交流会产生新的火花，只有通过了解大众文化的运作方式才能反思自己，重新构建文化，重新构建翻译理论。

三、网络传播与网络翻译批评

网络翻译批评最突出的特点就是主要以网络传播的形式呈现，这一传播形式的特点与翻译批评相结合，给翻译批评带来了批评形式和批评文本的变化。由此,网络翻译批评的模式也会有所突破。网络的特点使得网络翻译批评突破以往的文本形式,而更加易于采取多维、多模式的形式。当代翻译涉及的"文本"意义也不再局限在线性、单一的符号系统,除了语言之外,还包括声音、图像、色彩、空间关系等多维度、多模式因素,那么翻译批评也会产生与此相应的变化。比如,在探讨字幕翻译时,传统翻译批评最多是以黑白的截图形式表现,但网络翻译批评却可以用包含声音、图像、色彩的视频形式来呈现。

（一）网络传播的典型形式

显而易见,网络翻译批评离不开网络。研究发现,网络翻译批评主要是以下几种形式进行传播,即网站、即时通信工具、网络社区和博客等。这些形式在网络上已经形成稳定的、富有成效的平台,这些平台给了广大网民充分发表自己意见的空间。网站是利用 Web 页面来发布各种信息、提供各种服务并与受众进行互动的一种传播形式。即时通信工具在网络中的应用越来越普及,它已成为网络传播的一种非常典型的形式。作为一种技术,即时通信工具不仅给人们的交往提供了方便,也在无形中影响甚至塑造着人们的思维方式、行为方式以及交往范围。网络社区也称虚拟社区,是网络中相当多的人展开长时期的讨论而重新形成的一种社会聚合,他们之间具有充分的人类感情,并在网络空间里形成了人际关系网。博客是网络上的一种流水记录形式,也有人称其为"网络日志"。它通常是由简短且经常更新的帖子所构成,这些文章都按照年份和日期倒序排列。在中国台湾地区,它的译名为"部落格"。这只是网络传播中一个很有代表性的形式,还存在很多其他形式,并且也会不断有新的形式出现。

（二）网络传播文本的总体特点

网络文本往往不是孤立的单元,而是通过超链接与其他文本发生联系。一个文本中的信息会与其他文本中的信息产生丰富的联系,由此发展出一个极具扩张力的网络,该网络具有以下三个特点。

1.文本结构的开放性。网络化的特点决定了网络文本在结构上的开放性,理论上所有网络文本都不是封闭的,是开放、可扩张的,其扩张程度与文本的生产者提供的链接数量与对象有关。网络强大的超链接功能使得点击一个链接即可到达一个新的页面,这一特点使得信息量最大化,任何一个问题都可以从此处链接到其他地方,从而形成对翻译批评的无限扩展。读者在发帖的同时,可以直接进行联网互动,随时随地把其他网站、其他读者的观点带入,也可以把自己的意见、观点向其他网络空间传播。

2.互动网络下信息意义的多重性。将文本中的信息用超链接连接起来,意味着这些信息之间可以进行相互解释、补充、延伸,或相互观照、对比。信息本身构成了互动的网络,在网络中,单一文本的意义也许不再像传统的文本那样重要。对于信息意义的认识与解读往往会基于多重文本而不是单一文本。

3.多媒体化文本。网络文本可以是多种信息形式的结合,包括文字、图片、图表、动画、声音、视频等。这种结合可以是松散的组合,例如,用网页形式来包装各种形式,构成一个多媒体文本,也可以是各种形式的高度融合。

第四节　网络翻译批评研究现状述评

翻译界有关翻译批评的论文和专著不少,其中尤其关注的是文学翻译批评,研究网络环境下的翻译批评的文章虽然不算多,但正日益得到更多学者的关注。根据从期刊网上搜索的资料,直接以与网络翻译批评相关的名字作为论文题目的有许钧和高方(2006)、张艳琴(2007)、蔺志渊(2010)、任玲(2015)、邓晶(2021),涉及"网络翻译批评"的还有刘云虹(2008)、杨晓荣(2010)、蓝红军(2012)等。他们的文章一致认为对网络翻译批评的研究十分缺失,同时指出应该对网络翻译批评研究加以重视。

就目前来看,这些已发表的文献中除了提出应该更加重视对网络翻译批评的研究外,还涉及网络翻译批评的一些其他方面。例如,许钧和高方在《网络与文学翻译批评》一文中探讨了文学翻译的网络批评的特点、意义和存在的问题,并提出了网络文学翻译批评的三种类型:引导讨论型、主体探讨型、私语批评型。① 刘云虹在《论翻译批评空间的构建》一文中谈到了网络翻译批评在传统翻译批评非理性,翻译实践等重大问题都缺席的情况下做出了及时、迅速、热烈的反应。网络翻译批评近年来异军突起,已经引起了翻译界的注意,并被视为翻译批评空间的一种拓展。② 蔺志渊在《网络环境下的翻译批评研究》一文中指出,网络给翻译批评尤其是文学翻译批评提供了一个崭新的现代化平台,文章尝试提出建立规范性翻译批评网络论坛的设想。③ 蓝红军在《翻译批评的现状、问题与发展》一文中,用了较大篇幅提出应该有效利用网络开展翻译批评,引导翻译向健康积极的方向发展,这将成为翻译批评及其研究的重要领域。④ 杨晓荣在《翻译批评性质再认识》一文中提到,"网络翻译批评是值得研究的,它的价值、无价值、反价值,都需要有个说法,对它的利用、引导也需要翻译界关注,原因不难理解:网络对我们周围的世界改变太多,它的影响力和发展前景都不可小觑"⑤。另外,肖维青的专著《翻译批评模式研究》有一个小节谈到了网络翻译批评和非网络翻译批评,但篇幅较短,未能给予详尽的论述。⑥ 汪泳的博士论文对中国网络翻译批评进行了比较全面的描述,但总体来说,理论架构不够完善,描述较多,论证分析较少。⑦

除此之外,网络翻译批评的应用情况也得到了挖掘和研究。如朱安

---

① 许钧,高方. 网络与文学翻译批评. 外语教学与研究,2006(3):216-220.
② 刘云虹.论翻译批评空间的构建.中国翻译,2008(3):11-15.
③ 蔺志渊. 网络环境下的翻译批评研究. 时代文学月刊,2010(2):49-50.
④ 蓝红军. 翻译批评的现状、问题与发展. 中国翻译,2012(4):15.
⑤ 杨晓荣. 翻译批评性质再认识. 外国语文研究,2010(1):144-151.
⑥ 肖维青. 翻译批评模式研究. 上海:上海外语教育出版社,2010:91.
⑦ 汪泳. 中国网络翻译批评研究. 南京:解放军国际关系学院博士论文,2012.

博和刘畅探讨了豆瓣网上的莎士比亚戏剧翻译批评①,许方的《昆德拉在中国的翻译、接受与阐释研究》一书专设一节论述了昆德拉在中国的网络传播途径。② 贺桂华探讨了《尤利西斯》金隄译本的网上读者接受效果。③可以说,目前的研究已经有了对网络翻译批评重要性的认识,并且在研究译作接受、传播过程时已经将网络翻译批评看作翻译批评必不可少的组成部分。显而易见的是,虽然有了这样一些感想和认识,但还亟须对此进行更加深入的、系统的论述。

第五节　网络翻译批评的定义、性质和意义

网络翻译批评的定义可以分为广义和狭义两类,从广义上来看,网络翻译批评指的是所有经电子化处理后在网络上发布的翻译批评。从狭义上来看,网络翻译批评指的是那些在网络上原创的翻译批评,即用电脑或手机创作、在互联网上首发的翻译批评。若是把所有的纸质翻译批评都放在网上,那么网络翻译批评就涵盖了所有的翻译批评。当然,这极有可能是未来发展的趋势。本质上来说,网络翻译批评是网络传播,这一传播媒介涵盖了所有的传播形态,将会给传统翻译批评带来巨大的冲击。它可以突破以往的传播形态,将翻译批评的声音播撒到网络的各个角落。网络翻译批评由于采用新的媒介,对于翻译批评的形式、内容以及模式等产生了重大的影响,使得批评的内涵得以充分体现。

本研究旨在展示网络翻译批评的历史演变和现状,对网络翻译批评的性质、特点和意义进行分析和论证;揭示网络环境下翻译批评在基本要素、批评视角和方法等方面所出现的巨大变化,指出网络翻译批评的前景以及如何构建网络翻译批评规范。此外,本研究侧重于系统收集有关网

---

① 朱安博,刘畅. 莎士比亚戏剧网络翻译批评研究. 外语研究,2021(1):76-84.
② 许方. 昆德拉在中国的翻译、接受与阐释研究. 杭州:浙江大学出版社,2020.
③ 贺桂华.《尤利西斯》金隄译本的网上读者接受效果研究. 上海翻译,2022(1):88-94.

络翻译批评的资料并进行细致的梳理,对网络翻译批评的形态和类型进行呈现;对网络翻译批评进行深入的描写,从批评的各要素、价值观、批评标准等方面进行全方位审视。网络翻译批评和传统纸质媒介翻译批评在各自的公共话语空间中风格迥异,但是它们却存在千丝万缕的关系,两种批评话语应该共生互补,并行不悖。这些研究都是开创性的,为翻译批评和翻译研究拓展了新的研究空间。

这些方面的研究可以让我们的翻译事业更加理性务实:在理论层面上,借鉴翻译理论的基础,对网络翻译批评的产生、发展和变化进行系统思考,揭示各要素在网络翻译批评活动中相互影响、相互制约的关系,为构建多层次翻译批评体系的整体运行机制,丰富翻译学理论提供有参考意义的学术探讨。在实践层面上,网络翻译批评研究可以使得翻译批评走出象牙塔,网络翻译批评至少可以做到如下三点:"一是网络读者的批评犹如一把高悬的达摩克勒斯之剑,有助于出版社和译者端正态度,认真从事外国文学的翻译与出版工作。二是网络批评可以帮助出版者和译者发现存在的翻译与出版问题,有助于翻译与出版工作质量的提高。三是有助于了解读者的心声,开拓出版社和译者的视野,把更多更好的外国文学作品翻译介绍给广大读者,促进翻译事业的健康发展。"①此外,网络翻译批评还可参与到翻译教学、翻译产业和各种翻译活动中,具有重要的社会意义和实践意义。

---

① 许钧,高方. 网络与文学翻译批评. 外语教学与研究,2006(3):219.

第二章　网络翻译批评栖息的主要阵地

　　"传统的知识交流可以通过正式的和非正式两个渠道,相对而言,正式交流渠道占有较大的分量。正式的交流渠道包括:同行专家评审的期刊论文、正规的学术会议、文摘索引等。"①非正式的知识渠道所占分量较少。但非正式的知识交流随着网络时代的到来而迎来新的局面,它正慢慢形成一股巨大的力量,参与并影响着知识交流的方式。就翻译批评来说,网络上,不同的阵地以不同的形式、不同的特点吸引着网民,让他们寻找自己喜欢的网络空间就译作、译者等与翻译相关的现象发表自己的意见。随着技术的发展,网络中还会不断出现新的网络翻译批评空间,这些都将为网络翻译批评带来更大的发展。根据网络翻译批评阵地过去和现在在网络上的活跃程度,本章主要介绍网络翻译批评栖息的以下几个主要阵地:网站、论坛、博客、微博、微信。

第一节　网　站

　　网站(Website)是指在因特网上根据一定的规则,使用 HTML(标准通用标记语言)等工具制作的用于展示特定内容相关网页的集合。简单来说,网站是一种沟通工具,人们可以通过网站来发布自己想要公开的资讯,或者利用网站来提供相关的网络服务。网上进行翻译批评的网站有

---

① 　谢佳琳,覃鹤. 基于学术博客的知识交流研究. 情报杂志,2011(8)：161.

些是由本领域内相关的机构、组织或者个人所组建,具有一定学术影响力的翻译或者翻译批评学术网站;有一些是其他类型的网站,比如社区网站、读书网或者外国文学网站等,上面也有很多与翻译批评相关的问答、书评和文章等,其中有些是转载的,有些则是原创的;还有一些是近年来年轻受众高度聚集的视频网站。

翻译研究相关网站可以分为机构、电子期刊和个人三类。第一类网站会涵盖很多翻译问题。如中国台湾地区的"翻译工作坊"网站,其主旨是发表原创的翻译研究类文章,其中不乏质量较高的翻译批评,常发布在"译评""翻译论述""讨论区"等版块。这类网站主要针对翻译实践中的问题发表看法,为比较少见的专业网站。新媒体时代的一个突出特点就是以电子期刊(网刊)的形式取代纸质的期刊,例如 *Translation Journal*,这是一个全英文季刊,内容涉及文学、商务、科技翻译及翻译人物等各个方面。网刊在提供专业的翻译批评论文方面不亚于纸质期刊。例如,中国台湾地区的电子期刊《编译论义》(*Compilation and Translation Review Online*),有"研究论文""书评""译评""论坛""报导""访谈"等栏目。还有中国台湾地区翻译学学会的论文会刊《翻译学研究集刊》,自第 16 期起改为电子期刊。第三类则是个人网站,尤其是很多知名翻译理论家或者知名学者自己建立的网站。如 Gideon TOURY's Site 是著名的以色列翻译理论家基迪恩·图里(Gideon Toury)的个人主页。该网站上有图里教授的学术专著和文章(不少文章可以浏览全文),国际口译界的重要人物、以色列学者米瑞安姆·谢莱森格(Miriam Shlesinger)采访图里教授的访谈文字稿,另外还有《国际翻译研究通讯》(TRANSST)近几年的主要内容。再比如 Ke Ping's Site(南京大学柯平老师的网站)已经是非常成熟的翻译网站,上面有他的翻译课程介绍,翻译资源,其中也有内网,用来与学生进行交流。

近年来,视频网站上的网络视频尤其是短视频成为网民的新宠。网络视频是在网络上以 WMV、RM、RMVB、FLV 以及 MOV 等视频文件格式传播的动态影像,包括各类影视节目、新闻、广告等。短视频是指在各种新媒体平台上播放的、适合在移动状态和短时休闲状态下观看的、高频推送的视频内容,时长为几秒到几分钟不等。其内容融合了技能分享、幽默搞怪、时尚潮流、社会热点、街头采访、公益教育、广告创意、商业定制等主题。由于内容较短,这类视频可以单独成片,也可以成为系列栏目。视频网站上播放的视频也毫无意外地成为一种网络翻译批评形式,比如在 bilibili 网站(简称 B 站)上播放的网络视频和短视频。众所周知,B 站已成为年轻人学习的首要阵地,B 站数据显示,被用户打标签为"♯study with me♯"的学习直播已晋升为 B 站直播时长最长的品类。2019 年,用户在 B 站直播学习时长突破 200 万小时,泛知识学习类内容的观看用户数突破 5000 万。更为引人注目的是,大批专业科研机构、高校官方账号也纷纷入驻 B 站。在 B 站上搜索"翻译批评"可以看到不少相关的视频,既有时长较长的翻译批评课程和翻译批评讲座,也有网友自制的短视频,如"【翻译批评】聊一下《了不起的盖茨比》巫宁坤译本和姚乃强译本——第一章"。网络视频或者短视频的出现是多模态翻译批评最有力的体现,它将文字、声音、图像以及动画等都融合在一起,实现了网络翻译批评形式的再次突破和创新。

第二节　论　坛

一、论坛概述

论坛(BBS),全称为 Bulletin Board System(电子公告板)或者 Bulletin Board Service(公告板服务),是因特网上的一种电子信息服务系统。用户在 BBS 站点上可以获得各种信息服务、发布信息、进行讨论、聊天等。论坛随着网络的普及迅速发展壮大。所有网络公司、大学甚至许多个人都建有 BBS 社区。根据其用途可分为以下两类:综合类和专题类。综合类论坛包含的信息内容丰富、范围广,主要适合于浏览信息和发布信息;专题类的论坛能够吸引有共同兴趣的人一起交流探讨,有利于信息的分类整合和搜集,例如军事类论坛、学术研究类论坛、电脑爱好者论坛、动漫论坛。这样的专题性论坛能够在单独的一个领域里进行版块的划分设置,有的论坛甚至把专题直接做到最细,这样往往能够取得更好的效果。翻译批评就栖身在这样的论坛里,网络上的论坛曾经有很高的热度,现如今这种现象已经有所变化。

网络信息技术对学术领域的全面渗透,引发了网络学术的蓬勃发展。网络学术论坛作为一种新型的学术信息交流平台,在学术交流中发挥着不可替代的作用。网络综合性论坛与翻译批评相关的有:天涯社区、百度贴吧等。而专题类的翻译论坛数量也不少,下文将对其做具体介绍。专题性论坛更加有针对性,对学术研究与教学起到了重要的支撑作用。综合性论坛所涉及的内容是方方面面的,翻译批评是其中一部分内容。论坛主要具有以下三种功能:信息交流、资料分享、问题讨论。有的论坛以其中一种功能为主,有的论坛同时具有几种功能。以天涯社区为例,其翻译版块于2015年11月16日开版,主帖数为10793,回帖数为37927,成员254人[1];在百度贴吧——翻译吧中,关注人数为70420,帖子数为583442[2]。在其内容分类中,除了吧务公告外,还有主题活动、译界百态、译难解答、佳译赏析、原创分享、资源共享、求职招聘等。

二、翻译类论坛的分类

翻译类论坛指的是那些以翻译为主要探讨对象的论坛,这类专题论坛以翻译问题为核心,成为网络翻译批评的主要阵地,为网络翻译批评提供了大量鲜活的、尖锐的批评意见。汪泳将翻译类论坛分为五类:(1)出版社或图书销售网在其网站开辟的翻译图书讨论区;(2)某本著作的专题讨论区;(3)综合类网站里的讨论区;(4)翻译研究类网站;(5)翻译实践类网站。[3] 对此进行研究发现,就目前来看,有关翻译批评的论坛仍然具有

---

[1] 2022年6月15日17:16采集。
[2] 2022年8月4日16:07采集。
[3] 汪泳. 中国网络翻译批评研究. 南京:解放军国际关系学院博士论文,2012.

一定的活跃度,同时具有一定的问题意识和针对性。笔者根据论坛创建者的不同将翻译类论坛分为三类:官方论坛、专业论坛和业余爱好者论坛。

(一)官方论坛

官方论坛指的是在出版社、大学等机构的网站上设立的论坛。比如,译林出版社官方网站上的论坛、上海译文出版社官方网站上的论坛、"北大译坛"、"北京大学计算机辅助翻译论坛"、"联大译苑"、"北语高翻论坛"等。

1. 出版社网站上的论坛。译林出版社和上海译文出版社官方网站上的论坛是目前网络翻译批评的一大亮点。这两家出版社都是中国重要的专业翻译出版社,主要出版面向国外的外文版图书、外国文学作品及外国社科著作等,在其网站上都设有专门的论坛。

译林出版社网站上的论坛里有多个版块,如"译林图书评论""外国文学""翻译在线",还有"兄弟连""亲历历史"等多个专题版块。在"翻译在线"版块里,版主经常贴出从报纸等各种渠道获取的有关翻译的各种现象、译者手记等文章,以吸引读者对此进行回帖和评论,还会发布关于译林出版社的译作翻译质量问题等的帖子。和以前相比,此类帖子虽然查看次数较多,但回复没有那么多,其中仍然会有不同观点的尖锐碰撞。如在"译林出版社是否辜负了读者?"帖子后有 27 条回复,说明读者对这一问题也非常关注。比如在"兄弟连"版块里,有一篇帖子名为"嘿嘿,斗胆建议,重印时需要改动的地方,第一到六章",其中列举了《兄弟连》中出现的各类翻译问题。这样的帖子显然对译作质量的提升有非常重要的意义。因为在再版的《兄弟连》中,译者提到"不少读者出于对本书的厚爱和关心,通过网上留言、来函等方式对译文提出了中肯的批评和具体的修改意见……特别提出意见的读者,尤其是对西安的韩靖先生等在译林网站上提供信息的读者们,表示诚挚的感谢"①。

---

① 安布罗斯. 兄弟连. 王喜六,等译. 南京:译林出版社,2014:376.

　　上海译文出版社网站的译文论坛设有"读者俱乐部""译文沙龙""新书预热"和"论坛活动区"四个大的综合讨论区,每个讨论区下面又有几个小的版块,如"村上春树俱乐部""米兰·昆德拉俱乐部"等专题讨论区、建议区以及其他讨论区等。译文论坛也有关于多部作品的连载翻译批评,如《沉默》《挪威的森林》《追寻现代中国》等。

　　下面就以《追寻现代中国》一书的翻译为例,相关的帖子中列举了多个句子的翻译问题。如:

　　原文:Torrential rains in the Yangzi and Huai valleys during 1910 and 1911 caused catastrophic flooding, ruined millions of acres of crops, drove up grain prices, {led to hundreds of thousands of deaths}, and forced millions of refugees into major cities for relief.

　　译文:一九一〇与一九一一年间,长江流域与淮河流域的滂沱大雨酿成严重的水灾,成千上万的良田尽没河底,引起米价飘涨,【哀鸿遍野,疏离失所】的难民纷纷涌入大城市寻求赈济。

　　译评:这是个翻译中"美而不信"的例子。《现汉》解释"哀鸿遍野"为"到处都是呻吟呼号、流离失所的灾民","疏离失所"恐是"流离失所"之误,但这样一来两者意思有重叠,而原文中 hundreds of thousands of deaths 的意思却未译出来。如果要保持译文句式,改为"饿殍遍野,流离失所……"勉强可以过关,但其实不一定要用四字成语,陆版"导致数十万人死亡,数百万难民涌入大城市寻求救济"就既准确又符合汉语规范。

　　像这样的翻译批评案例在论坛里不胜枚举。从上面的译评中,我们可以看到读者所做的批评和分析的内容是认真的,也是客观的,既采用了"美而不信"这样的专业术语进行点评,也有具体的说明和阐释。在下面的跟帖中也有不同意见的表达和争鸣。

　　再比如,在"米兰·昆德拉俱乐部"这样的专题讨论区里,有"米兰·

昆德拉的翻译问题(转)"这样专门探讨翻译问题的帖子,而在"在昆德拉与韩少功之间"这一帖子中有对两位作者的比较,其中谈到了对韩少功的译本以及对译者韩少功的看法,由于韩少功自身的作家身份,所以这些评论都可成为翻译研究中相关议题的重要资料。

通过这样的论坛,出版社可以及时收到读者对其出版的翻译作品的反馈,对引入何种外国作品提出的建议,也能及时对读者的问题进行回复,还能让读者在这些地方集中地探讨翻译问题和现象。此外,译者和批评者也可以到此空间来发表自己的意见。这样的论坛能把译者、读者、批评者以及出版社紧密地联系起来,成为一个重要的多方沟通平台。

2. 大学网站的论坛。它主要是为了方便学子们进行信息交流、学生生活讨论、知识技能探讨和娱乐生活分享。不同论坛区设置了不同的讨论问题以及话题,大学生可自行参与相应话题。而在进行学术交流和批评方面,大学网站的论坛尚有欠缺,但若是发展成熟,未来这里可以成为网络翻译批评非常重要的组成部分,因为这里有职业的批评者、专家、具有一定专业素养的读者。如果能够充分发展这个空间,完善这些论坛,那么将会为学术翻译批评提供可靠素材和后备力量。例如,北大中文论坛的"比较文学"版块有涉及翻译批评的帖子,比如"狄金森的一首诗的翻译"以及"译作:叶芝《音尼斯夫里的湖岛》";在北语高翻论坛里,有"调研平台""翻译在线""科研动态""教师园地"等版块。若能对译海论坛所设的版块"译学理论""旅游翻译""机器翻译""译心译意"进行充分利用,将对网络翻译批评走向规范、走向成熟起到重要的参考作用。再如,在"联大译苑"中有"译学新芽""翻译茶吧""名作精译""理论园地""名家轶事""译界动态""资源共享"等版块。这些都是非常好的尝试,也是网络翻译批评的可靠阵地之一。

(二)专业论坛

专业论坛主要指的是学术类门户网站下所设的论坛。例如,中国翻译协会网站下的翻译论坛。但该论坛不能进行评论,所以严格意义上说它并不是论坛。在中国作家网的"外国文艺"版块下有个专门的翻译版块,上面经常有译者的译后感,并附有译者的部分译文,读者也可以进行回帖和评论。除此之外,中国学术论坛、学术批评网、中国艺术批评网、中国艺术批评家网、媒介批评网等网站都有一些有关翻译的帖子,网友也可以进行评论。但由于翻译只是这些网站所关涉内容中的很少一部分,所以所占空间较少。

专家之间、译者之间以及作者和译者之间无法就某一个问题进行正面交锋,这对于翻译批评界不能不说是另外一个遗憾。而中国作家网的网上学术论坛为此问题树立了一个很好的范例,此论坛以图文直播的形式为网友与特邀嘉宾提供实时互动平台。论坛定期举行,为文学批评提供了重要的专家和读者之间沟通的平台。同时,由于网络的便捷性,网民可以十分方便地查看往期内容,比如 2014 年举办的"第三次汉学家文学翻译国际研讨会"的相关内容、各个参会代表的主要观点等。

此外,现在还有一些论坛是由带有理论研究性质的期刊网站所设的。如美国的文学翻译者协会主办的《翻译评论》(*Translation Review*)期刊,与许多文学期刊发表的国外著作的英文翻译不同,该刊关注文化层面上文学移植的理论和批评。该刊为读者提供了一个论坛,让他们可以讨论不同文化间的翻译难题,为文学翻译的跨文化交流提供学术性的思路。

专业翻译论坛的存在若能吸引更多专家学者参与网上讨论,并在学者之间构建一个交流的空间,让他们不仅能探讨翻译实践,也可以探讨翻译批评理论,将进一步推动网络翻译批评走向成熟、走向规范。这样的论坛可以对翻译批评起到以下四个方面的作用:首先,对于翻译批评理论的发展和创新起到推动作用,因为有针对性的交流和探讨可以让思想碰撞产生更多的火花和智慧;其次,在论坛中进行专题探讨时可以提供多个角度、多个层次的分析和论证,从而实现翻译批评的多元化;再次,这样的专业论坛还可以成为同一部作品多个译者进行展示、阐释和对阵的平台,可以让读者对不同的译文版本有更深入的了解;最后,专业论坛还可以对目前的热点问题进行探讨和解说,为翻译界的问题提供相应的解决办法。

(三)个人爱好者论坛

个人爱好者论坛主要是指那些翻译爱好者自发组建的讨论区。这些论坛有的附属在综合性论坛里,比如,"天涯论坛"、"网上读书园地论坛"、百度贴吧的"翻译吧";也有以翻译为主题的专题性论坛,如"译网情深翻译论坛""翻译部落论坛""正方翻译论坛""译心译意网站论坛""译道翻译论坛""翻译中国论坛""英语学习频道翻译论坛""金桥翻译论坛"等。当然,除此之外,还有很多翻译实践类论坛也会论及翻译批评问题。如译言网、沪江网等。

个人爱好者专题性论坛有的主要围绕某一类语料进行翻译批评和探讨,如军事类翻译论坛(龙腾网的翻译平坛),文学类翻译("中国诗歌——译海撷金""文字翻译室——龙骑士城堡奇幻翻译论坛");有的是以某个电影、某个译者、某部译作为探讨对象的专题论坛(哈利·波特翻译讨论区,暮光之城翻译讨论区)。个人爱好者组建的翻译论坛在内容设置上不乏创新之处,比如"正方翻译论坛"除了设有"译者专区"外,还设有专业讨论区,讨论区内分为"理学翻译区""工学翻译区""农学翻译区""译学翻译区""经济学与管理学翻译区""哲学、法学及历史学翻译区""文学与教育学翻译区",如此细分就可将各专业的翻译问题展示得更具体和清楚,拓展翻译批评的对象,为文学翻译批评提供必要的补充。"译网情深翻译论坛"不仅有"译网情深"版块,还有"翻译职业"和"翻译技术"等分区,这些版块都极大地拓展和丰富了翻译批评界亟须关注的内容。"译道翻译论坛"则是多语言类的翻译论坛。

专题性论坛的特点非常鲜明,即信息集中,可探讨的问题更加深入、具体。在这样的论坛里,用户的关注点较"小",因而与综合性翻译批评论坛相比,某一类型的资源在这里相对更为丰富,使用者对该类型了解、掌握得更为专业。比如,在"哈利波特吧"这样的论坛里,讨论《哈利·波特》翻译中的细节问题的帖子非常常见(如图 2.1)。

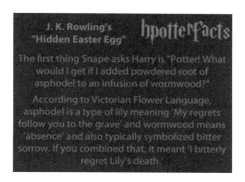

图 2.1 "哈利波特吧"中对《哈利·波特》翻译中的细节问题讨论

译文:罗琳藏起来的"彩蛋"

斯内普问哈利的第一句话是:"波特!如果我把水仙根粉末加入艾草浸液会得到什么?"

(注:这个"水仙"是大陆译本的翻译,但事实上根据这条信息应该翻译成"日光兰",大家往下看就知道了)

根据《维多利亚花语字典》(*Victorian Flower Dictionary*: *The Language of Flowers' Companion*),日光兰是一种百合科植物,花语是:"我的悔恨一直追随你到坟墓",(应该是指"我的悔恨跟你的死亡一起埋入坟墓腐化发酵")。甘草有"空虚"的意思,而且很代表性地象征着苦涩的悲伤。

连在一起就是"如果我把那日愈加深的悔恨加到空虚而浓烈的悲伤里面我会得到什么",答案是"生死水",一种强烈的安眠药。总的来说就是"我因为莉莉的死亡而感到非常的懊悔和痛苦"。

就目前来看,个人爱好者组建的论坛是比较繁荣和活跃的翻译批评空间,吸引了很多的翻译爱好者,比如"翻译吧"的关注人数为 70420,帖子数为 583442。① 在这样的论坛里,会员人数众多,但也因未经过挑选,身份各异,帖子内容比较芜杂,在其中发现有价值的精华帖比较困难。除了

---

① 2022 年 8 月 4 日 16:07 采集。

"翻译吧",其他贴吧里也可见有关翻译批评的帖子,如"林语堂吧""鲁迅吧"等。若想寻找相关的研究资料,则可以通过搜索获知一二。个人爱好者组建的翻译论坛最主要的特点是鱼龙混杂,既有泛泛而谈、浅尝辄止;也有深入探讨、钻坚研微;还有插科打诨、哗众取宠。就所探讨的内容来看,帖子涉及的内容广泛,读者具有极大的自由度,除了可以关注翻译实践、探讨翻译问题、评价译文质量、进行翻译批评,还能如实反映出读者所关注的与翻译相关的社会问题。

三、论坛翻译批评的特点

网络学术论坛借助网络,犹如插上了双翼,以其巨大的能量在学术交流中发挥着重要作用。与传统学术交流相比,网络学术论坛具备很多优势:(1)互动式交流,反馈及时;(2)非营利性的免费论坛;(3)言论宽松、自由,在相互尊重的前提下,论坛倡导最大程度的言论自由,允许不同观点的存在;(4)学术信息高度集中;(5)能为公众提供最直接、最宽广的虚拟空间。[①] 在网络翻译批评论坛里,用户可以发帖、回帖,参与话题讨论,也可以就某一具体问题和其他会员进行个人交流,互动性强;论坛按照各种不同分类方式进行版块设置,以类聚合。这种知识分类机制使具有相同兴趣的用户更易于彼此分享信息和进行交流,推动知识的共享;网络资源丰富,不像传统的媒体那样,受到版面、时段、频率的限制,可以提供带有视频、彩图等模态的文本。但是网络翻译批评论坛也存在一些无法避免的不足,比如"因创建者的主观因素而引发不稳定性,为可检索、可核实、可引用带来困扰;因公共性强、自由度高而导致信息无序;因网络的开放性和流动性使用户在发布或转载他人学术成果过程中容易产生侵权风险;尚未融入主流媒介、被主流媒介认可,对学术界的影响有限等"[②]。

---

① 赵玉冬. 基于网络学术论坛的学术信息交流研究. 图书馆学研究,2010(13):41.

② 赵玉冬. 基于网络学术论坛的学术信息交流研究. 图书馆学研究,2010(13):41.

（一）批评空间分众化设置

从论坛的分类来看，既有官方论坛、专业论坛，也有个人爱好者论坛。也就是说，各论坛根据创建者不同的兴趣点和关注点侧重有所区别，进行了分众化的设置和区分，可以避免出现同质化现象，从而使职业翻译批评工作者、出版社、读者都能在各自的空间中得以施展，出现观点交锋、思想争鸣的繁荣景象。论坛的分类可以增强针对性，了解不同受众群体的审美体验和审美需求；可以根据受众群体差异性、多样性的特征，结合他们不同的兴趣点，选择适合主题，提高契合度。在不同的论坛设置合适的议题，可以吸引不同的受众进行评论和互动，增加吸引力和用户黏性。

（二）不同批评主体之间的互动

在传统翻译批评里，不同批评主体通常都是在各自的空间进行批评，很难能够在同一个空间直接进行互动交流。但在论坛里，很容易实现不同类型批评主体之间的互动，比如在出版社的论坛，就可以让相关的译者、读者、编辑在同一个平台就图书翻译过程中各方所在意和考虑的问题直接进行交流和互动。这样的平台可以打破不同群体之间的壁垒，对不同批评主体的关注点、社会的需要、行业的要求等多个方面产生全新的认识，让各类翻译批评者不只是在各自的视角和认知范围内看待事物，而是将翻译活动置于整个社会中，更好地了解翻译活动方方面面关涉的要素。

第三节　博　客

一、博客概述

博客是继电子邮件、论坛、即时通信工具之后兴起的第四种网络交流方式，也是一种媒体方式——"个人媒体"。博客结合了文字、图像、其他博客或网站的链接及其他与主题相关的媒体，能够让读者以互动的方式留下意见。博客的兴起使得人们能够自由展示自己的观点和想法，与正式的出版物相比,博客在篇幅、题材和发表时间上都没有限制。博客不仅仅是纯粹个人思想的表达,它所提供的内容还可以用来进行交流,具有极高的共享精神和价值,所以这一形式一经产生,就对翻译批评产生了重要的影响。由于博客之间可以相互关注和链接,所以专家博客和翻译研究者的博客之间就可以关注彼此的状态,很容易形成翻译研究学术圈,从而实现最快速的思想交流。博客最初兴起时曾经得到很多人的关注和追捧,但随着微博、微信等新的电子媒介的出现,它慢慢地走向弱势,很多博主更新帖子的时间间隔拉长,甚至不再更新,但博客这种形式的交流因为其系统性和个性化的特点仍是网络上的其他形式所无法替代的。

由于博客是以个人为主导的媒体,因此,博客传播的内容能更多地体现个体的需求与特质。无论是选题、表现形式还是表现风格,都具有较强的个人特色。博客的受众具有高度选择权,受众与博主之间的关系可以是朋友关系、同事关系或师生关系等。另外,"在博客平台,受众与博主之间的互动性是突出的。而且由于一个特定博客的受众群体的数量相对较少。受众与博主之间、受众之间的交流可以不断的深化"①。这种深度参与使得博客的访问者与博主及博客内容之间产生了非常密切的关系,甚至对博客话题的形成与走向产生影响。博客上的互动能否持续进行,在很大程度上受到受众反馈的影响,在博客中,受众的反馈非常直接:访问量、回帖数、留言、友情链接等,这些都能让博主迅速而直观地感受到受众对博客的关注程度和认同程度。博客在不断发展过程中,也与手机媒体结合了起来,出现了移动博客,即利用手机来进行博客更新。

二、翻译博客的分类

(一)普通博客

普通博客根据博主的不同,可以分为名人博客、草根博客以及机构的博客。这些博客由于博主的不同而在内容的设置、影响力的大小上存在

---

① 康佳. 我国博客编辑的职能研究. 开封:河南大学硕士学位论文,2008:16.

着差异。以新浪博客为例,博客的排行榜中,既有总排行,也有分类排行。"从博客内容来看,中国博客的类型大约有以下几种:第一种,目标是成为新闻的博客;第二种,目标是阐发新闻的博客;第三种,目标是自我抒发的博客;第四种,目标是个性交流的博客。"①

翻译博客根据博主的不同,可以分为官方博客、译者博客、翻译研究者博客和业余爱好者博客。这四种的翻译博客所关注的重点不同。官方博客主要指的是一些出版社的博客,还有一些机构和翻译公司的博客,比如英语翻译研究工作室博客、译海苍穹工作室博客以及语联翻译的博客等。出版社的博客主要围绕图书、作家和编辑三个方面。例如,译林出版社的博文有新书上架、编辑手记、书评书语、作家访谈、序言跋语等几个分类。外文社的博文有译文好书推介、书评专栏、译文公告、相关新闻、书摘连载、译文活动等分类。人民文学出版社的博文分为新书、酷评、精彩选摘、我们的作家几类。这些出版社的博客都会有与翻译相关的文章和评论,有的是原创,有的则是转载,如人民文学出版社的博客在"酷评"分类中转载了《"马爱农案"对文明的挑衅和侮辱》一文。

翻译研究者博客通常既涉及翻译教学,也涉及翻译实践,还包含翻译研究。目前,在网络上有很多名字与翻译并不相关,但是实际上是我们熟知的翻译研究者的博客,比如,"不客""不系舟中""二里半"等博客。也有一些著名译者或者翻译研究者的博客,如林超伦、孙仲旭、马振弛、林少华、胡茵梦、李长栓、肖兆华、王宪生、陆谷孙等人的博客。在个人的博客上可以对其他博主进行关注,从而实现沟通和交流。比如李长栓老师的博客包含同声传译、词汇整理、法律翻译、翻译教学、入学考试、词语翻译、著作目录等分类。在黄德先的博客的博文中有翻译研究论文、翻译研究学术讨论、翻译行业、翻译研究学术信息、翻译研究学者、杂感、航空语言研究等主题。在Jimmy杜争鸣博客的博文中有歌曲诗词散文翻译、翻译讨论与研究、口笔译同传等版块。在翻译研究者的博客中,除了会有一些

---

① 杜庆杰. 博客初探. 合肥:安徽教育出版社,2008:37.

人生感悟之类的文章,大多数文章都与自己研究的方向和授课内容相关,这样的博客不仅会成为研究者的重要辅助工具,对于其他翻译工作者和翻译爱好者来说也是很好的借鉴和指导材料。翻译研究者在博客上进行翻译批评时往往更加感性,能够更加直接地表达自己的观点和想法,所以有时他们的批评是尖锐又直接的。

译者博客通常都会围绕自己的译作发表博文,如林少华的博客多围绕着村上春树以及与自己的译文发表相关的新闻。在译者的博文下通常会有多条评论,知名的译者还会将自己在翻译过程中遇到的很多事情,比如自己与编辑的交流,自己写的序跋等进行分享,这些都为翻译批评提供了大量研究资料。如在黑马(劳伦斯的译者)的博客中,译者就将翻译的稿酬过低、文学翻译的困境等翻译现象都指了出来。这一类型的博客可以让更多的读者了解译者的翻译过程、翻译的困难以及翻译的艰辛,为翻译批评提供了更多的视角和素材。

翻译爱好者博客主要是一些个人的博客。尽管翻译爱好者博客完全是根据自身的需要和兴趣所建,但通常来说,若能够保持活跃度的话,也具有一定的价值。翻译爱好者博客的主要内容以探讨翻译经验,展示自我作品以及共享资料为主,如译海拾蚌、Susan 的翻译、自娱自乐等博客。这些博客的内容都非常丰富,如在博客"自娱自乐"中,译者主要关注诗歌的翻译,其博客内容分为《诗经》选译练习、《离骚》选译练习、王维诗英译练习等。翻译爱好者博客能够将翻译这一艰辛而充满乐趣的活动展现在更多人面前,并将这一感受传递给更多的网民。翻译爱好者博客所进行的翻译批评虽然内容多样,但需要注意的一点是其质量难以保证。

在众多的博客中,除了以上提到的以博主的兴趣爱好为主要内容的博客,还有一些博客是以某个方面的主题为主要内容的,如在新浪博客中有汽车翻译博客、导游翻译博客、音乐文献翻译博客、航空科技翻译博客等。某仲裁翻译博客上曾发布《〈OMAY 海上保险——法律与保险单〉之翻译批评》一文①：

> 个人感觉郭国汀先生组织翻译的这本书,确实是一本不朽之航运法名著。当然我说的是英文原本。就中译本的翻译来看,本书由于翻译人员比较多,包括郭先生本人有十一人之多,因此,翻译的统一性和流畅程度并非令人满意。试举例如下……

(二)博客社区

从空间分布上看,博客社区可以分为以下几个圈层。

1. 以主页为单位的博客社区

这种博客社区的主要形式是群体博客主页,即由几个、十几个或几十个人共同创建和维护一个博客主页。在这种类型的博客社区中,博客成员往往在现实中已经相识,通常是同事、朋友或亲属。他们将集体性创作当成发展现实空间关系、增进彼此沟通的另一种途径。这类社群的成员结构比较稳定,成员身份比较透明,社区边界也很清晰。群体成员相互评价和回应的交往频繁,主要的互动方式是留言和链接。如名为"班布里奇翻译研究"的博客,就是由同一所学校里从事翻译研究的多人共同维护,从而实现群体内部的交流。

2. 博客群组

博客群组是在一个博客托管网站或博客频道中,将同类博客主页聚集在一起,形成一个讨论区的集群对话形式。该群组的主要功能是促进有相同兴趣爱好的博客之间的交流。博客群组是一些志同道合、兴趣相同、爱好相同、有共同语言的博客组成的虚拟的网络群体。在博客群组中也有以翻译作为兴趣而建立的圈子,如网易博客圈中有一个名为"翻译人生"的博客圈。博主们可以对有关翻译批评的问题进行详细的论述。通过图 2.2 可以看出,利用好这样的博客群组能在知识传播的过程中得到相当大的助力,同时也会增加相互的交流,有利于汲取更多的知识。

---

① 见:承志海事仲裁网博客. http://trytobe.fyfz.cn/art/10271.html.

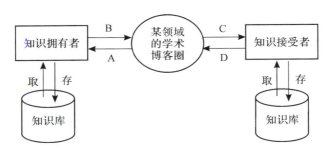

图 2.2　基于学术博客的知识转移①

三、博客翻译批评的特点

相对于 BBS/论坛和网络聊天室,博客是一种自发组织的传播形式,其系统性、全面性、内容的数量规模和表达深度,都是前者难以比拟的。博客具有链接、发布、访问、评论和订阅等功能,具有积极的知识价值,有利于个人对知识进行管理和交流。目前,一些论文已经将博客作为引用信息的来源,也有学者将博客作为发表学术观点的平台,也有图书馆通过博客提供参考服务。如此,学术博客作为新型的学术交流模型便应运而生。翻译博客这种新的知识交流方式成为新媒体时代获取新知识,进行互动交流的新形式,知识接受者可以充分利用这个空间,方便快捷地获取新知识,并且进行知识创新,如图 2.3 所示。

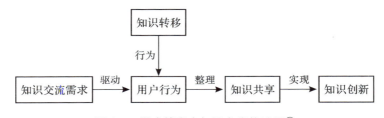

图 2.3　学术博客中知识交流的过程②

相比翻译论坛,翻译博客有其独特的地方:虽然信息量小,但是带有

---

① 谢佳琳,覃鹤. 基于学术博客的知识交流研究. 情报杂志,2011(8):160.
② 谢佳琳,覃鹤. 基于学术博客的知识交流研究. 情报杂志,2011(8):160.

更多个人的标记和风格,也更加注重细节。比如有的大学教授将博客作为自己与学生、同人、朋友之间就教学、研究进行交流的空间,并且把自己的科研成果发布在网上。好的翻译博客就像一个好的老师,可以让更多的人受益。在豆瓣网的一篇帖子中,作者推荐了 13 个国内的翻译博客,其中既有翻译家、翻译学者的博客,也有普通翻译者的博客,还有翻译群体的博客。这些博客是对报纸杂志等传统媒体的重要补充,也可以作为翻译经验分享、翻译批评等的重要平台。

(一)翻译批评主体可信度高

翻译博客是由个人掌握的多媒体符号空间,主页中长期保存着文字和图片,随着日志数的增多,个体身份的构建会逐渐趋于清晰、具体,网友可以从主页信息中对作者做出大体的判断,这与 BBS/论坛和网络聊天室中主体频繁变换的状态是截然不同的。根据主体的身份,博客可分为实名博客和匿名博客,实名博客对于内容的选择以及质量的监控都有一定的把握。有的博主是学术界的知名学者,有时会选择公开身份,所以对于博客内容的选择和翻译批评的水平都不亚于纸质媒介的论文,翻译博客就成了一个展示的平台。另外一些博客,尽管无从知晓博主真正的身份,但由于所选内容是与翻译相关的,所以从其博客中的相关信息也可基本断定是从事翻译有关的工作人员,或者是翻译爱好者。

(二)翻译批评客体内容学术化、专业化

博主在进行网络日志的选择以及自我空间和形象的构建时,往往会选择与自己的专业和工作相关的内容,由于博客上发布的文章篇幅长、内容容量大,可以比较全面地表达观点,所以出现的批评文章与 BBS/论坛等其他形式的网络空间中的文章完全不一样,通常能够在博客上发现具有学术价值和专业性的论文和批评文章,虽然有时博主只是将纸质版本的论文放在网上。由于纸质媒介在发表时所具有的篇幅限制、内容限制、版面限制等局限性,很多批评文章不能面世,博客这一网络批评空间给了这些文章重见天日的机会。其中的学术博客更是能将这些功能发挥到极

致,"'学术博客'指用于发布和交流教学、科研和科学信息的博客,即能够用于交流学术观点、发表科研成果、发布学校教学信息、普及科学知识的博客"①。

第四节 微 博

一、微博概述

微博也被称为微型博客、"一句话博客"或即时博客,是一种通过关注机制分享简短实时信息的广播式的社交网络平台,又称"围脖"。用户以 140 字以内的文字更新信息,并实现即时分享。伴随国外微博的逐渐发展,我国的微博也渐渐兴起。微博在翻译批评方面也迅速发挥作用,它可以迅速地就某一现象发表自己的意见,相对于强调版面布置的博客来说,微博的内容由简单的只言片语组成。从这个角度来说,它对用户的技术要求很低,而且在语言的编排组织上,也没有博客那么高要求。随着互联网的普及,大量用户可以通过手机、平板等方式即时更新信息。

微博相较于博客有以下几个特点:(1)更加短小、自由。微博的内容多由简单的只言片语组成,同时可以通过链接延伸到其他地方。(2)微博作为一种分享和交流平台,更注重时效性和随意性。微博更能表达出每时每刻的思想和最新动态,而博客则更偏重于梳理自己在一段时间内的所见、所闻、所感。(3)博客是面对面的交流,而微博是背对面的交流。"在微博客上,你可以根据自己的喜好关注任何人,只要添加关注后,这个人的任何信息更新都能在第一时间内出现在你的页面上。可以一点对多点,也可以点对点。移动终端提供的便利性和多媒体化,使得微型博客用

---

① 吕鑫,等. 学术博客研究述评. 图书情报工作,2012,56(6):65.

户体验的黏性越来越强。"①(4)微博也有长微博模式,长微博是通过图片发布文字信息的一种形式,由于微博通常不得超过 140 字,故长微博将文字转化为点阵图像发布。后来长微博通过附带相应文字版本的链接演变为博客和长文章的入口。

二、翻译相关微博分类

微博的发展十分迅猛,它具有门槛低、随时随地传播信息、传播方式裂变等特点,这些特点使得相关的个人、机构、出版社、网站等都纷纷开设了微博。用户覆盖更为广泛的微信的出现,也丝毫没有影响到微博的发展。仅以新浪微博为例,以"翻译"为关键词搜索相关微博,就找到了631744 条②结果。按照批评主体进行分类,其中与翻译相关的就有个人的微博、网站的微博以及官方机构的微博等。个人的微博,如止庵、黑马、林超伦、翻译与翻译研究、翻译驴等的微博;网站的微博,如英文巴士网、译网、译路通等的微博;官方机构的微博,如译林人文社科、上海译文、外研社英语翻译频道、中国日报—英语点津、《英语世界》杂志等的微博。

比如,《中国日报》(2015-05-26)的微博上贴出:

> [苹果官网上的 iPhone 6 又换新文案了:The two and only]中国大陆官网上对应的文字是"无双,有此一双"。此同时,台湾地区和香港地区的官网对 the two and only 的翻译分别是"两款,世上无双"以及"两款,无双",各位觉得哪一种"苹果体"才是最好的?

在这一博文后面,多个相关的翻译类微博出来评论,有的还提出了自己的译文,比如"此对 无双""举世独双""无双 仅此一双"等。

---

① 张妮. 微博客就在我们身边——对微博的传播学思考. 剑南文学(经典教苑),2012(12):274.

② 2015 年 10 月 30 日 16:04 采集。

三、微博翻译批评特点

"微博上的批评是一种话题式的批评。批评的对象是翻译问题,但评论的语言是一种大众语言。评论者并不局限于专业的翻译批评者,可以是普通的翻译批评者。甚至一些和翻译没什么关系的围观者,都可以凑上去说上两句。"①比如,译者梅静的微博中就有这样的评论:"一个好译者虽然无法拯救一本烂书,但一个坏译者,肯定能毁掉一本好书。还是《黄鸟》,做完对比,告一段落。就这本书而言,至少,我认为景翔的译本是极不合格的。"②这种话题式的批评非常容易引起网民的注意,使得网民对某一现象、某个活动、某个译者或者某部译作产生强烈的印象,从而形成热点,引发一系列的探讨。

"在微博上,思想、理论、逻辑、专业语言往往派不上什么用场。大家比拼的是新鲜、锐利的语言。要在微博中吸纳人气,关键看博主出手的短、新、快的能力。原先在专业圈子里的名气、声望也不能直接挪用到微博上。"③微博的传播性和互动性都极快,它类似于博客,但又与博客有不同之处,它比博客更加的灵活和便捷,其内容仅由简单的只言片语组成。在微博这个平台上进行的翻译批评主要具有以下几个特点。

(一)简洁地点明翻译的问题

传统的博客需要作者通过长篇大论表达自己的观点。相应地,博客的读者也需要花一定的时间去阅读和分享。"然而,微博客的新颖之处就体现在它的'微',用户只需要三言两语,就可以利用微博客这个平台表达出对各种翻译问题的感受。"④虽然是细碎的语言,微博却简洁明了地表达了作者的想法,用时较少,却同样引起了读者的关注。同时,因为

---

① 张涛甫. 微博时代,专业批评如何作为. 决策探索(下半月),2011(3):68-69.
② 见:"译者梅静"新浪微博.[2018-10-30].http://weibo.com/u/1652553013.
③ 张涛甫. 微博时代,专业批评如何作为. 决策探索(下半月),2011(3):69.
④ 张妮. 微博客就在我们身边——对微博的传播学思考. 剑南文学(经典教苑),2012(12):274-275.

微博的发布不需要大量的语言表达,只要简明地点明问题即可,这也降低了用户的使用门槛,使更多的网民能够加入其中。比如,Ryan NFL 的微博中对体育术语的翻译评论道,"找点有常识的人翻译外国新闻好吗!shirt-front 是正面冲撞,引申为正面交锋,tackle 才是抱摔,技巧性比较强"①。

(二)翻译方面的问题更容易引起快速反响,交互性强

快速传播是微博的核心特征之一,特别是对于热点问题的快速反应。微博的"转发""跟随"等功能能使其在几秒之内传递信息。"由于微博客没有博客的高门槛,人人都可以开微博,随时随地表达情感、发布信息,因此,微博客的涉猎面更加广泛,公民新闻的色彩在微博客上表现得更加浓厚。"②比如在《法治晚报》的微博上有这样的博文:"(10 天翻译全片,薪酬 2000)千呼万唤始出来的《复联 2》终于登陆内地大银幕,但却因为翻译问题陷入了一场口水战。对此《复联 2》翻译团队首次正面回应:时间紧、任务重、承认出错漏,会改进工作。但让刘大勇一个人背负骂名,实在太委屈他了。"在此博文下,有 3795 条③评论,在这些评论中,多数博主对此言论并不认可,从中可以看出,翻译质量仍是很多观众和读者十分在意的问题,同时,他们对民间字幕组的翻译质量和奉献精神也给予了充分的肯定。

在微博上,我们还经常可以看到名家与读者的互动、出版社与读者的互动、翻译机构与读者的互动等。如翻译家周克希经常在微博中与其粉丝进行互动,谈论自己对翻译的看法,"@Jaime 勤劳勇敢当御姐,您的要求,看来比较高,我讨厌翻译腔,但并不排斥'翻译的痕迹'。翻译腔要不得,但'翻译的痕迹'是难免的,有时甚至是可爱的,那往往是译者心境留

---

① 见:"Ryan NFL"新浪微博. [2018-10-30].
② 张妮. 微博客就在我们身边——对微博的传播学思考. 剑南文学(经典教苑),2012(12):274-275.
③ 2015 年 10 月 30 日 16:04 采集。

下的痕迹"①。

四、轻博客

轻博客是介于博客和微博之间的一种网络服务,博客是倾向于表达的,微博则更倾向于社交和传播,轻博客则吸取两者的优势,既能承载博客的丰富内容,又不受微博的字数限制,还可以进行人际交互,与关注者随时沟通。在人人网上有类似轻博客的人人小站,人人小站是以兴趣为导向的轻博客社区。比如,小书房是一个关于儿童文学的翻译网,其下设的官方小站上有一篇题为"思考与比较——《陶乐熙奇遇记》翻译札记"②的帖子,这是一个非常难得的自评和译者批评的例子。帖子中写道:

> *The Wonderful Wizard of Oz*,是美国童话大师莱曼·弗兰克·鲍姆(L. Frank Baum,1856—1919)的经典名作;据笔者有限的见闻,近几年该书出的中文译本至少有七八种之多,还不算那些改编本。其中,张建平译本至少有 6 家出版社出品,马爱农译本至少有 3 家出版社出书。
>
> ……
>
> 笔者在翻译该书过程中有一些思考;为拓宽视野,获得启发,曾查阅张、马两位名家之部分译例作参考比较。总体感觉,两种译本均为佳作,精彩纷呈,各有特色:马译贴近原文,忠实准确,丰腴翔实,误译、漏译极少;张译遗貌取神,地道流畅,瘦硬简洁。
>
> 需要说明的是,张、马二译精彩之处甚多,笔者并未通读,已获益不浅;这里的"参考比较"是笔者思考那些问题时,以二位名家为师,看看他们是怎么处理的,也仅仅为说明拙译之"异";毫无疑义,一个词句之优劣与否,多数情况下要在更大的,甚至全书的语境中才更能说明问题,更容易玩味。更何况,译事之道,大概也是"大体则有,定

---

① 见:"周克希"新浪微博.[2018-10-30]. http://weibo.com/u/2684059123.
② 见:小书房网站.[2018-10-30]. http://dreamkidland.cn/article/detail/679.

体则无",见仁见智,或是其永恒的规律吧。

　　欢迎各种批评意见,欢迎将拙译之任何章节或全书与任何译本相比较。

通过此文可略微窥见轻博客上翻译批评的特点。轻博客与博客和微博相比受到的关注不多,至今,轻博客仍没有成为较为成熟和稳定的模式,为网民所使用。由于社交应用形式更新很快,这种形式已经慢慢淡出人们的视野。

第五节　微　信

一、微信概述

微信(WeChat)是一个为智能终端提供即时通信服务的免费应用程序。微信可以通过网络快速发送语音短信、视频、图片和文字,同时,用户也可以使用流媒体内容的资料和基于位置的社交插件"朋友圈""公众平台""语音记事本"等。微信的出现使得网络翻译批评出现了前所未有的新局面,那就是以前基本上网上的交流都是在不认识的网民之间,而微信上的交流通常是在熟悉的人和圈子之间。微信上的翻译批评主要是通过在朋友圈、微信群以及公众号上发帖或者点评的方式进行的。用户可以通过朋友圈发表文字和图片,"可以对好友新发的文字和照片进行'评论'或'赞',用户只能看相同好友的评论或赞。当其中一位朋友在其朋友圈进行批评时,他的好友可以进行相应的点评,相同的好友可以看到彼此的意见和观点,并进行相互的交流"①。微信群是支持多人群聊的功能。用户可以通过微信与好友进行形式上更加丰富的类似于短信、彩信等方式的联系。目前多个社会团体、编辑部等都发现这样的交流更加便捷、流

_____

① 吴萍. 移动社交网络中的信息传播最大化问题研究. 济南:济南大学硕士论文,2015:10.

畅,纷纷建立了微信群,比如江苏省翻译协会、南京翻译家协会、外语界面研究微群以及典籍翻译研究等。微信公众号是开发者或商家在微信公众平台上申请的应用账号,该账号与 QQ 账号互通,通过公众号,商家可在微信平台上实现和特定群体的文字、图片、语音、视频的全方位沟通、互动,从而形成一种主流的微信互动营销方式。学界也充分利用了公众号的功能,多个学校、机构以及期刊,甚至个人都纷纷开设了公众号。目前,名称中含有"翻译"二字的微信公众号非常之多。在微信公众号上既可以推送文章,还可以在每篇文章后留言,经过筛选后的留言是所有人可见的。相较于 QQ 空间、博客、微博等常见的公共网络阅读终端,微信公众平台具有用户数量庞大、功能强劲、内容多样、操作便捷、开发成本低廉等显著优势,这些优势使得微信公众号备受学术圈的青睐。显然,学术期刊微信公众平台不仅有传统纸质期刊的内容,而且其作用和传播效果要远远大于纸质媒介和网站,完全超越了传统纸质期刊的传播范围,因为读者可以在手机上随时接收、浏览信息,并发表意见。翻译研究动态公众号发布了"翻译类微信公众号影响力排行榜(2022 年 6 月)",该榜单上共列出了 40 个微信公众号,数据由清博智能™ 定制榜单提供,微信公众号的入选标准是:(1)公众号的微信传播指数 WCI(清博指数)达 500 以上;(2)微信公众号名称中包含"翻译"语义元素;(3)持续发布翻译学习、翻译实践、翻译研究、翻译行业资讯等相关内容。由此可以看出,微信公众号的传播力和影响力在持续攀升。

二、微信翻译批评的特点

由于利用手机上网的网民人数和上网时间增多,微博和微信这类方便快捷的沟通方式便成为首选,微博和微信随手拍、随手发的内容也逐渐成为网络翻译批评的重要组成部分。在微信上利用朋友圈、微信群和公众号所进行的翻译批评有以下几个特点。

(一)批评主体的身份相对确定

在朋友圈、微信群以及公众号进行翻译批评的更多是一个圈子的人,是与翻译界密切相关的人,比如翻译公司、出版社以及从事翻译研究的学校、机构和个人等。相对来说,人员比较集中和固定,每个人的身份是确定的,虽然是在网络上,但都是相互了解的。因为批评主体的身份相对清晰和确定,所以所发表的评论是其工作的延伸,或者已经成为其工作的一部分,在交流中得到的是相对固定群体的反馈和互动。

(二)批评专业性强

微信群里有类似专门为专业翻译批评者搭建的平台,成员可共同探讨某一个问题,寻求相应的解决方案。和论坛、博客和微博不同,微信上的翻译批评更加专业化。比如当代外语/翻译微论坛(后更名为"有思想的学术")曾经邀请一些学者在微信上进行学术对话,之后再把发言整理成文字,供大家评阅。这类"微论坛"是一种新型学术讨论活动,是对学术交流的一次制度创新和有益尝试。通过微信随时发布讨论话题,在线上发起、线上讨论的模式,为翻译人员提供了一个交流学习所得、切磋翻译经验、发表评论的平台。

(三)批评效果显著

微信的传播速度超过了以往论坛、博客和微博的传播速度,在微信上任何一条信息或者评论都可能在几分钟内传播开来,而且是在翻译圈内相互传开。所以一些热点问题能迅速引起关注,并听到专家的高见。比如在高校 MTI 微信交流群中,各高校的翻译硕士负责人、翻译公司以及华为公司负责人会经常提出在联合培养翻译硕士的过程中所发现的问题,这些问题又会在线下被进一步讨论,进而直接影响翻译教学和研究,形成产学研相互作用的链条。

论坛、博客和微博等阵地的翻译批评,大大突破了专业翻译批评固守的领域和视野,它突然间把翻译拖向无限广阔的"公海"里。在网络空间中,批评的纯度被稀释了,厚度被摊薄了,高度被削平了。但是,"如果一个时代只有普通民众的话语繁荣,而没有专业精英的有力表达,那么宽广的民众声音可能也会行之不远。从这个意义上说,我们期待专业精英翻译批评能够与论坛、微博等翻译批评互为补充,能够开创一个双重勃兴的局面"①。微信的出现恰好融合了处于两端的大众和精英之间的对立状态,因为微信可以看作是精英在网络平台的大众传播,微信的朋友圈也可以使信息得到过滤,微信公众号的出现则进一步增强了这个功能。

---

① 张涛甫. 微博时代,专业批评如何作为. 决策探索(下半月),2011(3):68-69.

第三章　网络翻译批评的批评形态

网络翻译批评主要栖息在上一章提到的网站、论坛、博客、微博、微信等阵地,本章将详细阐述其中非常有代表性的两种形态——讨论组和书评,这两种形态对于翻译批评来说尤为值得关注,吸引着感兴趣、学有所长的人士参与其中,他们贡献了很多带有真知灼见的高质量批评,将网络翻译批评的价值体现得更加清晰明了。可以预见的是,随着网络技术的发展,网络翻译批评栖息的空间既会更加丰富和多元化,也会更加分众细化,它们各领风骚,可以满足不同类型网民各种层次的需要,发挥其应有的作用。在这些不同的网络翻译批评空间里,网络翻译批评呈现出多样的批评形态,或是围绕话题进行交流,或是围绕译本进行探讨,实现翻译批评的监督、引导等功能。

第一节　讨论组

讨论组主要是基于用户兴趣建立起来的,它以内容为纽带加强用户之间的联系,增强用户黏性,进而吸引用户创造内容。与翻译批评关系密切的讨论组主要出现在豆瓣网、知乎网以及译言网等网站上。这些讨论组在进行网络翻译批评时,往往明确以翻译为题,或者更确切地以"翻译批评"为题,讨论组的形式非常适合围绕一个具体问题展开讨论,通过多个网民的参与、不同视角的探讨、不同观点的展示,使得翻译批评呈现出了开放性和多元性的特点。

在目前众多有讨论组特色的网站和虚拟社区里,主要有以下几个地方特别值得关注:(1)以兴趣爱好为纽带的豆瓣网的小组和小站;(2)以话题为主导的知乎网;(3)以协作翻译为特点的译言网。

一、豆瓣网

(一)豆瓣小组

小组是就某一类话题或兴趣点(例如,旅游、电影、学习等)和别人交流的场所,小组的成员因共同的兴趣聚集起来,话题非常集中,讨论内容具体而专业,便于发现同行、找到与你有相同兴趣的人进行深入探讨。以豆瓣网(简称豆瓣)为例,豆瓣网是一个评论(书评、影评、乐评)网站,你可以在豆瓣网上自由发表有关书籍、电影、音乐的评论。"豆瓣网的内容生产机制,一方面是内容指向明确,就是某一特定的书、电影或音乐,因此,可以激发那些主动型的网民参与内容生产的积极性;另一方面,又可以使那些被动型的网民很容易实现个性化的满足,而且他们也可以用轻松的方式对内容的关系产生贡献。更重要的是,它提供了一种新的关系架构。由于每一个个体在内容之间起着穿针引线的作用,内容与内容的关系变得更为多样化。"①豆瓣网提供了一种以"兴趣爱好"为纽带扩展人际关系的可能。豆瓣网采取多种形式吸引网民加入并进行评论,比如小组、小站、书评、影评等。

豆瓣网的"小组"栏目下有多个翻译小组和翻译批评小组,比如,"翻译东西""英文图书翻译者之家""翻译与出版(技术性问题)""社会思想译丛""翻译批评""译林社的读者们小组""上海译文的 fans 小组""翻译与版本小组""外国文学小组""我们如此热爱外国文学小组""索尔·贝娄小组""威廉·福克纳小组"等。同时,手机上也有豆瓣小组的应用软件,便于用户浏览和发表评论。

---

① 彭兰.网上社区个案研究.(2008-12-07)[2022-08-15]. https://www.douban.com/group/tcpic/4811808/?_i=9612416TLeJXK.

下面以与翻译批评相关的小组为例来具体看一下网络翻译批评的情况,这些小组不仅常以"翻译批评"为名,而且在内容上也非常有针对性。"翻译批评"小组,组长贝小戎,小组成员 1383 人;"学术翻译批评"小组,组长 tjliu,小组成员 466 人①,小组简介为"本小组旨在对人文、社科类的学术译著(中文译本,含译文,但不涉及文学译著)中存在的问题提出严肃的批评,以促进中国学术译著质量的提高和学术出版的良性发展"②。从这段小组介绍中可以看出,此小组带有真正的"批评"意味。很多帖子从标题就可以看出与翻译批评的相关度很高,如《天使望故乡》三译本开篇比较""朱利安·巴恩斯的《福楼拜的鹦鹉》中的误译""《火山下》译本质量堪忧之一""《万有引力之虹》翻译指瑕 1""《弗农小上帝》的翻译问题""《独自和解》前 16 页翻译较差"等。

另外还有一个帖子名叫"佩里·安德森《交锋地带》中文翻译纠谬"③。帖文写道:

> 佩里·安德森先生著作 *A Zone of Engagement* 中文译本最近由中国社会科学出版社出版,安德森先生托我查验一下翻译的质量。找过来看了之后,吓了一跳,短短的三页之内,我就找到了二十多个翻译的问题,根本不敢再往下看。

豆瓣小组完全是按兴趣划分,有以译者为题的,如"林少华的逆袭""黄灿然""钱锺书";有以译文类别为题的,如"学术翻译批评""电影字幕翻译""诗歌讨论与批评""泛黑类歌词翻译小组""推理翻译""双.峰.驼(科幻翻译)""法律翻译"等;有以出版机构为题的,如"上海译文出版社""广西师范大学出版社""人民文学出版社"等。其中名字与翻译批评相关的小组有"学术翻译批评""翻译与版本""翻译找茬与建设组"。

---

① 2015 年 10 月 30 日 16:04 采集。
② 见:豆瓣小组"学术翻译批评".[2018-10-30]. http://douban.com/group/180585.
③ 见:豆瓣小组"学术翻译批评".[2018-10-30]. http://douban.com/group/topic/6909309/?_i=34266781Y5WjGT.

　　"黄灿然"小组是黄灿然先生自己设立的小组,其中收集了其发表的文章、访谈、译诗、读书记录等,这无疑是研究译者的作品、观点非常重要的资料来源地。而黄灿然将载于 2013 年 3 月《上海文化》的一篇文章《理解翻译》转为网上帖文之后,有一个名叫"会飞的鳗鱼"的网民在文章后发表评论说,"大部分观点都让人深受启发,只是在中间关于古文和欧化的讨论上,作者对自己不了解的信息做了太多主观臆测,导致最终观点偏颇甚多"①。这样的评论在纸质媒体上是根本看不到的,因为纸媒上不可能有这么快的读者反馈,也不可能有这样犀利的评论和这种直接正面的观点碰撞。

　　在"乔纳森"小组里,"乔纳森"确有其人,但这个小组并非其自己创建,小组中探讨的主要是乔纳森发表的文章,所接受的访谈以及其他与之相关的资料。在小组介绍中有摘自"网上读书园地"论坛里对于乔纳森其人其事的介绍,从中可以得知乔纳森是一位书评人,好读书,要求甚解。他的评论常发表于《东方早报·上海书评》《南方都市报·阅读周刊》等报刊。在此小组中有多篇翻译批评的文章,都列出了非常详细的问题,如"《带着鲑鱼去旅行》新译本正误""谈谈《奥威尔日记》的翻译"。"不是'俄狄浦斯',而是'俄耳甫斯'"的帖子则给出了详细的批评意见。

　　"双.峰.驼"的英文缩写为 SFFT(Science Fiction & Fantasy Translation),该小组的成员们致力于研究各类科幻和奇幻作品。其中 SF 撰写的《Decipher 方陵生的译作》一文对译者方陵生进行了介绍和分析。颇有意思的是文章探讨的都是有关译者的一些事情,后文的跟帖中也谈到了其他科幻译者的情况。文章的文笔轻松有趣,有别于纸质媒介所持有的庄重、严肃的口吻。

　　在"外国文学译本选择"和"翻译与版本"小组里,每个话题都是紧紧围绕同一作品的不同译本展开,这些小组成为探讨不同译本的重要批评

---

① 　见:豆瓣小组"黄灿然".[2018-10-30]. http://douban.com/group/topic/37500435/?_i=34286351Y5WjGT.

空间,可以发现资料、收集资料并对其进行研究,对于外国文学作品的重译乱象有重要的监督作用。

在豆瓣网上,用户通过自我创造与分享内容,形成无数个具有共同话题的小圈子。用户在豆瓣小组中选择小组加入,成为其成员,并从小组中对发帖的组员用户名链接进行访问从而了解他上传的照片、常去的小组和推荐的话题,从而推断出发帖人的情况。从这些小组的成员情况来看,他们大多是带有强烈个人兴趣和爱好的网民,是豆瓣网所吸引的"小众",是具有一定审美能力和批评素养的人,有人称之为"意见领袖"。"豆瓣网上的意见领袖比很多网站里的同类角色都更具号召力,形象也更丰富,意见领袖的类型也更多元。这些意见领袖无不是利用群体的公共空间,通过共享知识观点、活跃的参与讨论等方式,获得群体对他的认同感。他也在这种群体交往中积累了虚拟社区资本。"①有时现实世界的专家学者也会在虚拟社区中设置小组,延伸了现实社会的社会性,比如译者孙仲旭、黄灿然、止庵等的小组。黄灿然的小组俨然就是一个个人的小型图书室,帖子内容包括译诗、译文、诗歌、评论、译事、新声音、经典好文等。

(二)豆瓣小站

小站跟小组一样,也是基于用户兴趣建立的讨论组,以内容为纽带加强用户之间的联系,增强用户黏性,进而引发用户创造内容。小站的建设更加自主,小站的功能使得它不仅仅是一个群组,同时还可以作为一个个人产品、博客或是一个迷你网站(mini site)。个人和出版社的小站就是很典型的例子。功能上的灵活性使得豆瓣小站成为一个从不同维度划分人群的产品。在共同的兴趣和爱好牵引下,用户会形成一个相对固定的相互关注的朋友圈。在豆瓣的小站里,以"翻译"为搜索词可以发现"电影字幕翻译2.0""日本文学史与翻译""译趣社区——一个有趣的翻译社区"等小站。

---

① 傅伟. Web2.0时代的网络传播特性分析——以豆瓣网发展为例. 东南传播,2008(12):117-118.

孙仲旭的小站有个"姑言妄之"栏目,其中有篇题目为"霍尔顿的帽子"①的文章:

> 在网上看到有人议论我的《麦田里的守望者》译本,有这样一句话:"看了将近一百页,仍是没看到鸭舌帽的字眼,尽管那个帽子已经提到了很多遍,看来翻译的东西真是没谱。光奔着达雅去了,信倒不讲了。"我感到惊异,然后在网上查,原来,以为霍尔顿戴的是顶鸭舌帽的读者还真是不少,所以我觉得有必要讨论一下《麦田》中霍尔顿所戴的帽子问题。

这是对孙仲旭译本的一段批评,如果没有译者的解释,恐怕这个问题就成了谜案,也让译者没有任何机会对此问题进行及时的解释和释疑。

有的译者通常既有相关的博客,也有微博,还有小站等形式的网络空间,如"孙仲旭"的各类作品可在以下网络空间中找到:

译作目录:http://book.douban.com/doulist/14076/

译文小集:http://www.douban.com/note/34107135/

豆瓣主页:http://www.douban.com/people/luke/

博客:http://translife.blog.163.com/

微博:http://weibo.com/2138515221

译作分享计划:http://www.douban.com/note/87534199/

二、知乎网

知乎网(简称知乎)是一个真实的网络问答社区,社区氛围友好与理性,连接各行各业的精英。用户分享着彼此的专业知识、经验和见解,为中文互联网源源不断地提供高质量的信息。知乎曾经坚持严格的邀请制度,准实名制可以方便用户有的放矢地向感兴趣的人提出疑问,同时,知乎严格的邀请制度也使知乎笼罩着浓郁的严谨氛围。尽管现在知乎网已

---

① 见:豆瓣小站.[2018-10-30]. http://site.douban.com/106592/widget/notes/275150/note/143535743.

经开放注册,但是它还是营造了一个高质量的问答氛围。

知乎网站分为首页、知学堂、会员、发现、等你来答五个版块。在知乎网站上,备受大家喜爱的是发现版块。就翻译批评来看,相关内容也主要在发现版块,以"翻译"为关键词搜索会出现多个类似小组的话题组。按照关注人数的多少,排序如下:翻译、翻译行业、英语翻译、翻译书籍、日语翻译、德语翻译、图书翻译。"翻译"这一话题有 18398 个人关注。① 在"翻译"的父话题下,还有英语翻译、口译、日语翻译、翻译行业、德语翻译、翻译硕士、法语翻译、俄语翻译、翻译书籍、译者等子话题。每个话题包含讨论、精华和等待回答等版块。

"图书翻译"话题中的问题基本上关注的都是书籍的翻译质量,如"有哪些被翻译毁了的好书",此帖列举了 15 本翻译质量糟糕的社科类图书,给出了具体的原因,还有推荐的读本。之后,其又列出了译者黑名单。这些文字犀利而尖锐,对于译文和译者丝毫没有手下留情。在问题"商务印书馆的汉译世界名著系列翻译水平如何?"下,共有 21 个回答②,在每一个回答下又有很多人关注、表示赞同等。另外一个问题是"一个由出版机构、译者、读者构成的良性循环的图书翻译市场应当是怎样的? 在国内当前环境下若要培养出这样的市场,可能的途径有哪些?",一个网名为"蓝冰"、职业为出版人的网民提出了一个解决方案,那就是把翻译费向版税制靠近,他还指出策划人也是关键。在"《复仇者联盟 2》的中文字幕有哪些翻译上的错误?"这一问题后,有 170 个回答。③《复仇者联盟 2》这部电影的字幕翻译由于出现众多错误,为很多观众所诟病,但能够仔细梳理,并对其做出分析和总结的并不多见。另一个标题为"民间汉化的《火影忍者》与腾讯代理的相比,谁的品质(翻译水平等)更好? 为什么?"的问题下面有 26 个回答。④

---

① 2015 年 10 月 30 日 16:04 采集。
② 2015 年 10 月 30 日 16:04 采集。
③ 2015 年 10 月 30 日 16:04 采集。
④ 2015 年 10 月 30 日 16:04 采集。

在"译者"的子话题下,有"赖明珠"的话题,相关帖子有"怎样看待'林少华与赖明珠:汉语美感与翻译本质之争论?'"①。在这一问题旁边的相关问题有"林少华翻译的村上春树作品如何?"(77 个回答),"赖明珠所译的村上春树作品,有可能在大陆出版吗?"(1 个回答),"为什么村上的《1Q84》不是林少华翻译?"(5 个回答),"《1Q84》施小炜的译本和赖明珠的译本,哪个更好?"(7 个回答),"村上春树的作品,施小炜译本比林少华译本好吗? 好在哪里?"(5 个回答)。

就知乎和豆瓣这两个质量比较高的讨论组而言,两者各有特点,知乎是点穴式的,让人联想起锋利与精准;豆瓣是漫谈式的,让人联想起闲散与情调。不管给人的印象是什么样的,它们都提供了大量可供使用和借鉴的资料。

三、译言网

译言网是一个开放的社区翻译平台,其口号是"发现,翻译,阅读中文之外的互联网清华"。译言网的译者们把其他语言的互联网精华内容翻译成中文,发布到网站上,旨在把译言网建设成一个有影响力的内容提供方和译者活动社区。

译言网的突出特点是用户可以在网上提交译文和进行评论、协作翻译,比如译言的古登堡计划,引起巨大反响的《史蒂夫·乔布斯传》的翻译等。人们注册成为译言网用户后,可以参与到译言生活中,提交自己发现的外文内容,自己动手翻译原文库的文章,点评别人的翻译作品,还可以加入小组,或者自己建立专题小组。在译言网的每个小组里,用户都可以贴出经过审核后的原文和译文,欢迎其他成员纠错和评论。译言网的翻译批评通常有以下几种情况:(1)直接贴出有关翻译批评的文章,之后进行相关评论,如"也谈苹果公司悼念乔布斯之文的汉译问题"这篇翻译评论后有多达 66

---

① 2015 年 10 月 30 日 16:04 采集。

个点评。① (2)贴出译文,进行评论。(3)对某个专题进行集中讨论,如"完美译作——《史蒂夫·乔布斯传》线上挑错活动"。(4)在协作过程中提出翻译批评。这是非常特别的一种类型,就如有人在译言网上提出来的,"校对环节其实是协作翻译最有意思的部分。大部分人都能认真倾听、讨论、查找证据。只有极个别人,听不得别人说自己不好,一看自己文章被改了马上吹胡子瞪眼。翻译有点错误本来就不丢人;就算你觉得丢人,组内消化也比自己的文章挂出来以后在百度上被人鄙视要好"②。

在译言网的精选版块里会贴出经过遴选的译文,这些译文已是经过审核的,即使这样,在每一篇的后面仍然伴随着各种评论,如在"十大新奇视角看名著"这篇帖子后面有 8 条评论,"你的身体里住着另外一个人吗"后面有 31 个评论③,除了译者发表的一些感想和提出的问题外,还有其他评论者对其发表的意见和感想。

四、讨论组翻译批评的特点

讨论组是为有共同爱好和兴趣的人提供的可以交流、分享和讨论的空间。对于翻译批评来说,讨论组目前是而且将来也会是值得深度挖掘和发展的翻译批评空间,因为就讨论组的形式和内容来说,它更像一个进行专业翻译批评的地方。从翻译批评文章的长度和质量来看,这里不乏指摘具体问题、讨论深入的文章;从探讨的主体来看,这些成员大多数是相关专业的学者和有批评精神的读者。如果能够对成员的进入条件有所要求,那么这里可以成为聚集专业人士探讨专业问题的理想之所在。与传统翻译批评(运用纸质媒介的翻译批评)相比,讨论组有以下几个特点值得关注。

(一)不同身份的批评主体共同参与

豆瓣讨论组中通常一人发帖,多人参与探讨,批评主体尽管是匿名

---

① 2018 年 10 月 30 日采集。
② http://g.yeeyan.com/blog/35.[2018-10-30].
③ 2015 年 10 月 30 日 16:04 采集。

的,但通过访问与他们相关的链接总是可以发现,其中不乏具有一定专业知识背景,或者说是有一定专业程度的人士。网络翻译批评使得那些没有专业头衔,但对翻译感兴趣,并且善于发现问题的人可以寻找到志同道合的人共同进行探讨,对那些被忽略的现象、被忽略的问题给出自己专业的意见。网络上的批评活动有"泛众化"的倾向,但讨论组的形式就是为那些具有相同兴趣的、不同专业的、不同身份的网民就同一问题进行深入探讨而设计的,所以其批评内容成为网络翻译批评重要的组成部分。

在传统翻译批评里,批评主体通常只有一种身份:读者、译者或批评者等。在讨论组里,这些不同身份的网民都聚集在一起,通常既有读者,也有译者,还有批评者。读者中既有本领域的读者,也有其他领域的读者。这样的形式为人们从不同视角、不同层面对同一问题进行分析提供了良好的平台。以"翻译与出版(技术性问题)"小组为例,该小组的宗旨是集合大家的智慧,讨论图书翻译、出版过程中的技术性问题,如:外国文化常识、外人姓名特点、翻译常见问题、专有名词译名讨论、注释问题等。这个小组共有 5062 个人①,组员中有译者、出版社的编辑、翻译网站工作人员、职业批评者和读者等。

(二)离线及在线的互动参与

网民借助互联网这个载体,可以进行"在线性"的即时互动或者离线的延时互动批评活动,以各种各样的翻译现象为批评的对象。讨论组的设计使得网民能够自行分类,寻找符合自己兴趣的网络空间。在这些地方,讨论内容不再浮于表面,简单一笔带过,因为有共同的具体话题,大家发表的观点往往犀利直接,常对问题进行深入探讨。在讨论组里,具有专业的批评知识和批评素养的大有人在,他们常常会有正面的交锋,离线或者在线互动。正因为有互动,所以问题不会只是陈列在那里,而是可以由不同的人从各个角度对其进行剖析,让大家能对其有更进一步的了解或者提出质疑。

----

① 2015 年 10 月 30 日 16:04 采集。

（三）问题具体、资料丰富

在讨论组中，网民可以根据自己的需要挑选自己感兴趣的小组和小站进行讨论，这些地方组建的初衷是让网民进行交流、表达其各自的观点，所设立的话题并非所有人都感兴趣或者能够评论，往往具有专业性和一定的学术性。而与普通的 BBS/论坛等地方存在良莠不齐，大量无用信息堆积的情况不同，相对而言，这里探讨的内容往往都是经过细读或者比较后发现的，几乎没有指向不明确、问题不具体的情况。

总的来说，讨论组的关注点可以非常微小，讨论的内容也更加容易有的放矢，这里是可以对文本内的微观内容进行审视的地方。在一个个小的标题之下，小组和小站成员可以就某一类型、某一文体的翻译展开讨论。讨论组对于网络翻译批评有着重要的意义，一般来说，现实世界中很难有机会聚集众多具有专业背景的人士，而在这样的网络空间，超越了时间和空间的限制，人们可以就某部译作、某个译者或者某个翻译现象发表自己的意见，并且形成互动式批评。另外，很多讨论组和小站成员都具有专业背景，探讨的内容广泛而驳杂，其范围是纸质翻译批评所难以全部覆盖的。

第二节　网络翻译书评

一、书评和翻译书评

书评，是"图书评论"的简称，书评是一种在整体上对图书的内容和形式进行内容评判和价值分析的文章。① 对于书评的分类，根据其内容和形式有不同的分类方法。根据书评的写作形式可以分为：论文式书评，语录式书评，序跋式书评，诗品、诗话式书评，批注式书评，通信式书评，札记式

① 徐小丽，徐雁，万宇. 网络时代的书评. 中国图书评论，2004(7)：7.

书评,读书法式书评,座谈会式书评和随感式书评。① 根据书评的内容可以分为:社会科学类、哲学政治类、文学作品类、少儿读物类、科学技术类、工具书类、翻译类等。从书评的媒介载体看,可分为纸质书评、媒体书评、网络书评等。吴万伟根据书评作者的编辑、作家和译者等身份,把书评分为倾向理论的书评、倾向创作的书评和倾向翻译的书评三种。②

翻译书评作为书评的一种,既有一般书评的共性,更有其独特性。共同点是对出版的书籍进行批评,而独特的地方则在于其中又多了一个层面的问题,那就是翻译的问题。翻译书评批评的书籍有两种,一种是与翻译和翻译研究相关的书籍,另外一种是译作。前者主要是从研究的角度进行评论,而对后者进行批评的角度很多,除了通常批评者所关注的书籍本身的问题,还有与翻译相关的问题,如译作的质量、翻译的方法、译者的翻译策略等。目前来说,第一类书评正日益得到学界的重视,第二类则由于进行译评所花费的时间和精力较多,而出版的译作又数量庞大、种类众多、版本多样,再加上可以发表的地方少之又少,所以处于匮乏的局面。但这一局面由于网络这个媒介的加入,正发生着巨大的变化。

书评在文学领域中非常常见,也已经形成固定的撰写模式,而翻译书评的形式却有些模糊,因为从已经发表的书评来看,即使是对译作的评论,评论者也很少谈到译者的情况以及翻译方面的问题。实际上,翻译书评可以分为若干类型,根据王宏印的观点,有商务性的书评,以介绍和推销新出的书籍为目的,也有鉴赏性的书评,在介绍情况的基础上,引证若干例句,说明翻译的特点和成就,指出其不足和改进的方向,意在引起读者的鉴赏兴趣,兼有推销和求知之功用。当然,书评也可以写成研究性的。③ 刘金龙则从主体视角探讨了翻译书评的分类,认为翻译书评可分为

---

① 徐召勋. 书评学概论. 武汉:武汉大学出版社,1994:20-25.
② 吴万伟. 翻译书评与翻译批评——《翻译为什么重要》九篇书评的对比研究. 英语研究,2011(4):77.
③ 王宏印. 文学翻译批评论稿. 上海外语教育出版社,2005:202.

作者书评、编辑书评和读者书评三类。①

二、网络翻译书评

图书评介的重要性越来越引起学者的关注。好的书评可以实现多个功能,如对书籍的宣传功能、介绍功能、学术功能、监督功能等,国外的《纽约时报书评》《泰晤士报文学周刊》等知名报刊都是很好的范例。传统的纸质图书评论以零散的报纸和杂志专栏评论为主,对于很多专业书籍则在期刊上辟有专业的图书评介专栏,传统翻译书评也是如此分布。现在每年有大量的翻译图书面世,对翻译书评的需求也越来越大,纸质翻译书评难以应付这一局面。迅猛发展的网络技术改变了这一现状,为翻译批评提供了众多的形式和阵地,网络翻译书评也呈现出井喷的趋势,网民往往根据自己的兴趣在网上选择合适的阵地对翻译的图书进行批评。翻译书评借助网络这个媒介呈现出新的面貌和样式,它们采用的模式、使用的语言、批评的主体和客体、批评的标准等都发生了许多变化。这种情形下,学界亟须对网络翻译书评加以关注,并进行梳理和全面审视。目前,尽管对网络翻译书评的研究还没有很多,但是对于网络书评的研究已经为数不少,其中有对网络书评现状的分析,如司莉(2005)、仝冠军(2006)、余姚晶(2008)、徐莉(2015)、徐霞(2015);有对网络书评文化价值的探讨,如李明(2013);以及对网络书评与报刊书评的对比研究,如章宗婧(2015)。这些研究所探讨的现象和问题虽也涉及网络翻译书评,但网络翻译书评仍然有很多地方需要单独进行研究。

(一)网络翻译书评的形式和内容

网络与书评的结合改变了传统书评的精英垄断局面,开辟了人人皆可评论,时时可获发表的局面。随着书评作者层面的扩大,发表空间的延伸,书评的形式也发生很多变化。书评在网络上栖息的地方很多,翻译书评也是如此,根据目前网络书评发布的地点,可将网络翻译书评分为以下

---

① 刘金龙. 翻译书评类型刍议. 中国科技翻译,2015(4):58.

几种类型。

1.商业门户网站的读书栏目附设的书评区。读书网站的评论是十分常见的草根评书模式,尤其以各大门户网站的读书频道为代表,如光明网阅读、凤凰网读书、新浪读书、网易读书、腾讯读书以及新华网读书频道等栏目中都有书评。比如,光明网阅读的"书评"版块的一篇与翻译相关的书评——《百年前的译文——"说部丛书"阅读记》。网易读书的"书评"版块有一篇来自《南方都市报》的帖子,题为"《奇妙的生命》:最好的科普书被胡乱翻译"。凤凰读书的"书评"版块有一篇对《葛浩文文集:论中国文学》一书的评介,题为"翻译家葛浩文:20世纪中国文学的情人"。另外还有一篇书评是从《东方早报》转载、由李公明撰写的《性审判是一把双面刃》,该文对《性审判史:一部人类文明史》的书名翻译发表了自己的看法,指出了要害。总体上来说,翻译书评都是夹杂在众多的书评之中,数量比较少,查找起来比较困难。即使其中有很多是译作的书评,也很少提及译者和翻译问题。

2.报纸杂志书评的网络版。随着网络的普及,传统的纸质媒体开设网络版也成为大势所趋,而作为传统媒体尤其是报纸的重要部分之一——书评,自然也被相应地搬到了网络之上,如《新京报·书评周刊》《东方早报·上海书评》《南方都市报·阅读周刊》《文汇读书周报》《文景》《读好书》等。这些网络版的书评便于读者查询和阅读,随着网民的数量越来越多,网络版书评的普及面也越来越广,但目前令人遗憾的是,翻译书评的数量还是少之又少。

3.只有书评的读书网站,如读写人网。读写人网(duxieren.com)是一个专门性、只做书评的读书网站,它聚合了书评杂志、书评博客、中英文读书资源。其首页的内容均通过程序自动抓取其他读书网站及书评人的博客内容获得。像读写人网这样的书评网站,尽管书评较多,并且包含谈论翻译问题的书评、访谈等,但是因为并未有专门开设的翻译书评栏目,只能靠读者自己发现和搜索。

4.专业倾向明显的网站,如豆瓣网。豆瓣网自从成立起就受到网民的追捧,目前在网民中产生了巨大影响并且受到广泛关注。关于豆瓣网的研究分为两类,一类探讨了豆瓣网的转换功能,即它的图书评介功能对于图书馆信息服务的影响,另一类分析了豆瓣网的兴趣聚合功能以及它对网络的公共领域的有益实践。① 其中的图书评介功能为网络翻译书评提供了重要的借鉴。"豆瓣读书"里书评集中、针对性强,同时具有相当的可信度,既有读者给的分数,也有短评、读书笔记以及书评的分类。在这些书评中不乏由那些有文学修养、有鉴赏能力的读者经过仔细比较、认真思考后写下的文字。如在《霍乱时期的爱情》译作的页面上,署名"当归蒲子"的网民给出的"关于新版。兼说翻译。"的书评,长达近 3000 字,主要是关于"全译"和版本比较的评论。

"豆瓣读书"目前并没有专门开辟出一个翻译书评专栏,翻译书评大多与其他书评混杂在一起。笔者认真梳理后发现,豆瓣书评中的翻译书评除了能够突显读者感受这一要素,还主要关注译文质量、版本比较以及一些副文本的相关资料。

(1)译文质量问题。在这些评论中,译文质量问题体现得最为突出,比如译者的态度、译文错误指正等,如"纠错不是我喜欢做的事,此次不得已而为之——《小王子》的评论"。非文学作品的翻译质量问题也同样得到了重视,如对《期权、期货及其他衍生产品》的书评中有两个有关翻译质量的书评:"三个翻译版本"和"翻译真是让人无语"。

(2)版本比较。豆瓣书评最让人惊喜的地方是,可以看到同一图书不同版本的链接,如在《飘》的豆瓣书评中可以发现该书有以下八种版本:①译林出版社 2000 年版,李碧华译;②上海译文出版社 1997 年版,陈良廷等译;③人民文学出版社 1990 年版,戴侃、李野光、庄绎传译;④长春出版社 1995 年版,简宗译;⑤长江文艺出版社 2002 年版,范纯海译;⑥经济日报出版社 2002 年版,李尧、郇忠译;⑦浙江文艺出版社 1988 年版,傅东华

---

① 李彦. Web2.0 网站的聚合功能分析——以豆瓣网为例. 社会科学论坛,2011 (5):241.

译;⑧北京燕山出版社 2000 年版,方正译。在不同的版本下都可以看到不同的评论,对不同版本进行比较也是读者非常乐意为之的事情。此外,还有其他对版本相关问题的探讨,如"首译或重译——天才的编辑评论""一本好书,一个有负众望的译本——夏洛的网评论""那些年我们翻译过的盖茨比(盖茨比最佳译本的介绍)"等。对这些版本的品评是对重译和复译问题的推进和补充。

(3)有关副文本的内容。在这些书评中还有一些是关于副文本的,比如译本序、译后记、札记以及书的插图与装帧和封面设计等。译后记、札记可以将翻译过程中遇到的问题更加清晰地展示出来,比如《丝绸之路新史》的书评中就曾提及,译者写的译后记中谈到了两个难点,第一个难点是将原著中译为英语的汉语文献复原,第二个难点是地名的翻译。很多书评中也会谈到书的装帧和封面设计问题,这些评论能够为出版社提供很多好的建议。

(4)网络书店翻译书评。目前在亚马逊、京东、卓越、当当等网络书店里都有各种类型的书评。在网络书店上撰写书评大多要提供书评者 Email、书评的篇名、内容和作品的星级评定等内容,以分项填表的形式,依次完成评论,然后提交即可。根据亚马逊网站书评撰写的规定限制,这种读者书评的字数多为 200~500 字,以不超过 1000 字为限,评论重点应集中于对书籍内容的评论及满意度的传达。值得关注的是,亚马逊的书评机制得到了业界人士的肯定,吴燕惠认为亚马逊书评主要来源有四类:策略联盟,与平面书评杂志、报纸、电视媒体合作;作者或出版社提供的评论或摘要;亚马逊编辑书评;读者书评。① 这些评论也可以分为读者评论和编辑部评论两部分,其中编辑部评论大致有图书的内容简介、作者介绍、编辑推荐、名人推荐、媒体评论等几大块。亚马逊书评撰写者主要包括网站编辑、书的作者、出版者和读者,他们分别从各自不同的角度,以不同的方式来撰写书评,从而为一本书提供多角度的分析和评价。总体来

---

① 吴燕惠. 网络读者书评对读者角色的冲击. 资讯社会研究,2001(1):80-120.

说,网络书店的翻译书评内容庞杂、数目庞大,呈现出丰富、多层次的读者反应。

(5)其他模式。随着以网络为支撑平台的新媒体迅猛发展,除了以上几种主流的网络书评模式,利用博客、微博和微信等形式发表的网络书评也逐渐产生并繁荣发展。以新浪博客为例,有很多以"书评"为名字的官方和个人博客,其中有关翻译书评的博客大多数是译者和职业批评者开设的。微博的盛行使得各类纸质书评报刊也借助微博进行传播。微信书评则是目前发展迅速的模式,很多报刊媒体、网站和个人已经开通了微信公众号,以"书评"为关键词查找公众号,就可查询到类型多样的书评。其中影响力最为广泛的是新京报书评周刊微信公众号,它在 2014 年 12 月就已经突破了 20 万订阅用户,在同类账号里遥遥领先。微信书评在内容上延续了传统书评的高质量,这虽然与公众号创办主体有很大关系,但也与受众关注度有关。

(二)网络翻译书评对翻译书评的价值

与传统翻译书评相比,网络翻译书评具有自己的特点和模式,其存在与繁荣正是因为具备以下特征。

1. 扩大了翻译书评的形式和范围。之前的翻译书评主要围绕学术类专著以及文学名著等,而实际上,从文艺作品到通俗读物乃至社会科学与自然科学各学科的翻译书籍都应有其译评,网络的开放性使得翻译书评覆盖率提高成为可能。同时,网络翻译书评的形式也突破了纸质媒介的翻译书评形式,还可以上文所提的多种模式出现。

2. 彰显出书评人的主体意识。在进行网络翻译书评的时候,书评的作者更能如实地表达自己的想法,对于权威或者名家的作品,他们直抒自己的不同想法。对出现翻译问题的图书和译者,他们直接指出问题所在。传统翻译书评通常在撰写以及发表过程中受到诸多限制,网络翻译书评由于其匿名性的特点不用考虑这些限制,书评人更能发挥主体性,选择自己感兴趣的图书和角度,让书评成为一种自由的文体。

3. 注重细节感受。进行网络翻译批评时,批评者更能把握细节,不只是从一种总体感觉出发,而是从一个词、一个短语或者一个句子中发现问题。批评者通常对译本进行了细读,他们对于字句推敲细思,更加能够从细节上挖掘、阐释和研究。

4. 密切图书与出版社、编辑、译者和读者之间的关系。网络翻译书评因其来自普通读者的"草根"色彩而具有很实际的指导价值,因此它会是人们阅读需求的直接体现,在读者与译者、译者与编辑、译者与出版社之间,网络书评会起到一个良好的衔接与润滑作用,会给出版界带来微生态变化,这种变化值得进一步关注。

(三)网络翻译书评亮点

1. 读者批评

读者的反应是译作出版后所必然呈现出来的,读者批评就是读者反应理论非常重要的体现。由于存在着不同类型的读者和在不同情况下的读者反应,所以读者反应的问题是复杂的。① 只有通过读者批评了解不同类型读者的真实感受和期待视野,才能对此复杂问题给予全面的梳理和分析。传统翻译书评主要是由职业的批评者所进行的,读者没有充分的施展空间,而网络提供了这样的平台,扩大了批评者的范围,突出了读者批评。正如常聪所述,由于读者书评天生的文化特质和网络元素的渗透,网络读者书评具有不同于平面书评和精英书评的独特文化价值:写作的独立性和书评的诚实度;千万读者选书的个性视点有效满足书评读者的多元认知需求;网络读者书评能够为读者研究提供实用的第一手资料,活跃书香交流氛围。②

读者批评一直是翻译书评不可或缺的一部分,而网络翻译书评中的读者批评是其突出的亮点。在数量上,读者批评是专家批评的成百上千倍。目前,豆瓣网和网络书店上出现的大量翻译书评都属于读者批评。在质量上,豆瓣读书的书评以及评级已经成为众多读者和评论者非常信

---

① 王宏印. 文学翻译批评论稿. 上海:上海外语教育出版社,2005:197.
② 常聪. 网络读者书评的文化价值. 黑龙江社会科学,2007(5):183.

赖的评论,很多大学图书馆已经将其纳入评价体系之中。当然,读者批评
也会有很多问题,比如捏造、诋毁,甚至是作家对自己的作品进行炒作等
现象。但瑕不掩瑜,读者批评给翻译书评带来的海量资料无疑是更全面
地评价书籍和了解读者反应的重要数据来源。

2.译 评

译评曾经是翻译界非常看重的书评类型,但目前在翻译书评中的比
重却并不大,即便如此,译评所起到的作用和所产生的影响却不可忽视。
正如刘亚猛、朱纯深所言,有影响的国际译评主导着欧美文化语境中跟阅
读翻译作品相关的舆论,影响并形塑着目标读者的阅读选择、阐释策略及
价值判断。① 目前极其缺乏的译评内容包括翻译界想了解的翻译准确性、
翻译技巧和方法、译者的风格传递等专业问题,读者想知道的译作质量方
面的内容,以及出版社想了解的读者感受等内容。进行译评必须对比原
文和译文,这样的工作量是巨大的,很难确保有专业的批评者对每本书都
进行详细且仔细的比对,也很难做到快速及时地评价现在出版的各类书
籍,而网络翻译批评正好可以弥补这一点。网络翻译批评中的读者批评
可以更好解决译评应该怎么写,应该包含哪些内容的问题,可以提供更多
的思路和方法,好的译评不仅可以触动读者的内心,而且可以将作品的生
命力延伸,延续译作的译后生命。

(四)对网络翻译书评的评价

网络媒介为翻译书评提供了便捷的平台,网络翻译批评对翻译批评
的贡献有三。其一,网络翻译书评为翻译批评提供了丰富的素材、多元的
读者批评声音,打破了翻译书籍出版之后无人评的局面。这些网络翻译
书评能够很好地行使书评的监督功能、介绍功能和教育功能。其二,网络
翻译书评可以弥补纸质翻译书评的一些空白,高建国在《书评的空白》中
认为,中国书评的空白点太多:版本评论太少,旧书评论匮乏,刊物评论被

---

① 刘亚猛,朱纯深. 国际译评与中国文学在域外的"活跃存在". 中国翻译,2015(1):5.

忽视,体例与文笔单调,比较书评少,缺少书评权威。① 这些问题时至今日在纸质翻译书评中也是存在的,网络翻译书评的出现能够适时地依靠读者、依靠网络来解决上述的问题。其三,网络翻译书评在书评的鉴赏及导读方面为书评的评论职能注入了新的能量,还能提供分众需求。经研究发现,与正式出版的书评相比,网络书评具有更强的主观性评价方式,更情绪化的表达方法,互动性更强的辩论、说服特征,以及经常采用多角度且非专业化的评论方式。这些都使得网络书评更具有真实性,关注人物剧情的真实合理性,能够针对不同潜在读者为其提供建设性的、个性化的、星级标准体制性的读书意见。②

诚然,网络翻译批评的出现也引发了不少的质疑,出现了观点的对立和思想的争鸣,有的学者认为,网络上的所谓"书评"更像是读后感。以微博为例,区区 140 字是难以完整写作书评的,人们在这 140 字内很难进行深度的思考呈现。"因缺乏有效网络环境管理机制而存在的作者自律意识欠缺、版权纠纷以及匿名问题导致的书评客观公正立场缺失等问题.都是网络读者书评影响未来书评发展的种种阻碍"③,但是,这些不足都难以掩盖网络翻译批评透出的巨大魅力和流淌着的新鲜、活泼的血液。

第三节　网络翻译批评的批评形态

网络翻译批评范围广、批评客体多,可以从多个不同角度对其进行分类。笔者对主题社区发帖和跟帖的批评情况进行分析,根据批评方法的不同,将网络翻译批评分为话题式批评、文本式批评、专题式批评、学理性批评四种批评形态。

---

① 高建国.书评的空白.出版文化,2007(1):50-52.
② 章宗婧.英语网络书评与报刊书评体裁的评价性对比研究.北京:北京外国语大学硕士论文,2015:ⅲ.
③ 姚红宇.网络读者书评对书评文化发展的利弊研究.企业文化月刊,2012(7):148.

话题式批评主要指发帖人贴出有关翻译的某一话题或者转载报纸和期刊上的文章,希望跟帖人对某一问题或现象进行评论,出版社进行的读者调查也在此列。在话题式批评中,翻译批评的客体范围非常广泛,既可以包含译作,也可以包含译事、译论、翻译过程等。目前非常热门的知乎网上,就有14723① 人关注"翻译"这一话题,话题下面还有英语翻译、图书翻译等子话题。另外,论坛、博客、讨论组里都出现了各种各样的话题帖,如"你心中的'翻译'值多少钱?""让我们谈谈席代岳的翻译吧"等帖子。在论坛里,受到关注的帖子自然会有很多跟帖,从而成为精华帖,被置于论坛的顶部,在社会上产生很大反响,形成新的研究热点。在这种类型的翻译批评中,读者可以就翻译界中的人和事谈论自己的观点;出版社可以了解该引进何种翻译书籍、读者所关注的翻译问题等;这种类型的批评还能够让翻译界以外的人士了解最新发生的翻译事件和当前的翻译市场状况,比如翻译稿酬、翻译人才库、翻译政策等,引起社会对于翻译问题的关注,从而使得翻译研究与社会的需要相结合。

此外,还有一种直接表达喜恶的批评,主要指的是批评者表达的对某个译文或者某个译者的好恶,如推荐式批评和拍砖式批评。推荐式批评指批评者推荐出自己认为较好的译者和译文。拍砖式批评指的是批评者列出自己认为较差的译者和译文。在传统翻译批评中,推荐式批评并不少见,因为这是一种皆大欢喜的批评,但拍砖式批评的情况则正好相反,出现的次数少之又少。而在网上,读者们可以完全不管译者的地位和权威,根据自己的翻译标准,指出译文的优劣,尤其是对那些行文方面让人难以接受的译文,真实表达自己的意见。比如,"每个人推荐五个心爱的翻译家及译本"话题下,有的帖子会提出有争议的译者和译作让跟帖人进行评论。在个人爱好者组建的论坛、讨论组和博客上也出现了大量的推荐式和拍砖式批评。如果在网络翻译批评中出现影响巨大的"红黑榜",那么相信这一形式无疑会对其他译者发出预警,产生威慑作用,从而整体

---

① 2014 年 12 月 30 日 11:44 采集。

提高译作的翻译质量。

文本式批评更加关注的是译文文本方面的问题,主要可以分为技巧式批评和版本比较批评。这种类型的批评在网络翻译批评中占有较大比例,成为读者关心的首要问题。根据杨晓荣对技巧式批评的分类,一类关注的是正误即对不对的问题。如果涉及语言,那么与之相关的是译者的语言能力;如果涉及的是背景知识类的问题,那么与之相关的就是译者的知识面问题;如果涉及的是原作风格转达是否准确之类问题,与之相关的就有可能是译者的语言感受能力或他的翻译观。另一类关注的是好不好的问题,即在没有技术性错误的情况下,语言质量是否高,与之相关的主要是译者的表达能力。①

版本比较是一种比较典型的文本式批评。同一作品有不同出版社、不同译者的多个版本,各个版本之间孰优孰劣,在何种程度上算是抄袭等问题亟须认真思考。豆瓣网上专门设有"翻译与版本"小组,进行多个版本的比较与分析,如"阿赫玛托娃四译本评析""卡夫卡的《变形记》哪个译本好"等帖子,《关于名著的译本——整理思考》一文中对不同国家的多部名著进行了整理,类似的比较在网上随处可见,甚至可以说只要有不同版本的译作,就有不同版本的比较。

专题式批评主要指的是在某个论坛、贴吧以及讨论组中就某一特定的译作或者译者进行的批评,比如"林少华""生命不能承受之轻""哈利·波特""暮光之城""兄弟连""亲历历史""米兰·昆德拉俱乐部"等专题。目前来说,只要是读者关心的主题,在网站、论坛、贴吧以及豆瓣网都有相应的讨论组、小站,争议较大或者热点的译者、译作会同时在贴吧、豆瓣、出版社论坛里有相关讨论组。专题式批评的特点非常明显,目标明确、讨论深入。它为了解同一个译者的多部作品,或者同一部作品的多个译者提供了重要研究资料。比如,在"林少华的逆袭"小组对林少华版村上春树的译文讨论中,就有多种角度的批评,有的指出林少华的翻译问题,有的谈及

---

① 杨晓荣. 翻译批评导论. 北京:中国对外翻译出版有限公司,2005:81.

林少华的翻译特点。同时,讨论组里还谈到其他村上春树的译者比如施小炜、赖明珠,并提供了"村上春树版本译者辩论会"的链接,这些都足以为村上春树译本批评提供多样的视角,并且拓展读者对此问题的认识。

学理性批评主要指的是在论坛、讨论组、博客以及书评网站上所发表的有关翻译批评的学术观察,这些文字多数具有相当的长度、有一定的论证,呈现出相当的条理性,体现出批评者强烈的自我意识。与占据翻译批评"版面"主体的纸质学理批评相比,这种批评其实还远不够完善:学者们往往沉浸在对自己观点及学术思想的抒发,并未对当下翻译现象进行及时批评,或者只是偶尔为之地点评一二。当然,网络上的学理性批评与传统纸质学理批评相比数量还不多,但这一形式更加需要学者的参与和支持,在问题出现时他们可以亮出专业和权威的观点,拨开迷雾,给读者指明方向。同时,因为网络批评比较随性且不受监督,所以学者们也需要自我约束,高度重视在对具体的现象进行批评的过程中所做的学理阐释。

第四节　网络翻译批评特点

一、网络翻译批评聚焦现实问题

传统翻译批评主要以文学翻译批评为主,批评客体范围比较狭窄,而且存在批评范式受限、批评精神缺乏、批评时间滞后等问题,这些使得目前很多与翻译相关的问题难以得到正视。相比之下,网络翻译批评则以现实问题为牵引,直接指向翻译界所存在的各种问题。

首先,凸显翻译质量问题,正如杨晓荣所说,"翻译批评的对象是具体译作、译者或其他具体的翻译现象,翻译批评的最根本的目的是提高翻译质量、促进翻译事业在理论和实践两方面的健康发展"①。已经从感性走向理性的翻译批评虽然经历了几个发展阶段,但目前翻译质量问题却仍

---

① 杨晓荣. 翻译批评导论. 北京:中国对外翻译出版有限公司,2005:21.

为读者、专家和译者所诟病,并且日益成为亟待解决的重大问题。针对这一问题,季羡林先生早在 1998 年就曾对"翻译的危机"提出警告,并且也曾提到翻译质量的监督问题。① 之后,在多家报纸和多个网站上也都有类似的批评,例如:2003 年 1 月 15 日,《中华读书报》上刊登了刘鉴强撰写的题为《劣质翻译充斥学术著作》的文章;2004 年 10 月 19 日,《人民日报》第16 版上刊载了题为《止庵:文学作品的翻译质量问题严重》的文章;2004年,新华网读书频道第 60 期推出了"翻译质量堪忧"专题,2011 年 1 月 11日,《中国社会科学报》上刊载了《大家难产 质量堪忧 学者解析当下学术翻译症结》一文;2011 年 11 月 17 日,《中国教育报》也发表了题为《科普译作翻译质量堪忧》的文章。从这些评论中,我们不难发现市场上各种文本类型、各个学科的译著都存在着翻译质量问题。这不仅让学界对整体的翻译质量产生怀疑,对于翻译质量监督状况十分担忧,对行使监督职能的翻译批评也有所质疑。

"翻译批评最基本的功能是监督功能,由此派生的是对读者的引导功能和对译者的指导功能。翻译批评可以为出版部门提供对翻译作品质量的监控信息,为读者提供译本选择方面的参考意见,为从事翻译工作者提高翻译水平提供学习、揣摩的范例。"②目前,翻译质量方面的问题主要表现为:引入的翻译作品多而杂,输出的翻译作品接受程度不高;译作质量良莠不齐;名著复译乱象;影视剧的字幕翻译不尽如人意等。而目前对翻译质量进行监督的翻译批评又都做了什么呢? 一般来说,读者很难获知某部译作的质量如何,他们了解最多的是那些经典的版本,至于其他的版本、畅销书和社科类著作的译作质量都很难及时得到相关的评价信息。与之相对,在网络翻译批评中,翻译质量问题更加凸显出来,读者关心最多的译文质量问题成为网络翻译批评中最主要的话题,针对性很强。从博客、论坛到讨论组,尤其是在翻译爱好者组建的论坛,翻译质量问题成

---

① 季羡林. 翻译的危机. 语文建设,1998(10):45.
② 杨晓荣. 翻译批评导论. 北京:中国对外翻译出版有限公司,2005:21.

为众矢之的,有的全盘否定某部译作,有的指摘出其中的误译,有的探讨多个版本中哪个版本最好。只要读者想了解某部译作的质量如何,基本都可以通过网上查询有所收获。可以看出,翻译批评借助网络这一媒介,通过大多数读者的参与、专家的点评、批评者的批评,能够更好地实现翻译批评的监督功能。

其次,容易捕捉新的热点问题。网络翻译批评不仅批评对象范围广泛,而且对翻译作品的评论也非常迅速和及时。当市场上出现一部新的翻译作品,翻译界出现新的动向、新的翻译形式时,有的读者很快就根据自己的兴趣点在网络上组建一个讨论组,围绕话题阐述自己的观点,提供多层面的剖析,使得众多读者能更加深入地认识这一问题。比如,由于影视作品的热映而带动的相应翻译作品的展示以及与之关系密切的民间字幕组的诞生,如《兄弟连》《哈利·波特》《暮光之城》《史蒂夫·乔布斯传》等;译林出版社的"翻译在线"网络翻译论坛里也有很多反映热点问题的帖子,如"民间力量激活电影译制 '官翻'危机重重""门罗获奖并未让译者发达""翻译出版界为何多'李鬼'?""鲁迅文学奖文学翻译奖项空缺"等,这些帖子可以迅速回应读者的疑惑,引起大众的关注和热议,使得大众更加了解翻译,知晓翻译界目前的困境,提升对翻译的认识。正是借助网络,翻译批评才能够摆脱之前受到的信息滞后的指责。

再次,完整呈现与外部现实相关的翻译界的其他问题,翻译过程的各个要素存在着多个问题,比如翻译市场、翻译产业、翻译作品的选择、读者的意见、读者的审美期待、文化价值取向等。下面列举几个最受翻译界关注的问题。首先,对出版社而言,读者可以通过网络翻译批评参与其决策。从国外引进书籍时,什么样的书籍值得引入可以让读者举荐。出版社网站的论坛是出版社与读者间最直接和有效的沟通方式之一,比如译林出版社和外文出版社网站上的翻译论坛,读者可直接参与到该出版社出版的作品讨论中。读者和译者还可以监督出版社,对于出版社的编校质量、出版流程、出版社的质量监控机制都可以提出批评意见,如豆瓣网上的"英文图书翻译者之家"小组就有这样的一个话题:"译者心目中的出版社、图书公司、编辑红白榜单"。其次,译者一直居于附庸和从属的地位,经常遇到拖欠稿费、稿酬不合理等现象,但是却没有可以反映的渠道。最后,院校需要培养什么样的翻译人才,社会需要什么样的翻译人才,这些问题都会在网络翻译批评中有所呈现。比如"翻译批评"小组曾经讨论过凤凰卫视《凤凰如水》(企宣材料汉译英)征求精英翻译的译事,译者韩刚的译文得到大家的交口称赞,但韩刚自己则提出了新的报酬标准,就这一诉求,回帖中的大部分人表示支持。这一现象反映出目前翻译市场存在优秀译者选拔难,优秀译文稿酬低,以及如何根据译文质量进行报酬分级等问题。

翻译研究必须关注并解读翻译活动在现实政治、经济、文化生活中的价值和作用。① 怎样进行翻译规划和管理,采取什么样的翻译策略和方法,这些问题具有重大的现实意义,迫切需要解决。翻译批评与网络的结合使得翻译批评能够更贴近现实中的问题,能够更加关注文化、社会现象,能够让更多的人关心翻译事业,思考翻译问题,继而让翻译批评理论得到进一步发展。就翻译批评的本身价值而言,它也需要面对普通的读者,面对丰富多彩的翻译现象和大众的译文阅读需求。

二、网络翻译批评具有强大的交互性

网络翻译批评的交互性指参与主体之间的多向交流与互动,可以分为同步交互和异步交互。同步交互指的是在网络传播中,受众与传播者或者受众与受众之间可以在一定程度上进行直接双向交流的特性。异步交互指的是主体不在同一时间和空间中进行交互。不管是同步交互还是异步交互,网络技术使得翻译批评实现了从单声部向多声部的转变。传统的翻译批评通常只有一个主体发出声音,是一种单向的传递,无法进行相互交流。而在网络翻译批评中,不只是多个同一身份的批评主体,即读

① 许钧. 从国家文化发展的角度谈谈翻译研究和学科建设问题. 中国翻译,2012,33(4):5-6.

者们可以在一个平台同时进行讨论,而且多个不同身份的批评主体,即专家、读者和译者等也可以同时在一个平台进行讨论,这使翻译批评更加立体和全面。比如,译林出版社翻译论坛上的"翻译在线"栏目转载了陈小蔚的《通俗文学翻译对译者的挑战》一文,文中对《译林》2003年第5期发表的网络惊险小说《蓝色虚拟空间》(*The Blue Nowhere*)的翻译进行了分析和点评。此帖后的第一个回帖是一位读者对其中的个别内容提出商榷,第二个回帖正是《蓝色虚拟空间》译者陈小蔚的回应,这一回应不禁让读者非常振奋,之后又有很多读者也对此进行了相关的论述。这样的探讨不仅让更多的读者对译文有更深入的了解,增加对翻译的兴趣,而且会留下有关翻译过程、译者的思考过程等丰富的研究资料。在网络翻译批评空间里,有的译者会发布类似"大家来批评我吧"的帖子,如果这样的帖子可以在某一个网站常态化存在,那么这对于翻译作品的质量提升将产生巨大的影响和推动作用。作家网上的"网上学术论坛"就是一个很好的范例,此论坛由中国作家网主办,以图文直播的形式为网友与特邀嘉宾提供实时互动平台。该论坛定期举行,这一形式为文学批评提供了重要的专家和读者之间沟通的平台。

　　网络翻译批评的交互性特点可以实现巴赫金提出的"对话"功能,这种批评经由谈话而形成和延续,多个不同身份的批评者的参与成为其非常鲜明的特色。传统翻译批评主要是单个主体的发言,而网络翻译批评是群体对话,各种论点和意见可以通过理性的讨论来展开交锋,达成一定的共识。网络翻译批评中,一个帖子后可以有多个人参与讨论,对于一个问题可以有多种不同的观点,这样的对话就代表着观点多元、价值多元、体验多元的真实又丰富的世界。"真理只能在平等的人的生存交往过程中,在他们之间的对话中,才能被揭示出一些来(甚至这也仅仅是局部的)。这种对话是不可完成的,只要生存着有思想的和探索的人们,它就会持续下去。"①"对话"也是哈贝马斯交往行动理论的表现形式,主体间的

----

① 巴赫金. 文本、对话与人文. 白春仁,等译. 石家庄:河北教育出版社,1998:372.

关系交往行动通过对话达到相互理解和协调一致。传统翻译批评中,读者往往只是信息的被动接受者,而在网络翻译批评中,由于对话在不同主体间产生,可以呈现观点的多样性、标准的多样性以及角度的多样性,同时也可使得不同批评主体间相互理解、相互沟通,避免了片面的认识和批评,为翻译批评的发展和成熟奠定了基础。

三、网络翻译批评彰显主体意识

网络翻译批评主体具有"网人化"特点,即网络翻译批评的主体无论是读者、译者还是专家,他们大多以网民的身份发表评论。他们自由地选择批评的形式、批评的客体、批评的方法和批评的语言,这使得网络翻译批评者的主体意识得以充分发挥。网络翻译批评是一场主观的精神盛宴,在批评文本和方法上实现了前所未有的革新。网络使翻译批评挣脱了标准的控制、格式的约束,同时使得故弄玄虚的批评、吹捧式的批评和炒作式的批评都难以立足,批评者可以完全听从内心,不受各种外在因素的影响,直接面对批评的客体。

在批评的形式上,网络翻译批评除了使用文字,还可以使用图像、声音、视频等网络载体形式。另外,由于网络具有超文本链接功能,批评的文本可以无限制延伸,形成了网络翻译批评空间内容和形式的无限拓展。在批评的方法上,学理性批评,直觉、印象式批评,散论等批评方法在网络上随处可见。除了这些常见的批评方法外,网络翻译批评的批评者还可以拓展、革新,甚至创造新的批评方法。在批评的模式上,传统翻译批评通常采用既定的翻译批评模式,比如理论型模式、科学型模式和实验型模式等;在网络翻译批评中,批评的主体能够摆脱现有的模式,或者不考虑相关理论和学术话语,直接指向文本内和文本外的问题。在批评的客体上,网络翻译批评的客体和范围也随之扩大,除了文学翻译,还有很多不同文体、不同学科的译作,比如文物翻译、艺术作品翻译、音乐翻译、星象学翻译等。很多不为大多数读者所知的译者,还有译事(比如全球招募译者的活动)、翻译过程(如快速翻译,协作翻译)等与翻译相关的新现象也进入了批评者的视野。相对传统翻译批评来说,网络翻译批评可以使得译品、译者、译事、译论和翻译过程中任何一个现象迅速成为关注点。在批评的语言上,许多网络翻译批评的文字清新自然、机智幽默、真实而坦率。对于译者和译文的评价不再遮遮掩掩,传统翻译批评中的稳重、端庄、保守、中庸都消失殆尽。网络翻译批评者使用的多是犀利的语言,批评也往往是既直接又尖锐。相比专家学者缜密谨慎的思考,网络翻译批评更倾向于有血有肉、有声有色的体味,更倾向于迅捷、热烈、直截了当的反应。① 如在"翻译批评"小组中有一篇题为"佩索阿《惶然录》的韩少功译本不甚理想"的帖子,其中用"瑜不掩瑕"四个字评价了这一译本,认为它有以下问题:(1)内容短少;(2)驴唇不对马嘴。② 不仅如此,帖子还提供了大量的例子对自己的观点进行佐证。

　　批评者可以充分发挥主体意识这一特点使得网络翻译批评成为翻译批评的公共领域,在哈贝马斯看来,所谓公共领域,首先意指我们社会生活的一个领域,在这个领域中,像公共意见这样的事物能够形成。③ 简言之,公共领域就是指社会意见和思想观念自由表达的交流空间。在影响公共领域的诸多因素中,哈贝马斯尤其看重传媒的力量,"具有操纵力量的传媒改变了公众性原则中立的特征,既影响公共领域的结构,同时又统治了公共领域"④。而网络翻译批评这个空间就是这样的公共领域,在这个空间里,批评的主体可以质疑权威,可以用自己喜欢的方式言说。翻译批评主体进入公共空间可以实现批评精神的最大化,可以将自己的责任和义务的范围拓展得更为广阔,翻译批评因为获得了公共空间的保障,它的多元、多向度的价值目标得以实现,这是以往局限于专业范畴内的翻译

---

① 　肖维青. 翻译批评模式研究. 上海:上海外语教育出版社,2010:63.
② 　见:豆瓣小组"翻译批评".[2018-10-30]. http://douban. com/group/topic/
　　5170682/? _i=3443121Y5WjGJ.
③ 　陈勤奋. 哈贝马斯的"公共领域"理论及其特点. 厦门大学学报(哲学社会科学
　　版),2009(1):115.
④ 　哈贝马斯. 公共领域的结构转型. 上海:学林出版社,1999:15.

批评难以达到的。刘云虹曾指出,"翻译事业的发展离不开翻译批评,可是翻译批评长期处于非理性状态,对翻译界暴露出的诸如译风浮躁、版权盲目引进、翻译质量下降等种种问题视而不见。造成这一局面的根本原因在于翻译界尚未建立起积极、有效的批评空间,从而限制了翻译批评的开展。翻译批评空间的构建在很大程度上取决于科学的翻译批评精神的树立"①。网络翻译批评空间可以使得主体意识得到完全释放和彰显,各种话语相互作用,以此为前提,求真、客观、创造的翻译批评精神才得以树立,这样形成的批评空间才会变得有效、积极。

四、网络翻译批评空间的分众性

网络时代的开始标志着一场革命性的变革,对翻译批评来说,它拓展了翻译批评模式,赋予了批评者自由批评的权利:身份的自由、发表的自由、内容的自由、方式的自由、标准的自由,这一特点吸引了很多人(无论是专业的还是业余的)参与到翻译批评的活动中。传统翻译批评的主体一般是教学科研部门机构或专业人士,而网络翻译批评走出了象牙塔,进入了大众时代,很多普通读者都成为网络翻译批评的主体,许多专家、译者、评论者也非常乐意加入其中,成为网络翻译批评主体中的一员,这使得网络翻译批评的主体呈现出多层次、多元化的样貌。此外,网络作为新媒体的一种形式具有能够实现大众传播"小众化"的特点,小众化指的是新媒体所具有的分众性,即可以根据受众需求的差异性,提供特定的信息与服务,这样的信息传播可以实现信息的定制化生产和网状性传播。对于网络翻译批评来说,这一特性为其带来了新的发展方向和潜力,分众意味着可以对受众进行分类,比如把批评主体分为普通读者、专家、评论者以及译者等,让有相同兴趣的人形成固定的圈子。这从目前不同类型的批评主体所形成的不同批评空间可见一斑,如网络翻译批评栖身的三个阵地:翻译论坛、讨论组和小站、博客。翻译论坛可以分为官方论坛(由出

---

① 刘云虹. 论翻译批评精神的树立. 外语与外语教学,2009(9):62.

版社、大学等机构的网站下所设的论坛)、专业论坛(学术类门户网站下所设的论坛)、个人翻译爱好者组建的论坛;而讨论组和小站则可以成为专门探讨翻译批评的空间,是职业翻译批评最理想的圈子;博客则既可以是专家,也可以是翻译爱好者表达意见的平台。这些不同类型的翻译批评空间正是依据批评主体的需求和受众的需要建立起来的。分众性能为翻译批评中读者批评、专家批评、职业批评找到各自的空间,同时也能找到相互交流的对话空间。翻译批评需要不同类型的批评主体,读者批评、译者批评、职业批评等都缺一不可,不同类型批评主体占据不同的翻译批评空间,这样才可以使得翻译批评更加丰富、多元,探讨问题更加具有针对性。

网络给了网民平等的发言机会,实现了真正的"众声喧哗",但是有不少人担忧"众声喧哗"的结果。综观目前网络翻译批评的现状,大概有这样几种现象值得注意:正解与误解并存,深析与浅析交织,严肃与娱乐共现。翻译批评鱼龙混杂的情况使得广大翻译爱好者难以分辨真假,这些翻译批评或者解读的方式,有时会造成一种繁荣和热闹的假象,对当代翻译界和读者是一种误导和侵蚀。对此,我们必须要有清醒的认识。

目前,一方面,翻译质量、翻译现象以及各种翻译活动都亟须批评;另一方面,专家、译者和职业翻译批评主体选择的批评空间仍然比较单一,未能充分利用网络展开批评,也未能对网络翻译批评进行引导。这就使网络翻译批评出现任其发展、自生自灭的状态。这对网络翻译批评的健康发展是极为不利的,只有对其仔细分析、合理定位,才能使得翻译批评走向成熟、走向规范,使得翻译事业的发展越来越好。

第四章　网络翻译批评基本要素

　　网络翻译批评基本要素主要包括网络翻译批评主体、网络翻译批评客体。由于网络翻译批评的出现,翻译批评主体的构成、地位、作用都发生了很大变化,"在文学翻译领域,网络的强大力量集中表现为译文接受模式的改变。这大致包括读者阅读方式的飞跃、阅读能力的提高和民主交往思想之深入人心。这些变化为译文读者角色的多重化创造了前提条件"①。就翻译批评主体的地位来看,传统翻译批评中职业翻译批评者位于高高的圣坛上,普通读者难以企及他们的位置,而网络的普及实现了批评权利的大众化,让更多的读者参与进来,获得了批评者的权利,从而对职业翻译批评者的地位构成威胁,对其批评的内容加以解构,提出质疑。网络翻译批评中的读者、译者、出版者和批评者在这样的环境下开始重新思考彼此之间的关系。由于批评者的范围扩大,关注的内容日渐广泛,更多的选材、更多的翻译现象、更多的翻译活动进入翻译批评的批评范围。很多原来难以进入传统翻译批评主体视野的批评对象和难以及时得到批评的批评对象都成了网络翻译批评客体,比如带有现实意义的热门话题和翻译活动,甚至连网络上的翻译作品和译者都成为翻译批评的对象。翻译批评依靠网络媒介,产生了相应的批评活动,具有了自己独特的批评效果和影响力,对网络翻译批评的研究可以为批评者如何运用网络开展翻译批评提供切实有效、实际的建议。

---

① 张艳琴.网络时代文学翻译读者角色的多重化.广东外语外贸大学学报,2007(6):15.

第一节　网络翻译批评的主体

一、网络翻译批评主体的构成分析

传统翻译批评的主体大体可以分为读者、译者、批评者三大类。在传统翻译批评中,行使批评权利的主要是职业批评者,因为他们在众人的眼里拥有专业素养,发表的意见有一定的权威。而读者的声音却成为一股暗流,隐藏在纸质翻译批评之下,难以找到发声的通道。这一切随着网络的出现而发生了惊天逆转,网络翻译批评的主体各领风骚,发挥着各自的作用,尤其是读者,发出的声音响亮而震撼,成为翻译批评中不可缺少而且重要的一部分。对网络翻译批评主体的构成进行分析时需要把在网上进行翻译批评活动的主体都包含进来,这些主体的身份有时是显性的,有时是隐性的,其中影响力较大的除了专家、译者、读者,还有出版人。

根据中国互联网络信息中心(China Internet Network Information Center,简称 CNNIC)发布的《第 49 次中国互联网发展状况统计报告》,截至 2021 年 12 月,我国网民规模达 10.32 亿,较 2020 年 12 月增长 4296 万,互联网普及率达 73.0%。《报告》显示,2021 年我国互联网应用用户规模保持平稳增长,老年群体加速融入网络社会。我国网民的互联网使用行为呈现出一些新特点:一是人均上网时长保持增长;二是上网终端设备更加多元。截至 2021 年 12 月,我国网民使用手机上网的比例达 99.7%,手机仍是上网的最主要设备。可以看出,网民数量在不断增多,且用手机上网的人越来越多,影响越来越广泛;网民的年龄和职业构成也逐渐多元化。因此,网络翻译批评的主体也发生了一些变化:以前对翻译作品、翻译现象在网上进行批评的多是对网络和电子产品能够熟练操作的年轻人,但随着网络越来越普及,智能手机使用起来越来越方便,那些年纪较大的学者和专业人士也慢慢成为网民,成为网络翻译批评的一支重要的力量。

有关翻译批评主体的问题,历史上有很多争议,主要集中在两个方面。

第一,翻译批评主体由什么人组成?纽马克认为,"一部译作可以由不同的权威加以批评,他们可以是公司或翻译公司聘请的审校者、公司或部门的领导人、委托人、职业翻译批评家或批改翻译的教师、读者"①。国内进行翻译批评研究的学者对于谁应该成为翻译批评主体意见不统一,翻译批评界也曾有过极端倾向。对于谁适合进行批评这个问题仁者见仁,人们通常认为只有那些既是翻译家同时又是批评家,而且必须是为翻译而翻译的真正翻译家才是合适的。但这一看法很快受到质疑,因为在文学批评界,情况也是如此,那些从事文学批评的人未必自己就是作家,所以我们可以把某些称不上是翻译家,或者不是从事翻译工作的人列入翻译批评家的行列。也有国内学者认为,不同批评主体即专家、读者和译者主导的批评缺一不可。②

第二,翻译批评主体是否需要精通两种语言及其相关的文化? 王理行认为,"不对照原文的批评完全可以否定一部译作,但要肯定一部译作,则不一定可靠"③。王宏印认为,文学翻译批评者的七大要素中的第一个要素就是精通两种语言及其相关的文化。④ 就不懂源语的读者是否可以作为翻译批评主体这一问题,多数职业批评者持反对态度,纽马克对不懂原文,甚至根本不懂外语的翻译批评者持否定态度⑤;莱斯在论及文学翻译批评者的资格时,也认为翻译批评要求对源语文本与目的语文本进行

---

① Newmark,P. A Textbook of Translation. 上海:上海外语教育出版社,2001:185.
② 杨晓荣. 翻译批评导论. 北京:中国对外翻译出版有限公司,2005:55.
③ 王理行. 忠实是文学翻译的目标和标准——谈文学翻译和文学翻译批评. 外国文学,2003(2):99-104.
④ 王宏印. 文学翻译批评论稿. 上海外语教育出版社,2005:77.
⑤ Newmark,P. *A Textbook of Translation*. 上海:上海外语教育出版社,2001:80.

比较,只有那些既懂源语又懂目的语的人,才能进行翻译批评①。但从读者接受角度来看,读者这一群体也是翻译批评主体的主要组成部分,普通读者对作品的反应、对语言的感受也是翻译批评关注的内容之一。② 比如网友的这句评论:"能看出来这位'轩乐'才女完全是直译,我不懂西班牙语,但是你甚至能从她的译文中猜出老马的西班牙语原文的语序是怎样的。"③辜正坤认为,读者具有多个层次,层次的划分与翻译功能、审美趣味、时代背景、文化素养等有着密切的关系,而且往往互相掺杂,一个人实际上可以同时属于几个读者层。他提出,大体上可以粗略地划分一些较明显的层次:第一,外语盲层次;第二,外语通层次;第三,语言专家及一般语言工作者;第四,纯语言工作者;第五,一般业务性需要读者层;第六,一般娱乐性读者层;第七,获取新知的读者层。④

1. 读 者

传统翻译批评中,读者批评是相对边缘化的一种,比较少见,"多散见于非专业报刊上"⑤。然而,随着网络文化的空前发展,在网络的开放性和虚拟性背景下,网络翻译批评这一全新的读者参与的批评形式出现了。

(1)读者的分类

在网络翻译批评中,读者作为批评主体所占的比例非常大,正是由于读者的大规模参与和批评,才使得网络翻译批评呈现出井喷的趋势。通常只要读过翻译作品,不管是否读过原著,或者是否懂源语,由于网络的便捷性,读者完全可以根据自己的阅读习惯和翻译标准对其进行批评,网络上出现的各种翻译爱好者论坛,大多数是被对翻译作品有兴趣的读者

---

① Reiss,K. *Translation Criticism:The Potentials & Limitations*. 上海:上海外语教育出版社,2004:89-92.

② 宋晓春,秦绪华. 论当代翻译批评中的排他性——兼论走向交往实践的翻译批评. 湖南大学学报(社会科学版),2009(4):109-112.

③ 见:百度读书吧. "新经典《族长的秋天》翻译真是太差了,不忍卒读啊!"[2018-10-30]. https://book.douban.com/review/6813287/.

④ 辜正坤. 中西诗鉴赏与翻译. 长沙:湖南人民出版社,1998:291-292.

⑤ 杨晓荣. 翻译批评导论. 北京:中国对外翻译出版公司,2005:45.

占领。

读者这一群体的范围十分广泛,在众多的读者当中,我们可以看到其层次的多样性。众多的网络读者的情况也是千差万别的。只要可以打字,甚至是不会打字的读者也可以在网上发表意见。对在网络上就翻译作品进行批评的读者进行分析,我们会发现,在网络上进行翻译批评的读者无论在年龄、性别、受教育程度,还是专业背景、社会身份、地域分布等方面都表现出不同于传统读者(这里指的是以往在报刊、出版社等纸媒体发表作品的那些作者)的特点。总体上来说,随着外语的普及和国民外语能力的提高,能够进行双语阅读且拥有自己的审美观和批评观的读者人数大幅上升。前文提到的七种层次的读者在网络上无处不在,为了使本研究能够更加深入和具体,笔者对读者进行了以下的划分。

根据是否对照原文划分,分为对照原文型和不对照原文型。这样的分类可以对网络翻译批评的质量有更加准确的把握,因为网络上所进行的评论更加随意,但有的读者所做的评论是对照原文和译文,经过详细的比较和分析得出的,另外一些没有对照原文所做的批评则可以根据审美趣味、翻译功能、时代背景、文化素养等进行划分,据此可以对读者的需要、读者批评的标准有更加详细的了解。

根据是否知名划分,可以分为名人和普通读者。网络翻译批评者中有一部分是其他专业和领域的专家,他们作为普通读者对某个译作发表自己的意见。虽然是普通读者,但是因为他们拥有众多的粉丝和较高关注度,所以他们的意见会得到更多的关注,比如方舟子所做的评论"竟把翻译当写作——《追问千禧年》乱译举例""剽窃而成的《双螺旋》新译本""《进化思想史》乱译举例"等。再比如,韩少功等少数作家、李开复等知名人士都在网络上进行过翻译批评,这些名人作为普通读者成为网络翻译批评的主体,较容易引起大众的注意,可以从他们独特的视角给翻译作品提供意见和建议。

根据批评状态划分,可以把较成熟的读者批评分为文人型、表演型和参与型。在网络翻译批评中,文人型主要指具有一定的专业性,按照一定的模式进行的比较严肃的批评；表演型主要指那些语言带有一定的夸张色彩，选词华丽，新奇怪异、吸引眼球，甚至带有酷评特点的批评；参与型主要指那些对于一些翻译现象、翻译问题等进行的投票，或者读者用三言两语表明自己的观点，但并未进行长篇论述的批评。

（2）读者的网络翻译批评形式

尽管读者在传统翻译批评中也会发出自己的声音，表达自己的意见，但通常并不能够完全得到重视，或者他们发出的声音过于微小而被忽视。网络使得大众声音得到倾听，这些声音通过网络传到翻译批评界，从而获得应有的关注。读者作为批评的主体在网络批评空间中主要进行以下的批评活动：

①在自己喜欢的论坛和讨论组上发帖，或者在读书网站上发帖表达对某部作品或者某个翻译现象的看法。比如在豆瓣读书中，谈到翻译质量问题的帖子比比皆是。

②出版社运营的各类网站上，积极参与网站的读者调查等栏目，或者对某部作品进行自己的批评。如在上海译文出版社的小站上出现了"《飞女郎与哲学家》精装本翻译太差"的帖文，下面还有跟帖提出同版的《夜色温柔》的错别字、病句也很多。

③在自己的博客和微博上进行批评，并提供自己的译文。天涯博客"赵勇专栏"中有一篇名为"《阿多诺：一部政治传记》的翻译问题"的博文，其中谈到"这本书刚面世时就读过，觉得里面的一些翻译是有问题的。比如把 aura 译作'光彩'，把基尔凯郭尔译成'基尔克加特'，把卢卡奇译作'卢卡斯'等，但当时并未深究。近日见梦亦非先生写有《阿多诺的漂亮舌头》一文，其中的好多论述及相关引文来自这本书，尤其是开篇的文字中引了此书汉译中的一段话，更是让人看不懂"①。

网络为读者提供了畅所欲言的平台，能够让更多的国内读者，甚至是国外读者也参与到批评的活动中，众多读者的参与无疑会让我们对于读

---

① 见：http://oktrarelator.com/news/twininfo14911.html.［2018-10-30］.

者的接受效果、期待视野以及审美体验等有更加直观的认识和了解。这样的现象在网络文学中已是司空见惯,甚至有读者参与了作品的创作。在翻译作品中虽然现在还没有出现这样的现象,读者只是提出自己的意见,提交自己的译文,但是可以预见的是,不久的将来,读者参与翻译过程也将成为一种常见的现象。就目前的情况来看,民间的译者已经得到很多人的关注和喜欢。新华网上有一篇名为《中国民间翻译崛起 网络译作受追捧》的文章,该文认为网络译者队伍的形成会给文学翻译界带来良性竞争环境。民间译本在互联网上大受追捧,很多译者十分年轻,且并不从事与英语相关的职业。

2. 译 者

译者之间的互评是翻译批评中非常难得的部分,因为译者是最有发言权的,也对原著有最深入的了解和认识。肖维青提出,译者批评有两种情况。① 一种是译者自评,顾名思义,翻译者以批评者的身份对自己的译作进行分析和评价。译者自评这一重要的批评形式以前没有得到充分的重视,有的译者会在译作的序言里略有提及,也有的在自己的博客、微博或者其他形式的网络空间里呈现。比如,中国文学外译过程中,译者的作用和地位受到了极大的关注,葛浩文这位翻译了大量中国文学作品的译者经常会对自己的翻译进行评价。

另一种是译者互评,可以是译者对其他译者的译作进行评论,也可以是同一译作不同译者之间的评论。比如村上春树的作品在中国有多个译者,这几个译者都参加了"村上春树版本译者辩论会"。东京大学曾召开题为"东亚与村上春树"的研讨会,讨论村上作品是如何被读者接受的。来自中国大陆的林少华、中国台湾地区的赖明珠、中国香港的叶蕙这三名村上作品的译者参加了研讨会,学者和译者们围绕村上作品的翻译方法等展开了讨论,所以这次讨论的内容既包含译者自评也包含译者互评。

---

① 肖维青. 翻译批评模式研究. 上海:上海外语教育出版社,2010:99.

在网络翻译批评中,译者可以分为业余译者和专业译者。专业译者指的是从事与外语相关工作的译者,他们具备专业译者所需要的专业素养。业余译者主要指的是有其他专业背景,从事其他职业的译者。在传统翻译批评中,翻译批评主体主要是翻译专业的职业翻译批评者,虽然也有其他专业,比如语言学和文学专业的人士加入,但主要是由外语专业的人才构成。而网络为翻译批评提供了更加广泛的渠道和平台,所以那些非外语专业背景的译者也可成为翻译批评的主体,并且有些人具有良好的语言功底,所发表的意见和进行的批评也比较接近职业翻译批评者。

目前,在网络翻译批评中,很多译者选择建立一个博客、微博、小站或者讨论组,发表自己在翻译过程中的所见所感。但总体来说,这类批评类似于译作中的序或者跋,大多数是在讲述翻译的艰辛,很少对自己的译作进行评论,并且提出问题,比如《译者孟军说〈瑰宝〉(韩素音的作品)》一文对《瑰宝》的中译本是如何面世的进行了描述。再比如黑马(劳伦斯译者)的博客中有一篇博文名叫"译文为什么不说'人话'?",谈到被编辑改过的句子自己并不满意:"当然也有心头不爽之处,那就是突然发现有的句子很别扭,就知道那不是我的句子,查对一下,有的改得'十分正确',而且是标准汉语,但在我看来已经不是'人话'了,太标准了,没了质感。"①又如:

> "煤尘吃进了玫瑰花瓣里"的"吃进"被改成"驻扎进",标准到尴尬的地步了,最多改成"渗透"还可容忍;
>
> 一般我们说"蹚"着落叶,显得很形象,但编辑是南方人,不懂这个字的妙意,改成了"踢";
>
> 某人瘦了,但"瘦得不好看"被严格按照英文原文改成"但瘦不适合她"。

从以上描述中,我们可以看出译者对编辑的修改不太认同,其实这也反映了翻译过程中对词语的选择和对语言的处理,译者和编辑之间的交

---

① 见:黑马新浪博客. http://blog.sina.com.cn/u/1197223397.[2018-10-30].

流,以及编辑在翻译过程中的角色。随着信息交流的便捷和快速,译者之间的交流也变得更加自如,接受批评和批评别人的气氛越来越宽松,最有资格进行批评的翻译家们正慢慢地开始进行此类翻译批评活动。如果有协会或者网站组织这样的批评活动,邀请不同译本的翻译家们进行交流研讨,就如中国作家网所举办的此类活动,那么无疑会对名著复译中多个版本的乱象形成一定的约束。

3. 职业批评者

职业批评者通常是在科研机构、高等院校从事科研工作的教师和研究员,这些人目前在网上并没有专门的空间进行批评和交流,主要是靠自建讨论组、小站或者博客进行网络翻译批评。有时他们的博客之间也会互相关注,实现了职业批评者之间更好的交流。以博客为例,职业批评者的博客内容丰富,是其展示自己研究成果、呈现自己观点和相关研究资料的重要平台。职业批评者在其博客中,会将纸质版的论文放在网上,还会进行翻译评论,讲述自己的翻译感想等,有时也会对某个研究问题发表自己的看法。比如,在"不系舟中"(翻译研究者)的博客上,博主贴出一篇"翻译速度是怎么回事"的博文;在"班布里奇"的博客(专门从事翻译研究的学者、教师创建的博客)中,博文谈到的问题多与翻译研究有关,既有专业性也有娱乐性;在不客(一位高校学者)的博客上,博主贴出了两篇翻译评论,其中一篇为《艾柯卡自白》的阅读笔记。从以上情况可以看出,职业批评者所进行的原创网络翻译批评与其在纸质媒介上进行的传统翻译批评有所不同,主要是对研究工作、生活的一些点滴记录,可以呈现研究工作外围的一些信息,是研究翻译活动非常重要的补充资料。

4. 出版人

出版人通常指对图书、报刊、音像、电子、网络等媒体承载的内容进行编辑、复制(包括印刷)、发行(或网络传播)的从业人员。每一部作品的出版都离不开出版人的策划发行和编辑加工。目前,国内的出版人主要通过以下三种方式进行策划和组稿:出版社主导、编委会制、主编个人负责制。出版人的作用在翻译过程中经常被忽略不计,他们的声音也只是偶尔才被听到。事实上,出版人通常需要对翻译作品的选择和质量负责,也需要对发行负责。

在翻译活动中,与译者打交道最多的编辑起着非常重要的作用,他们是翻译质量问题最直接的见证者,但实际上从编辑角度探讨翻译问题的正式出版物并不多。目前只有曾任译林出版社社长的李景端先生出版了《翻译编辑谈翻译》一书,其他相关的评论只是在报纸上发表的一些短小的评论。之前,出版人都是在幕后,发出的声音只能略有耳闻,而现在,他们发出的声音不时见诸网上各个平台。出版人不再隐身,而是主动地、积极地参与到各种翻译批评活动中。比如,在《史蒂夫·乔布斯传》的翻译过程中以及在冯唐翻译《飞鸟集》的过程中,我们都能看到出版人在其中起到的不可或缺的作用。在实际的翻译活动中,出版人是重要的一环,不管是在选择原作还是在选择译者方面,甚至在翻译标准和要求上,他们都可以通过出版的流程加以干预,也会从编辑的视角在翻译质量评估方面表达自己的观点。比如,2013 年 1 月 9 日,九久读书人编辑、法语译者何家炜在李继宏译《小王子》的豆瓣读书页面发帖,称"这书的宣传语完全无视林秀清、周克希、马振骋、郑克鲁、黄荭等法语译者的译本",并号召"豆瓣第一次一星运动就从这里开始吧"。①

在豆瓣小组"英文翻译 Workshop"里,标题为"【愤怒】图书翻译请自重!!!"的帖文中这样讲道,"作为出版社的编辑,我实在受不了有些图书翻译浮躁的翻译态度,漏译,错译,瞎编,我一个编辑,得干半个翻译的活,收了译稿费用就要干正事,请不要糟蹋一本优秀的外文书!!"②

上海译文出版社文学编辑室主任张建平说,翻译质量之所以出现问题,是因为"把获奖作品翻译过来,有竞争的压力,外方往往要求 18 个月必须出书。所以着急找一个合适的译者。如果译者到位了,还可以。但有时知名的译者因稿酬低或太忙,就交给学生做,自然影响翻译质量。另

---

① 见:豆瓣读书.[2018-10-30].http://book.douban.com/subject/20443559.

② 见:豆瓣小组.[2018-10-30].http://m.douban.com/group/topic/6805702.

一方面,我们以前一个编辑一年的任务量是 35 万到 40 万字,上班就磨稿子,可现在年轻编辑不但知识储备不到位,一年任务量高达 200 万字"。所以他也无奈,"主观上,我们想把翻译做好,但现在客观条件上,很难"。①出版人能从自己的角度和立场指出翻译作品和翻译过程中的问题,让翻译活动中未能进入大众视野的很多问题凸显出来,这呈现出翻译活动的多层次性、多变性以及复杂性。

5. 作　者

原作者在自己的作品面世后可能会发现,本是自己创作的产物,经过时空旅行来到异域,经过翻译后可能做了小的修改,也可能已经面目全非,具有了自己独立的身份。译作与原作者之间的关系是翻译研究中值得探讨的问题,如原作者对自己的译作有什么样的期待,有什么样的要求,希望自己的译作按照什么样的翻译标准进行翻译。莫言获得诺贝尔文学奖后,译者的地位和作用又再一次突显出来。在中国文化"走出去"的背景下,很多当代著名小说家与他们的译者之间有了深层次的交流。在《翻译:要保留作家的文字气质》一文中,毕飞宇说:"对翻译,我在意语言的气质能否通过好的翻译家准确有效地传递过去。不能把我的文学气质翻译成别人的东西。有的翻译的再创作,可能比我原来的作品更好,但那不是我的东西。"②而当代的一些著名作家比如阎连科、王安忆、莫言等都在采访或者访谈中表达了对自己的作品如何翻译的想法。葛浩文称,"译者与作者的关系并不总是愉快的,一些作家并不欣赏和理解作者和译者的关系。幸运的是,他与多数小说家的合作都很愉快,尤其是与莫言的合作,他很清楚汉语和英语之间是不可能逐字逐句对应的,其他语言之间也是如此,他会很体贴地解释作品中的一些晦涩的文化和历史背景,他明

---

① 钟明. 翻译作品质量下滑　年轻编辑年任务量达 200 万字(2011-03-11)[2022-08-15]. https://www.chinanews.com.cn/cul/2011/03-11/2898666.shtml.

② 翻译:要保留作家的文字气质. (2009-07-27)[2022-08-15]. https://www.chinanews.com.cn/cul/news/2009/07-27/1792270.shtml.

白翻译是对原文的补充而非替代"①。

6. 媒　体

在传统翻译批评中,媒体所扮演的角色并没有受到那么多重视,原因在于报纸、广播、电视的受众主要是普通的读者,媒体上的批评也并不是那么专业,更多的是一种意见的表达。但在网络时代,各类报刊都有了电子的渠道,它们的文章可以借助网络迅速传播并发酵,产生强烈的社会效应。因此,媒体的批评就不只是一种声音,有时它们是一个事件的起点,经过网络的传播,就会产生出乎意料的效果。媒体还可以邀请知名学者、专家就某些热点问题进行讨论,这种讨论形式也受到很多读者的欢迎,从而大大地增加了媒体的受欢迎度和接受度。媒体作为网络翻译批评的主体提升了网络翻译批评的传播速度,扩大了普及的范围。

二、网络翻译批评主体的主体性

(一)不同主体的同步登场、虚拟呈现

翻译批评因为新媒体的介入不可避免地受到其巨大的影响,可以说,网络翻译批评的出现带来了话语解放,甚至引发了批评的喧嚣与狂欢。网络翻译批评主体与传统翻译批评主体在构成和特点上往往有很大不同,传统翻译批评主体主要以教学科研部门机构的专业人士为主,而网络翻译批评的主体既有专业人士,也有读者、译者、出版人和编辑以及作者,目前来说,读者占了较大的比重。批评主体的改变使得翻译批评从象牙塔里走了出来,走向多元化和大众化,成为后现代社会的一个必要组成部分。后现代社会可以被阐释为"一个以消费为主导,由大众传媒支配的,以实用精神为价值取向的,多元话语构成的新的文化时期"②。网络翻译批评的主体通常采用匿名的形式,在网络这个虚拟空间里,它是虚拟的人物。网络为人类交流提供了一个共享平台,在这个共享平台之外,千千万

---

① 许荻晔. 翻译家葛浩文:莫言对译者很体贴. 东方早报,2013-10-16(B)03.
② 张颐武. 后新时期文化:挑战与机遇. 战略与管理,1994(1):112-114.

万电脑屏幕之前的主体千差万别,在虚拟的网络空间里,差异全部被虚拟化,批评主体戴上虚拟面具,可以任意改变网名,更换身份。主体的隐藏使得我们难以通过网络去辨别批评者的身份,除了一些熟悉彼此网名的批评者,大多数情况下只能通过文字来了解和感受他或她的批评观。但对于有固定圈子的批评者来说,比如豆瓣的讨论组和小站成员,他们通过长时间的交流和批评,有时也可以了解彼此的身份和学历背景。主体的大众化和虚拟化使精英化、专业性的传统翻译批评走向开放化、碎片化。民众对于译作的草根式的自我解读和批评成了话语权开放的一种表现,但这样的权利有时也会产生酷评、谩骂的倾向和审美的霸权。

(二)不同批评主体的自由发挥和个性展示,读者批评大行其道

批评的自由主要指两个方面,一是指批评主体的批评方式和手法自由,不必考虑任何既定的模式、研究方法等,只要根据自己的意愿表达出自己想要表达的内容即可。二是点评和发表的自由,在网络上,批评主体可以选择网络翻译批评的任何形式,如论坛、讨论组、微博等。批评主体进行发表的时候一般不需要经过审核和批准,可以在写好后即时发布,克服了批评时间滞后的问题。尤其对于那些跟帖者而言,只要拥有一台可以上网的手机,就可以在任何时间对任何话题进行即时评论。

批评的个性化指的主要是网络翻译批评由于前文所提到的批评者具有极大的自由,可以彰显主体意识这个特点,在批评客体的选择和批评的语言上都带有极强的个性特点。这使得网络翻译批评具有十足的魅力,摆脱了传统翻译批评给人带来的死板、套用模式等印象。在批评的客体选择方面,这种自由使得翻译批评的对象更加多元化,只要是批评主体感兴趣的现象、译作等,它们都可以轻而易举地成为翻译批评的客体,比如字幕翻译、儿童作品的翻译、艺术作品的翻译等都很快被纳入批评者的视线范围,极大地突显了翻译批评的作用和价值。在语言方面,翻译批评主体或诙谐幽默,或犀利酷评,或插科打诨,很容易给读者留下深刻的印象。如对于字幕中的"神翻译",曾有网友将其分为五种类型:(1)信达雅型翻

译;(2)"扯淡"型翻译;(3)图省事型翻译;(4)脑缺型翻译;(5)解说型翻译。① 尽管网络翻译批评的语言略显粗俗,但观点往往一针见血,让读者产生视觉的震撼和心理的冲击。

(三)批评主体的责任伦理虚实相伴

网络上进行翻译批评的动机总体上来说是非功利化的,因为批评者使用的是网名,所以不需要考虑自己的处境,也完全不用担心批评的对象是否会因此而不满,更不用考虑是否可以称得上是学术论文,主要就是真实意见的表达,这样的表达可以说是批评精神最好的体现。"这时翻译批评主体具备了这样的气质,与批评的气质同样重要的是批评的责任伦理,如果说,批评的气质指涉的是为了进行真正意义上的批评,我们应该具备什么样的心理能力和精神姿态,那么,研究责任伦理则意味着说明我们的批评应该承担什么样的使命,或者应该追求什么样的文化理想。"② 翻译批评应承担的责任伦理,是为自己时代的翻译提供质量监督,提供真实可靠的判断,从而将这些批评转化为对翻译活动的引导。具体来说,就是要有助于读者了解翻译活动,了解翻译质量,了解时代的需求。在批评的过程中,可能会出现为了吹捧某个译作、某个译者,或者是为了打击某个译者、某个译作而作的翻译批评。有时,网站受利益驱使,也有可能作出不符合实际的批评。所以,在进行批评的时候,批评者的责任伦理就显得尤为重要。

比如,就不同译本的问题,网友们往往对于各个版本的特点和质量很了解,不管是在知乎、豆瓣还是百度贴吧,都能找到相关的评论。

《理想国》哪个版本好? 一般都用商务的吧,有些错误,但影响不大。张竹明的那个新译本据说只是将功劳完全归诸自己名下而已。吴献书先生的文言译得比较古雅,就是简略的太多,有些地方现在读

---

① 见:百度贴吧"bones 吧"[2018-10-30].https://tieba.baidu.com/p/3233638272.
② 李建军. 批评家的精神气质与责任伦理//万宁. 批评的力量. 重庆:西南师范大学出版社,2009:30.

可能觉得与原文的感觉对不上。其他的译本不知,大多不必看。岳麓新出的那个译本不知怎么样。中国台湾地区方面的中译本没看过,新的不了解;旧的译本,侯健是梁实秋的学生,文学功底估计不差,但他那个译本据说有不少错误。

英译本方面,Allan Bloom 的译本有人称道,但古典学界好像非常瞧不上眼。比较普及性的可以看 John Cooper 编的 *Plato：Complete Works* 里收录的那个,Grube 译,Reeve 修订的。Reeve 好像前几年还出了个新译本。至于在古典学界看来哪个本子是最好的译本,不太清楚。此外,Bude 的法译本据说不错。当然,要看古希腊原文,现在还是推荐 Burnet 的本子。①

三、网络翻译批评主体的"业余"性与"专业"性

网络翻译批评主体的"业余"性和"专业"性是同时存在的,网络翻译批评的"业余"性主要是指身份的"业余"。原来进行翻译批评的批评主体主要是职业的批评者,而随着网络时代的到来,很多业余的批评主体,即并不是以翻译批评为职业的人员,因为对翻译的喜爱,或者是对翻译质量的难以容忍而发出自己的声音,纷纷参与到翻译批评活动中。正是因为他们只是从兴趣出发,从责任出发进行批评,所以包含了真正的批评家所需要具备的求真批评精神。如果批评者本身具有深厚的文学功底,敏锐的洞察力,那么所进行的批评就不能说是业余的。虽然网络翻译批评主体不都是专业的,但是并不能说其翻译批评也不是专业的。

网络翻译批评主体的专业性主要表现在两个方面:其一,在翻译批评的态度上,一个真正的批评家天生是一个捍卫精神自由原则的民主主义者,因此,在他们的身上,总是表现出一种体现着平等精神和独立人格的民主气质。"批评的气质还是一种求真尚实的科学气质。要有很强的问

---

① 见:豆瓣小组"翻译与版本".《理想国》哪个版本好？ [2018-10-30]. https：//www.douban.com/group/topic/14769753/？_i = 9620077TLeJXK_.

题意识和分析能力,即发现问题的眼光,提出问题的勇气和根据充分的事实分析和解决问题的素质和能力"①,这是对批评家的基本要求。那么就此来看,网络翻译批评的主体当然不乏专业的批评者,他们具备专业的批评者气质,具备专业的素质和能力。比如在豆瓣读书中对李继宏版的《小王子》的书评里有这样的评论,名为"纠错不是我喜欢做的事,此次不得已而为之"的评论中提出了几个问题,其中一个是翻译依据的版本问题,"这本书的最后,有单独的一页郑重其事的'版本说明':本书根据法国伽利玛出版社 2007 年版的 *Le Petit Prince* 译出,翻译过程中参考了卡夫(T. V. F. Cuff)的英译本,即美国企鹅图书出版公司 2000 年版的 *The Little Prince*。但下面的例子可证明,这书是从英译本转译而非从法文版译出"②。

其二,从批评的内容和质量上看,很多读者是某个领域的专家、学者和专业人士,所以他们对那个领域是最熟悉的,从中可以发现很多翻译界不能发现的专业问题。从目前的翻译活动来看,一些具有良好语言功底的其他专业人士也可以拿出高质量的译文和高质量的翻译批评。比如在网友 tjliu 的豆瓣主页上,他曾给多本书写下翻译批评,如给《论自愿为奴》写下的"这是第三个中译本了",给《政治创新与概念变革》写下的"这本书的翻译",给《心理学统治世界》写下的"这哪里是翻译,分明是改写啊!"等多个简短、有力的点评。从这些批评来看,我们可以看出该批评主体主要阅读的是政治学和心理学的著作,并不是专业的译者和批评者,但是他具有的本专业领域知识的专业性是毋庸置疑的。

第二节　网络翻译批评的客体

"翻译不是简单的文字转换工作,而是受历史、文化、社会等多种因素

---

① 李建军. 批评家的精神气质与责任伦理//万宁. 批评的力量. 重庆:西南师范大学出版社,2009：30.

② 见:豆瓣读书.[2018-10-30]. http://book.douban.com/subject/20443559.

制约的复杂活动。因为,翻译批评的对象也不能局限于静态的翻译结果,而应涉及从翻译选择到翻译接受的整个翻译动态过程,涵盖文本内部与外部的诸多因素。"①在这个动态翻译过程中,网络无疑给了翻译实践活动一个实时反映、展示的舞台,从而为翻译批评留下丰富的、即时的、动态的资料和信息。

网络翻译批评的客体范围十分广泛,任何一部翻译作品,任何翻译现象都可以成为网络翻译批评主体口诛笔伐或者推崇的对象。根据肖维青的观点,传统翻译批评主要包括译品、译事、译者、译论、翻译过程。② 网络翻译批评的客体不仅包括以上五部分内容,还包括其他传统翻译批评所忽视、遗忘的与翻译相关的现象,比如那些随处可见的、难以正式出版的神翻译等。

一、译　品

译品是指翻译的作品,对翻译作品的批评在传统翻译批评中所占比例很大,而在网络翻译批评中,这一范围得到进一步扩大,网络翻译批评客体中译品的类型包罗万象,文学翻译与非文学翻译并驾齐驱,不存在特定的偏好,只要是读者感兴趣并发现了问题的文本都可以成为翻译批评的对象。

(1)任何媒介文本的翻译。从媒介的角度看,不管是纸质文本还是音频、视频文本等,因为网络具有的巨大储存空间,所以网民接触到的任何媒介的文本都可以成为翻译批评的对象。比如,在"冯习习小窝"微博上出现了对于商标的翻译批评,儿童榨菜丝翻译为"children pickled with silk","这个著名商标咋能这么残忍啊,不敢倒着翻过来,丝绸泡儿童,儿童泡真丝! 无处不在的神翻译啊,让我这种校对偏执狂情何以堪"。③ 蒙

---

① 刘云虹. 选择、适应、影响——译者主体性与翻译批评. 外语教学理论与实践, 2012(4): 48-54.

② 肖维青. 翻译批评模式研究. 上海: 上海外语教育出版社,2010: 114-125.

③ 见:"冯习习小窝"新浪微博. [2018-10-30].

牛在北京发布全新的品牌广告及产品包装,并展示了"只为点滴幸福"的全新广告语,对应的英文翻译为"little happiness matters",而正是这句广告语的英文翻译引起了争议。在百度贴吧的遮天吧中,一篇名为"南京翻译批评蒙牛广告用语翻译乱用词!"的评论对此表明了自己的观点。

《史蒂夫·乔布斯传》全球同步发行后,其简体中文版的汉译让民众极为不满,特别是乔布斯写给妻子的情书,完全没译出情书的韵味。于是网民在微博上各抒己见,翻译这篇让人感动的情书,出现了七言诗、文言文、白话文等众多不同风格的译文,有的朴实,有的温情,有的催泪,这些版本的译文同样也成了网络翻译批评的批评客体。

(2)任一学科文本的翻译。从学科的角度看,传统翻译批评更加关注文学翻译,但对其他学科比如航天航空、国际关系、军事、气象等的译著给予的关注并不多,甚至几乎没有。这一现象与纸质翻译批评所占的篇幅和比例有限有关,与批评者自身的兴趣和精力有关,也与批评客体的专业性有关。但是在网络上改变这一现象却不是一件困难的事,因为网上有很多相关专业的读者,有很多平台和空间供批评者使用。比如"涛声依旧"的博客上有如下翻译批评片段:"卡赞斯坦的研究日本安全的鸿篇巨制《文化规范与国家安全》,被学界看做第一篇基于建构主义视角进行区域研究的著作。多好的一本书,被拙劣的翻译给糟蹋了。"①博文还从三个方面详细给出了具体的错误类型。

(3)已经出版和未出版的文本。从是否出版来说,传统翻译批评关注的主要是已发表或者出版的译作,而网络翻译批评可以关注那些没有出版或者发表的译作或者作品。这类没有正式出版的译品也有多种情况,比如有些专题网站为了及时获取某一领域的信息请译者进行的翻译,还有很多业余译者不满某个译作的翻译而进行的自译,网上的各种字幕组翻译,自发组织的协作翻译等。

---

① 见:"涛声依旧"新浪博客.[2018-10-30].

二、译　者

(一)翻译家和普通译者

有关译者的批评在网络翻译批评中更是不胜枚举,传统翻译批评更加关注出名的译者、大师,而在网络翻译批评中,大师和普通译者都能受到充分的关注。对翻译家来说,在论坛和讨论组中出现了很多以译者名字命名的贴吧和小组,如王佐良、傅雷、杨宪益和戴乃迭、林少华、林纾等,上面有译者的作品、翻译思想、生平等各种情况的介绍,资料丰富的话可以成为研究某个译者的资料库。对普通译者来说,网络翻译批评让所有的译者都成为翻译批评所囊括的范围,而传统翻译批评由于篇幅较短,空间较少,较多关注名家名译,其他译者则没有得到相应的关注,即便目前出版的外文书籍数量巨大,译者庞杂,大多数普通译者和译作都处于被忽视、无人监管的状态。事实上,从事大量翻译工作的普通译者也需要读者对其作品进行评论,出版的翻译作品质量也需要及时得到反馈和监督。如果能够对普通译者和其译作建立起相应的监督机制,那么普通译者所遇到各种问题,如翻译态度、翻译水平、薪酬、翻译质量等都会慢慢得到重视,并寻找到淘汰那些不合格的译者,提升译者队伍整体的水平和素养的办法。

(二)有争议的译者

在对单个译者的研究中,百度贴吧中有很多以译者名字命名的讨论区,在讨论组和小站里也是如此。在这些网络空间里,不乏那些在传统翻译批评中受到赞赏和推崇的译者,但与传统翻译批评不同的是,那些有争议的译者在网络翻译批评中也被置于聚光灯下。在传统翻译批评"一团和气"的氛围下,很少出现真刀真枪的对峙和质疑,但在网上,那些有争议的、受到质疑的译者却无处遁形。比如知名译者李继宏翻译的《小王子》和《老人与海》在网络上引发近千网友打出低分的"一星运动"(相对满分好评"五星","一星"意味着最差)。网友表示,看不惯该书宣传语自称是

"迄今为止最优秀译本,纠正现存 56 个版本的 200 多处错误",所以当了一次"黑水军"。由于李继宏在翻译界具有较高知名度,此次事件引发了不少关注。在豆瓣小组中,还有类似《有争议译者之:王晓朝,姜志辉,彭利平》的文章。这些文章现可以使得某些争议越辩越明,对于发现事物真相,形成良好批评氛围起到引领和促进的作用。诚然,有些批评在语言上尖酸刻薄,使用了语言暴力,带有一定的情绪,但仍有一定的启示作用。

(三)同一作品或同一个作家的多个译者研究

同一作品的多个译者研究或者同一个作家的多个译者研究是网民非常感兴趣的话题,因为读者希望了解不同版本的差异,不同译者的处理方法和风格。这一问题在传统翻译批评中主要采取版本对比和研究的形式,但由于篇幅的问题,不同作家的不同版本不可能全部覆盖到,讨论最多的还是那些备受关注的名著或者名家的译作。而在网络上,不同的批评阵地给了网民发表意见的空间,各种与版本比较相关的问题都展示了出来。下面这段生动的文字把对村上春树两个译者之间进行比较时发现的问题呈现得淋漓尽致。

> 此版翻译作品一经问世,村上的粉丝就分裂为两大阵营,一个是支持林少华的"挺林派",一个是支持施小炜的"挺施派",各派各抒己见,争得乌烟瘴气。可是各派的人员却忽略了一个重要的细节,就是林少华和施小炜并没有翻译作品的重叠,也就是没有翻译过同一部作品,如果真要比出个高低,也只能期待某一天两人会有相同的翻译作品出来。但是,估计到了那时候,也会是仁者见仁智者见智。说了这么多,还是那句老话——"让上帝的归上帝,凯撒的归凯撒"。虽然是两派,却都有着同一个目标——小说家村上春树。[①]

(四)某个报纸、网站的译者团队以及协作翻译的译者团队

在信息发达的时代,为了尽快了解信息,很多有共同兴趣的译者会形

---

① 见:百度村上春树吧. 问一下为什么最近的几本书不是林少华先生所翻. [2018-10-30]. https://tieba.baidu.com/p/4356938533? red_tag = 0854214442.

成一个小组,或者网站会召集译者对某份报纸、某个项目进行翻译,比如《纽约客中文网》译者小组、《经济学人》的译者团队、译言网的古登堡计划等。这些团队的译者是否能够胜任,以及完成的译品质量如何,目前来看,只有网民在关注,缺乏专业的批评和指导,比如翻译《经济学人》的团队有:致力于《经济学人》杂志中文翻译的中文论坛 ECOCHINA,"胡萝卜翻译组"(这是由南京大学一群年轻的以及不那么年轻的学子发起成立,成员来自五湖四海、遍布各行各业,普遍思想活跃)以及译生译世《经济学人》翻译团队等。

三、译 论

对译论的批评,在网络翻译批评中也并不少见。在网络上,不少译论是直接从报纸、期刊上转载过来的,而真正意义上的网络翻译批评也有一些,比如"能工巧匠沙门哥"在豆瓣小组上所写的"关于翻译批评的一些看法"以及一些著名学者在各自的博客上发表的一些个人见解。

四、与翻译活动相关的要素

翻译活动涉及方方面面的要素,这里面需要探讨的问题很多。随着信息技术的发展,新的现象和问题随之出现,由于网络翻译批评具有即时、快捷的特点,很多研究问题在还未形成热点、得到系统的讨论和研究时,已经在网络上初露端倪,成为网络翻译批评的研究对象。

(一)翻译的速度

关于翻译的速度问题,翻译理论研究中一直有一个共识,那就是"一名之立,旬月踌躇",翻译过程中译者对于任何一个字的翻译都是殚精竭虑,所以翻译的速度是很难大幅提升的。但随着翻译模式的改变和翻译软件的出现,个别译者的不同表现让这一问题凸显出来,如几十万字的小布什自传《抉择时刻》从开译到出书只用了一个月,《史蒂夫·乔布斯传》的翻译也只用了 35 天。豆瓣"英文图书翻译者之家"小组中有个帖子谈到翻译的速度,"一本普通点的英文通俗小说,比如侦探小说,科幻小说,儿童文学,在保证质量的前提下,你们一天大概能翻多少汉字"。这一问题在译者李继宏身上也体现得非常明显,他自称一天用电脑翻译 15 个小时,每小时 1000~1800 个字。随后,翻译速度问题引起广泛的争议,因为在傅雷那个年代,傅雷每天只译 1000 字,所以到底什么样的翻译速度是比较合适的,速度与翻译质量有多大的关系值得成为翻译研究的对象。

（二）翻译的模式

随着科技的进步和信息的增多,人们获得信息的速度在加快,从译者蜗居式的独立思维创作转变为流水作业已经不是新鲜的事情。翻译公司采用项目管理的方式进行流水化作业已是常态。在网上实行"互联网众包法",即在网上招募、筛选译者,组织团队,分工翻译,汇合成书已屡见不鲜。网上还出现了所谓的"私译""译制工房"等新的形式,即不是由出版社向译者约译,而是通过网络,先把看好的书和视频下载到本地,各人再分头翻译。有的译作甚至已经经过编辑加工,由特定组织一条龙制作好中译本软片,然后再卖给想出版的出版社①,比如译言的"古登堡计划"。"Wuxiaworld"独创性地采取"连载＋众筹"的模式:每周,译者(团队和个人)根据自身情况,先设定一个基础更新量,比如一周更新一章,并发起众筹,每筹到一定数额(如 100 美元)则本周多更新一章。译者也会设一个上限,以免筹到太多资金,自己却完成不了既定任务。② 这些模式如何得到有效监督和加强质量控制也需纳入翻译批评的批评范围,这为翻译批评提供了新的挑战。

（三）翻译的方法

一般来说,翻译有一套规则和标准需要遵循,如音译法、意译法等,可是现在出于搞笑、恶搞、吸引眼球等目的还出现了很多神翻译,这些翻译彻底颠覆了翻译的规则的元素,使规则异化和变形。"神翻译"是指富有

---

① 李景端. 翻译的"时尚"与坚守. 光明日报,2014-05-02(7).
② 石家麒. 从 Wuxiaworld 看中国文化"走出去"新思路. 安徽文学,2017(3)：89-90.

趣味性的搞笑翻译,是对这些富有特色的用词和接地气的译法的一种称呼。如欧美大牌明星纷纷被中国网民神翻译,蕾哈娜等很多歌手的名字、乐队名称、歌曲名称的"本土化"翻译带来了很多笑料。如将阿黛尔(Adele)翻译为"阿呆",蕾哈娜(Rihanna)翻译为"日日",拉娜德雷(Lana Del Rey)翻译为"打雷姐",Lady Gaga翻译为"雷帝嘎嘎",尼基·米纳什(Nicki Minaj)翻译为"麻辣鸡"。

两种语言进行转换时,常用的方法是找到匹配的词汇,但是有时在概念上也并不能完全对应。在中国文化"走出去"的过程中,用英语表达中国社会某些现象时,经常发现找不到准确对应的英语词汇。而现在随着中国国际地位的提升,音译法也成了一种很常见的翻译方法,这创造了很多中式英文词汇。英国媒体曾在报道中国男多女少的现象时,将"光棍"直接翻译为"Guanggun";美国媒体描写中国大陆新一代时使用了"Fenqing"(愤青)一词;英国媒体还用上了"Guanxi"(关系)一词。此外,很多音译词也进入了《牛津英语词典》,比如"dama"(大妈),"ganbu(干部)"等。

再比如,在字幕翻译中采用了大量"接地气"的本土化翻译方法,如从电影《加菲猫》的字幕中出现"灰常""顶你"等字眼,到《黑衣人3》中出现"地沟油"等网络用语和流行用语。此外还有一些创新的翻译方法,比如用文言文翻译歌词、诗词、情书等。"古诗版英文金曲"走红后,全国各大网坛上掀起一阵"通俗流行语、洋歌词神翻译狂风"。之前传统翻译采用的都是中规中矩的翻译方法,这些新的翻译方法给翻译界带来了革新和改变,如何看待这样的现象,这些方法是否值得继续使用,观众对此的反应又是如何都成为网络翻译批评的对象。

(四)翻译手段

随着数字化进程的加快,翻译手段也在不断发展变化。原来可借助的工具只有字典和纸质资料,现在随着信息技术的发展,翻译手段在不断更新。机器翻译、机辅翻译、语音识别翻译、识图翻译,以及新发展的云翻译,其使用领域和有效程度都在不断扩大和提高。各种翻译软件也不断被推出,网上有 Google 翻译、有道翻译、百度翻译等,这些便捷的机器翻译软件的影响和作用越来越大。实际上,新的技术手段正快速成为译者的必备法宝,正如"月光"博客上有一篇名叫"Google 翻译,梦想与现实的距离有多远"的博文,文章从机器翻译质量出发,尝试性地发现对原文进行拆解标识可以更好地使用 Google 翻译。这些作为译者辅助工具的翻译手段到底效果如何,网民能通过网络翻译批评给出更多自己的评价,从而推进翻译手段的更新和发展。网络翻译质量的监管,网络翻译收益的分配,网络翻译版权的保护等相关问题也将会成为网络翻译批评的对象。

(五)翻译过程

翻译过程也是网络翻译批评非常关注的一个内容,但与传统翻译批评不同的是,它们更加注重的是在线性和即时性。传统翻译批评往往关注的是那些体现翻译过程的文字资料,如《红楼梦》译者霍克斯的笔记,以及作者和译者之间的来往信件,抑或是 TAPs 和 IR 这样的实证研究。网络翻译批评对翻译过程的批评主要指的是在翻译过程中直接引入译者、读者、编辑以及职业批评者等多个主体,让他们参与到翻译过程,就可以直接影响翻译策略的选择、译者的选择、翻译质量的把握等。

五、翻译活动的环境

首先,网络翻译批评还应对翻译史上具有相当意义的翻译活动(主要是指翻译实践及翻译教学实践)进行评论,"所谓翻译活动包括某一特定时期翻译界的潮流、风气、翻译的规模和质量、译品的出版情况、人们对翻译的态度"[①]。翻译活动是一种社会活动,与当时的历史、政治、意识形态都有着千丝万缕的联系,在特定的历史时期翻译活动呈现出不同的特点。在中国翻译史上,出现过几次翻译活动高潮,比如五四时期,为了吸收西方先进的科学技术和文化,我们引入的翻译作品要远远大于输出的作品,而随着中国国力的提升,目前则正致力于中国文化"走出去"的战略规划。

---

① 肖维青. 翻译批评模式研究. 上海:上海外语教育出版社,2010:121.

对于这些与翻译相关的大规模的社会活动,翻译批评应该给予具体的调查研究,为翻译活动的开展给出专业的批评,如在中国作家网上进行的"关于进行中国作家作品对外译介情况调查"。其他需要调查和分析的翻译活动包括:多年没有变化、进展缓慢的翻译现象,如文学翻译行业的现状调查"稿费低得离谱,30 年没变化";在世俗化和商业化的冲击之下,对版权盲目引进、畅销书汉译"大干快上"、非主流国家文学作品汉译无人问津等现象;以及译风浮躁、译书质量粗糙等问题。

其次,对论文剽窃、企业翻译、翻译质量标准、翻译职业化与职业道德、翻译项目管理、语言服务等问题应予以重视。就拿抄袭剽窃问题来说,译者马爱农的作品被人明目张胆抄袭剽窃,却获得区区赔偿,这对众多在译坛默默耕耘的传统译者而言,无疑是一种冲击。这些翻译活动中遇到的问题虽然与学术活动离得较远,但与社会的发展、翻译的具体实践有紧密的关系,如果不能对其进行有效的监督和批评,那么无疑将会使翻译成为脱缰的野马,毫无规范与约束地走得越来越远。

再次,在出版社的出版流程中,从选择作品、引入版权、选择译者到签合同、编辑等方面都需要有翻译批评的加入。之前这一过程更多处于神秘的状态,而实际上读者、译者和翻译批评主体都希望这一过程透明化,能更多参与到出版过程中。网络是最快接收到各种反馈的地方,如果出版社能更好地利用网络,通过网络搜集信息、指导和引导翻译过程中的各个环节,那么与出版社相关的诸多问题也应会得到相应解决,如博文"敢问路在何方,路在脚下"所述,文中对出版社所处的困境,翻译的质量问题进行了全面的揭示。

六、多模态的翻译活动

网络翻译批评属于跨语境批评,跨语境批评是不只在一个语境下的批评,它体现了麦克卢汉所说的电子媒介改变认识的判断。"麦克卢汉指出,电视电子媒介可能恢复印刷媒介所破坏的感官比例,实现感官的'再统合',网络通过潜移默化的'感官综合',改变了认识世界的手段、思维方式及其表达路径。它使认知方式不仅仅局限于视觉的理性思维,而是借助嗅觉、触觉、听觉、视觉、味觉,综合运用理性和感性的思维方式带来了批评形式的诸多变化。"①网络翻译批评就是借助电视电子媒介,可以融合多种感官的一种媒介,即从抽象、单一的文字形式转变成为形象、生动的同时具有音频、视频、文字的多维立体的表达形式。如果这种批评方式和模式得以应用并推广,就可以开辟出批评的新路径,拓展批评新领域,丰富批评的手段。

跨语境批评可以实现超媒体叙事,"超媒体"一词的最早使用者是尼尔森,意即一种媒体中使用另一种媒体的表达方式,其实质是多种媒体的合作使用。超媒体叙事表现为两个层次:一是低级超媒体叙事,即多媒体视听感官媒体叙事,呈现的主要是文字、图像、声音等想象性的知觉符号系统;二是真正超媒体叙事,包括众多媒体(设备)组合传送视、听、味、触,甚至性觉的立体的、全方位感知的信号系统,使人有一种置身其真实环境中的感觉,称虚拟现实。② 这一层次的翻译批评目前还未出现,较多出现的是文本型多媒体叙事,即以文本为主,配以多媒体表意手段进行叙事的一种新叙事方式。换句话说,也就是一种带有多模态性质的表达。这种新叙事方式指的是在批评活动中,运用音频、视频、文字的多维立体的批评形式。它使得翻译批评活动呈现出多模态的性质,还能在视听翻译、影视翻译、戏曲翻译等新的翻译形式中大展拳脚,为翻译批评活动提供更多语料和素材。

---

① 转引自:禹建湘. 空间转向:建构网络文学批评新范式. 探索与争鸣,2010(11): 67-70.
② 欧阳文风. 从文学到文学性:图像时代文学研究的重心转移. 理论与创作,2008 (2):48-50.

第五章　传播学视域下
网络翻译批评模式

　　网络翻译批评之所以迸发出如此巨大的生机和活力,与网络媒介的性质及其传播信息的方式、过程和模式有非常紧密的关系。网络翻译批评借用了网络传播的途径,对其传播过程和传播效果的分析都离不开传播学的理论。传播学是研究人类一切传播行为和传播过程发生、发展的规律以及传播与人和社会的关系,是研究社会信息系统及其运行规律的科学。①　传播学研究传播过程,即传者、媒介、受者、传播内容、传播效果。网络翻译批评依靠网络这个媒介,传播起来非常迅捷,也正因为此,网络翻译批评遵循传播学的规律和传播的模式,传播学对于网络翻译批评的传播过程和传播模式给予了非常重要的启示。

　　电子产品的广泛使用使得人们上网浏览并参与评论十分便捷,根据翻译批评时批评主体的在线状态和评论状态,网络翻译批评可以分为两类。第一种是翻译批评主体在看到翻译现象、翻译作品以及翻译问题时产生的直接反应、做出的直接评论。这个时候的评论是简短的、三言两语的、未加修饰的,这些批评虽然不能系统阐述作者的观点,但是可以对某些现象和某些问题提供倾向性的意见。第二种是翻译批评主体通过网络媒介对翻译作品和翻译现象进行详细的分析、判断和评价,包括对翻译作品的评论、翻译理论的批评等,这类批评的主体多是受过专业训练的翻译

---

①　郭庆光.传播学教程.2版.北京:中国人民大学出版社,2011:5.

批评者,或者是知识素养较高的读者,他们的文字是深入的,多为长篇累牍,有论证、有观点。换句话说,这类翻译批评只是在传播的媒介上有所不同而已,比如,专业翻译批评者博客上的文字大多属于这类。

第一节　网络传播

中国现代媒体委员会常务副主任诗兰认为,网络传播有三个基本的特点:全球性、交互性、超文本链接方式。她给网络传播下的定义是:以全球海量信息为背景、以海量参与者为对象,参与者同时又是信息接收与发布者并随时可以对信息做出反馈,它的文本形成与阅读是在各种文本之间随意链接、并以文化程度不同而形成各种意义的超文本中完成的。[①] 随着技术的日益发展,网络的应用越来越平民化,覆盖范围越来越广,能传播的信息形式越来越丰富。网络传播超越了以往的传播形态,将其他几种传播形态都融合进来。因此,我们对于不同类型网络传播形态的特点、效果以及效度要有所了解,从而可以在进行网络翻译批评时依据不同情形采取适合的传播形态。

人类传播主要有五种基本形态,即人内传播、人际传播、群体传播、组织传播及大众传播。这五种传播形态除了人内传播之外,其他形态的传播都出现在网络媒介中。网络翻译批评以网络传播的多种形态存在,各种传播形态之间形成了复杂的相互交织、共同作用的关系。网络人际传播是指通过计算机网络进行的个人与个人之间的信息传播活动,是和传统的面对面的人际传播相对应的一种传播方式。[②] 网络翻译批评中人际传播的方式主要包括:电子邮件、网络聊天、博客(播客)等。在网络翻译批评中进行的人际传播也是翻译批评中的重要部分,在网络时代到来之前,书信也曾是翻译批评的一部分,古往今来,许多文人雅士在来往书信

---

① 　转引自:匡文波. 论网络传播学. 国际新闻界,2001(2):46-51.
② 　彭兰. 网络传播概论. 4 版. 北京:中国人民大学出版社,2017:60.

提笔展纸之间，就自然而然地就译作译者译事发表评论意见，于是书信体就成为翻译评论的随便而简洁的形式了。其中最著名的有《致林以亮论翻译书》《论文学翻译书》等。① 现如今，一些著名的译者在与作者、批评者进行联系和勾通时，所采用的通常有博客、电子邮件等人际传播形式，他们的交流内容已经成为佐证研究的重要组成部分。

博客中的人际传播也具有自己特点，因为在博客中，博主所贴出的博文既可以吸引评论者对此文进行评述，让评论者和评论者之间进行互动，也可以就某一个问题进行深入探讨。如在下面这条博文回帖中可见评论者之间的深入交流。

> 人名是一个经常要查的内容。这上面出的丑多了，比如把蒋某回译成"常凯申"、孟子成了"门修斯"这事，一次会上给一位老翻译气得够呛，至满座默然。笑别人容易，一不小心，我们自己手下也有可能把"李嘉图"弄成"里卡多"，让赫胥黎的孙子姓"赫克斯利"，用"米尔斯"（the Mills）遮蔽了伟大的经济学家穆勒父子。在耶稣基督这等名人（一般不会弄错）和无名小卒（可以按译音表来译）之间的广大空间里，有许多有名程度不等的人名，不得不谨慎从事。还有那些诡异的日本人名，要从罗马拼音回复真身，有时让日本人自己也头疼。解开这些"谜"，那种作为译者的成就感和精彩表现不亚于通过了英语十二级统考（当然，没这个考试），或者破了一堆陈年积案！②

网络群体传播是指网络上具有共同的利益、观念、目标等因素联结在一起的个体进行群体内部与外部的信息传播活动。③ 因此，群体传播是群体生存和发展的一条基本的生命线。网络中的群体一般有两种情况，一种群体是在现实世界已经存在的，它通过网络来发展群体成员间的关系；

---

① 王宏印. 文学翻译批评论稿. 上海：上海外语教育出版社，2005：202-203.
② 见：新浪博客"不系舟中". http://blog.sina.com.cn/s/articlelist_1243386720_0_1.html.
③ 彭兰. 网络传播概论. 4 版. 北京：中国人民大学出版社，2017：66.

另外一种是通过网络而集聚起来的群体。在网络中,我们还有另外一个常用词,"社区",网络社区是指包括 BBS/论坛、贴吧、群组讨论、在线聊天等形式在内的网上交流空间。同一主题的网络社区集中了具有共同兴趣的访问者。网络翻译批评中,有的群体传播的群体成员在现实生活中是一个固定圈子的,例如,在大学里由某个专业或者年级的学生形成的群体。而另一种情况,则是通过网络,由兴趣牵引而聚集起来的一些群体,如一些兴趣组。网络群体形成的途径很多,如 BBS/论坛、贴吧、讨论组、微信群。目前非常活跃的是微信群,微信群通常将具有相同兴趣爱好的人集中在一个群里,成员之间可以相互分享资料,或者就一个翻译问题或者翻译活动进行意见交换,这种传播方式非常快捷和便利。

在群体传播中,决定群体领导的因素之一是交流的信息量,一般来说,在信息交流中最活跃的成员就是群体的领袖,也被称为"舆论领袖",他们对人们的认知具有引导作用。群体传播在网络翻译批评中起到非常重要的作用,在各种 BBS/论坛、讨论组以及微信群内都能产生充分的互动和意见交换。目前在微信群中,除了群主,还有其他经常在群里提供信息、资料和意见的人士也起到舆论领袖的作用,由于微信群是由群主建立,并且其他成员的加入也是经过邀请的,所以这些群体成员是经过一定筛选的。因此,他们在交流的时候往往兴趣集中,问题多围绕共同的话题。

网络组织传播是指通过计算机网络进行的组织与组织之间的信息传播活动。[①] 它包括两方面,一是组织内传播,二是组织外传播,这两方面都是组织生存和发展必不可少的保障。网络翻译批评中的大学和机构论坛上所进行的传播可以说是组织传播,但是一种比较松散的传播。对于组织来说,要有效地利用网络进行传播,可以依靠两种主要的网络技术,即内联网和互联网。内联网主要实现组织内的传播,很多大学的校园网里有面向自己学生的批评阵地。互联网则更多地实现组织外的传播。信息

---

① 彭兰. 网络传播概论. 4 版. 北京:中国人民大学出版社,2017:74.

的流动既可以是向内的,也可以是向外的。一方面,组织可以使用百度、谷歌等搜索引擎以及网上数据库、数字图书馆等资源进行外界信息的"输入";另一方面,组织也可以通过创办官方网站,发布网络广告,建立博客、微博等方式进行信息的对外"输出"。比如中国翻译协会、上海翻译家协会、江苏翻译协会等组织都有自己的网站和公众号,现在很多现实世界的组织也在积极寻找网络渠道发布自己的信息,扩大自己的影响力。有些公众号会定期推送消息,甚至在某些微信群里举办微论坛学术对话,这样的学术对话是一种有组织的对话,参加者以及讨论的话题都预先进行了设置。

之前的大众传播通常是以报刊、广播和电视的形式出现,而网络作为新兴媒体,已成为新的大众传播媒介。网络大众传播包括传统媒体网站、商业网站、机构官方网站、个人和群体通过网络发布消息等形式。相较于其他传播,网络大众传播是规模最大的一种传播方式。有一点值得注意的是,在网络出现以前,各种传播方式之间有着比较明显的分界,网络的出现使以往传播格局中这些泾渭分明的界限变得模糊。

第二节　网络传播模式与网络翻译批评模式

网络是一种集多种传播形态于一体的复合性媒介,这种媒介给翻译批评带来了新的平台和空间,各种各样的传播形态齐集在这里,使得网络翻译批评呈现出多种声音、多层次、多方面的特征。在网络上进行翻译批评时,有的信息或意见可以迅速传播,并产生重大的影响,有的信息或意见则石沉大海,毫无任何回应。对此,笔者认为,将网络传播的模式和网络翻译批评进行综合考察,就可以了解翻译批评在网络中形成和传播的过程,分析网络翻译批评的效果,从而选取合适的方式进行批评。下面首先探讨一下网络传播的模式以及翻译批评与网络传播模式结合所形成的网络翻译批评模式。

一、网络传播模式

模式是对真实世界所作的理论化与简单化的表达形式或再现。模式本质上是对真实世界提出理论化与简单化的参考构架,借以重构真实。它能帮助我们描述理论中各个要素之间的关系。① 目前有关信息传播模式的模型有很多,例如,以传播学为基础的信息传播模式有:拉斯韦尔模式、申农—韦弗模式、格伯纳模式、纽科姆模式、施拉姆模式、韦斯特利—麦克莱恩模式。随着计算机网络技术的日益普及,特别是互联网的飞速发展,网络信息传播模式得到越来越多的重视,网络传播的基本模式参见图 5.1。

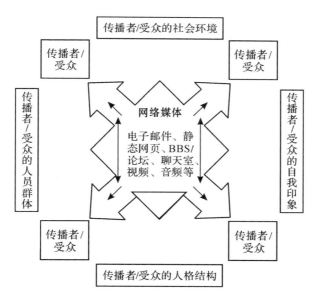

图 5.1 网络传播的基本模式②

孟庆兰认为,在网络传播的基本模式中,有三点变化需要注意:(1)传统大众传播中的传播者和接受者的身份是分开的,而这一区分在网络传

① 谢新洲. 网络传播理论与实践. 北京:北京大学出版社,2004:54.
② 谢新洲. 网络传播理论与实践. 北京:北京大学出版社,2004:62.

播中已经在一定程度内被打破。参与网络信息传播的每个参与者都具有传播者和接受者的双重身份。(2)网络传播的内容仍然是经过传播者选择的。(3)传统的大众模式中,传播者和大众之间的交流较少。① 网络传播大大增强了这种交流的可能性,使得传播者和接受者之间能够无障碍交流。这个模式反映出在网络传播中,传播者和受众可以通过同一个网络实现彼此之间紧密迅速的联系和交流。第一个变化改变了传播者和接受者原来所处的地位,使得两者之间身份不再固定,从而改变了信息的性质、流动的方向。第二个变化则改变了通常所认为的传播者和传播的内容在网络上不受任何约束的印象,实际上,它们并非完全不受限制。第三个变化则突出了网络中互动的巨大优势和特点。

二、网络翻译批评模式

传统翻译批评的视角非常广泛,涉及翻译活动的多个要素,如读者、译者、原文、原作者、译作、文化、社会、性别等,即使批评者是从多视角看待翻译,但这些批评却通常很少产生正面的交锋和互动。如果将网络翻译批评模式与传统翻译批评模式进行比较的话,那么后者更多是基于理论范式的批评视角,而前者则通过网络这个媒介提供了多个视角、多渠道的信息聚集和交锋。职业翻译批评者一直试图用理性的思考、科学的论证来表明自己的观点,而网络翻译批评能够提供的更多是现场批评、感悟批评,这些个人化大众批评的批评主体出现之后,带来了跨语境现场批评的批评方法和开放性多元批评的价值观②。

从前文可以看出,网络翻译批评中存在人际传播、组织传播、群体传播和大众传播等多种形式的传播。在传播过程中,既有一种传播形式的单一模式,也有多种形式的互动模式,还有传统翻译批评和网络翻译批评结合的综合模式。所以,网络翻译批评在进行批评时通常是多种模式同

---

① 孟庆兰. 网络信息传播模式研究. 图书馆学刊,2008(1):135.
② 禹建湘. 空间转向:建构网络文学批评新范式. 探索与争鸣,2010(11):67-70.

时存在,互相影响、互相渗透。当翻译活动或现象只是个别人的关注点时,通常是以单一模式进行传播,而随着事件的升温,关注的人越来越多,翻译批评的模式也越来越复杂,互动也越来越频繁,并且从一个社交媒体到另一个社交媒体,从一个阵地到另一个阵地,继而多个模式相互交织、相互影响。下文将网络翻译批评模式依据不同的传播特点分为以下几类。

(一)单一模式

单一模式通常指的是只有一种形式的传播,如点对点的人际传播,借助电子邮件、微信和 QQ 等形式展开的翻译批评。这类传播的内容和信息往往其他人看不到,只是单一的线性传递,反应和互动通常都是在一对一,或者一对多的情况下进行的。(见图 5.2)这种模式与传统的翻译批评模式比较相似,但是人与人之间的互动更加紧密和丰富。

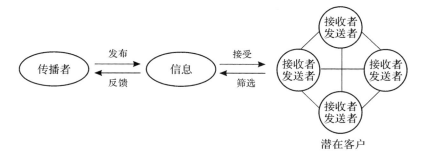

图 5.2　单一模式

在进行网络翻译批评的过程中,比如,在给一个或者多个接收对象发出电子邮件时,批评者把经过自己思考后的信息进行传播,这就是意见的产生,之后由不同的接收者进行反馈,在这样的循环交流中,信息得到进一步加强。这一模式是进行人际传播的主要模式,在此模式里,人与人之间的关系通常是现实世界的一种延伸,以一对一或者一对多的形式进行交流,虽然是通过网络这个媒介,但是其他人并不能看到交流和反馈的过程,也并未参与到交流过程,所以这种传播模式通常只对这个信息或者意见的传播者产生影响。也可以说这是整个传播过程中的一个节点或者一个批评者的传播行为。

（二）组合模式（一个批评阵地的批评模式）

组合模式指的是在一个批评阵地所展开的翻译批评,比如 BBS/论坛、讨论组、博客等。在这些阵地内部,通常有不同种类的传播形态,组织传播、群体传播、大众传播都交杂在一起。比如,在 BBS/论坛里,网民通常会就某个话题进行探讨。这时,网络传播的模式通常是如图 5.3 所示。

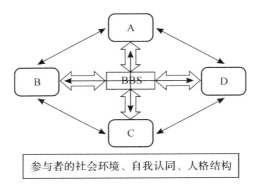

图 5.3　组合模式①

在 BBS/论坛的传播中,通常有大量的参与者,每个参与者都可以自由地在 BBS/论坛系统中搜索自己需要或者感兴趣的信息,同时还可以把自己的信息输入系统中,供其他人分享。BBS/论坛除了提供大量信息选择之外,参与者同时还能够与某个人或是某群人进行一对一或一对多的交流。信息在这里是开放的。② 网络翻译批评借助 BBS/论坛进行传播时有很多自己的特点。

1. BBS/论坛的信息传播具有很强的交互性。它为传受双方提供了平等交流的信息平台,发帖人可以在论坛里贴出有关翻译的某一话题,转载报纸和期刊上的文章,转发出版社进行的读者调查等。

①　谢新洲. 网络传播理论与实践. 北京:北京大学出版社,2004:83.
②　孙丽丽. 虚拟社区的传播学分析. 法制与社会,2006(12):220-221.

2．BBS/论坛的传播具有实时同步和非实时同步相结合的特点。这个特点允许更多的读者对同一个问题给出自己的意见，使得批评的时间可以无限延长，那些得到更多关注的话题和问题则可以不断更新，一直置于论坛的顶部。受到关注的帖子自然会有很多跟帖，从而成为精华帖并被置于论坛的顶部，进而在社会上产生很大反响，形成新的研究热点。

3．与其他网络传播形式相比，BBS/论坛有比较严密的管理，"把关人"的功能得到了一定程度的发挥。其中的官方论坛是组织比较严密的，有人负责把关，比如译林出版社和上海译文出版社的 BBS/论坛。一般情况下，各个论坛都有管理员，也就是"把关人"，对于与话题无关或者不合适的发言可以进行删除或者屏蔽。

4．由于 BBS/论坛交流中的群体传播倾向，BBS/论坛传播中往往会产生"意见领袖"。通常来说，那些经常发表帖子，并且帖子观点鲜明，具有一定说服力的发帖人可以称为意见领袖，他们的观点往往能够得到其他网民更多的关注。

除了 BBS/论坛，博客、微博、讨论组和书评等形式也都与这样的传播模式类似，以一个批评质量较高的论坛——知乎网为例，一般来说，论坛是主题—回复的模式，适合讨论宽泛的话题，没必要每个回复都答到点子上，而是在讨论中逐渐得出结果。[①] 而知乎是问题—回答—评价/评论模式，没有准确的积分制度，用户基本上依靠兴趣组织起来，回答的答案质量相对较高，评价或者评论则给了答主修正答案和不断提高的机会。

（三）六度传播模式

六度传播模式指的是在进行网络翻译批评过程中，各个批评空间相继探讨同一件事情，多个批评主体从多个角度采用不同的传播形式对其进行的批评。为了便于理解"六度传播模式"，首先要明确一下"六度传播"的涵义。六度传播是指网络信息传播也表现为六度分隔理论。该理论由美国著名社会心理学家米尔格伦于 20 世纪 60 年代最先提出。简单

---

① 张蕊. 异军"知乎的突起——浅析知乎的发展现状. 视听,2015(6)：147-148.

地说,六度分隔理论认为在人际脉络中,要结识任何一位陌生的朋友,这中间最多只要通过六个朋友就能达到目的。笔者借用六度传播模式来分析网络翻译批评模式。(见图5.4)

如六度传播模式所示,网络信息传播中每个传播主体既是传播者(C)又是接受者(R),同时每个传播主体又受到个体的自我印象、人格结构、所处的人员群体和社会环境因素的制约。这些因素影响着传播主体作为传播者时对媒介、内容的选择、加工;也影响着传播主体作为接受者时对媒介、内容的选择、接收。参与者参与到网络信息传播的过程中后,可以通过网络与大量的其他的参与者进行信息传递和交流。

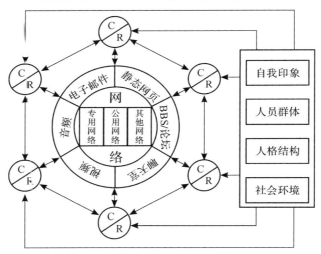

图5.4　六度传播模式①

在网络翻译批评模式中,这六类既是传播者也是接受者的批评主体包括译者、作者、批评者、读者、出版人、媒体。这六类传播者代表了不同的视角和立场,也采用了不同的传播形态和批评阵地,同时他们之间也通过网络进行充分的互动和交流。

下面以冯唐版《飞鸟集》为例来说明六度传播模式的运行过程。冯唐翻译的《飞鸟集》出版后引起了多方的反应,有些在报纸上发表的评论同

① 孟庆兰. 网络信息传播模式研究. 图书馆学刊,2008(1):136.

时在网上被全文或者部分转载,《北京青年报》发表文章《冯唐译泰戈尔作品引骂声一片 称将办译作分享会》,该文被新华网、搜狐网文化频道、人民网等多家网站转载,一时迅速传播,并引起强烈的反响。它掀起了一场席卷文学评论界、翻译界、公共舆论界(主要是媒体)、草根文学界的批评风暴。据不完全统计,从 2015 年 11 月 25 日到 12 月 28 日,"百度新闻"显示有 26 篇评论涉及冯译本。(见表 5.1)

表 5.1 2015 年 11 月底至 12 月底
关于冯唐译本《飞鸟集》媒体评论文章的不完全统计

日期	标题	出处
12 月 28 日	冯唐译本《飞鸟集》被指充斥荷尔蒙味道	扬子晚报
12 月 28 日	一片冰心还是满纸荒唐	清宁晚报
12 月 27 日	冯唐的译本是《飞鸟集》迄今为止最好的中文译本	李银河博客
12 月 27 日	冯唐版《飞鸟集》,一道任性的黑暗料理	新文化报
12 月 26 日	冯唐译泰戈尔诗集引公愤 网民称名著变色情读本	参考消息
12 月 25 日	冯唐一译诗 泰戈尔两行泪	襄阳晚报
12 月 24 日	莫借"翻译"行"篡改"	人民日报
12 月 24 日	冯唐译泰戈尔《飞鸟集》引争议,郭敬明躺枪	界面新闻
12 月 22 日	评冯唐"乱译":主导社会判断的不应只是资本逻辑	中新网
12 月 22 日	冯唐的"乱译"和宝能的"逆袭"	解放日报
12 月 20 日	冯唐《飞鸟集》新译本颠覆泰戈尔	潇湘晨报
12 月 19 日	冯唐翻译的泰戈尔 全是他自我膨胀的欲望	澎湃新闻
12 月 19 日	新译版《飞鸟集》引争议 "信"是翻译第一标准	新华社
12 月 19 日	冯唐还不是最坏	新民晚报
12 月 18 日	为什么要的批评"诗人"冯唐	腾讯文化
12 月 18 日	当翻译遇上荷尔蒙 亮瞎了	羊城晚报
12 月 18 日	喧宾夺主的冯唐式翻译	北京日报
12 月 17 日	李健谈冯唐翻译新作争议 肯定好友诗歌造诣	中新网
12 月 17 日	冯唐的译风逾越了翻译的底线	新京报
12 月 16 日	冯唐版《飞鸟集》不妨称为"成人版"	京华时报

续表

日期	标题	出处
12月14日	冯唐翻译的《飞鸟集》荷尔蒙满满,读完你肿胀了吗？	界面新闻
12月14日	冯唐入围文学翻译最高奖,《飞鸟集》震惊世界文坛	界面新闻
12月9日	冯唐译《飞鸟集》翻译史上的一次恐怖袭击事件	@康苏埃拉
12月6日	如此重译泰戈尔　实在不像样	成都商报
12月4日	冯唐重译《飞鸟集》是更具诗意还是亵渎	城市快报
11月25日	冯唐重译《飞鸟集》引骂声一片	深圳晚报

1.网络传播的传播者:网络翻译批评主体

在这些批评中产生了两种对立的观点,彼此都在通过网络进行展示,根据网络翻译批评主体的分类,可以分为以下六种。

(1)媒体。如《人民日报》,各大媒体和报社。

在这26篇文章中,只有李银河的《冯唐的译本〈飞鸟集〉是迄今为止最好的中文译本》以及新民晚报的《冯唐还不是最坏》的评价不是完全负面的。

(2)网民或者说是读者。在百度贴吧的冯唐吧,有6714个网民设置了关注,共有30559个帖子①,探讨了"冯唐重译泰戈尔"这个热点问题;豆瓣读书中,《飞鸟集》这本书后面的书评有169个②,其中,最有用的好评121条,最有用的中差评45条,比如"一本拿起不愿意放下的书,冯唐的《飞鸟集》";知乎中的"文学""英语翻译""冯唐"等子话题中有多个关于冯唐版本的《飞鸟集》的问答。

(3)译者自己。冯唐在自己的博客和微博中贴有《翻译泰戈尔〈飞鸟集〉的二十七个刹那》博文,冯唐也在各类采访中表达了自己的观点。

(4)专业批评者。南开大学文学院教授、《中国图书评论》执行主编周志强,北京师范大学中国当代新诗研究中心主任谭五昌,中国社科院文学

---

① 2015年12月31日采集。
② 2015年12月31日采集。

所所长陆建德在接受《潇湘晨报》访谈时都发表了自己的观点。①《文汇报》也邀请了相关领域的专家学者表达了自己的看法,中国社科院文学所所长陆建德认为,"他的文字并不难,关键是其中的诗意,哪怕是写光脚走在田埂上,也是用诗意来呈现。如果把泰戈尔的文字翻译出了世俗化的意味,那一定是偏了"。法国文学教授、华东师范大学外语学院院长袁筱一认为,"任何翻译都有一个最基本的契约精神,这就是翻译的伦理。时代再变化,译者都应该遵从这一点"。在她看来,冯唐恰恰没有遵从这一点:"泰戈尔的潜文本里不会埋藏着冯唐笔下的这些意味。"对于两者之间的差别,中国比较文学学会副会长、上海外国语大学教授谢天振的态度比较宽容,"就好像当代人穿上牛仔裤演出莎士比亚戏剧,冯唐大概希望用今天的语言在泰戈尔和'00 后'读者之间搭一座桥梁"②。

(5)其他译者。马爱农说:"原汁原味地把原著所承载的所有东西,包括语言、风格、氛围、情绪等所有的一切,传达给中国的读者,我觉得这才是好的翻译。"以此标准看,新译版的《飞鸟集》,不符合传统意义上的严格翻译要求。③

(6)出版人。冯唐版《飞鸟集》一书编辑孙雪净认为,相比前人的翻译"群树如表示大地的愿望似的,竖趾立着,向天空凝望",冯唐的"树/大地的渴望/踮着脚偷窥天堂"更有诗的味道。④

2. 网络传播的传播内容:网络翻译批评客体

对冯唐版《飞鸟集》的网络翻译批评主要集中在以下几个方面。

(1)翻译的质量。郑振铎版《飞鸟集》在豆瓣上获得 9.1 的高分,而冯唐版《飞鸟集》在豆瓣上仅有 5.2 分。这样的分数一定程度上代表了读者

① 赵颖慧. 冯唐的飞鸟集?. 潇湘晨报,2015-12-20(A05).
② 邵岭. 冯唐重译泰戈尔引质疑:打个人印记 偏原著精神. (2015-12-26)[2022-08-15]. http://culture.people.com.cn/n1/2015/1226/c172318-27980002.html.
③ 闫祥岭. 新译版《飞鸟集》引争议"信"是翻译第一标准. (2015-12-19)[2015-12-25]. https://lx.huanqiu.com/article/9CaKrnJSu8i.
④ 崔巍. 重译《飞鸟集》引骂声 冯唐:将到泰戈尔故乡办分享会.(2015-12-21)[2022-08-15]. http://www.chinawriter.com.cn/news/2015/2015-12-21/261198.html.

的评价。

（2）翻译的风格。《人民日报》认为，冯唐有展现自己风格的自由，也不排除有人就喜欢这种风格。但翻译毕竟有着严格的规则，肆意地将自身的风格凌驾于原作的气韵之上，甚至不惜为此篡改原词，才最终导致了舆论的一致差评。① 而冯唐自己认为，在翻译了一百首之后，他还是适合翻译《飞鸟集》的。②

（3）翻译的语言。就诗歌的语言风格来说，网友认为冯译本的一部分诗里包含原诗中不存在的下半身语言、押韵和突兀的网络语言，译文语言世俗话，充斥着荷尔蒙的味道。至于翻译诗歌是否押韵问题，译者冯唐认为，诗应该押韵，诗不押韵，就像姑娘没头发一样别扭。不押韵的一流诗歌即使勉强算作诗，也不如押韵的二流诗歌。③

（4）翻译的标准。"信、达、雅的标准，至少信要达到。"马爱农认为，翻译就是翻译，不是自己创作，不是自说自话，原著怎么说，译者就怎么说，这才是翻译，"信绝对是第一位的"。④ 冯唐不认为翻译的好坏有金标准，"我不认为信达雅对于每个译者和每种译著都应该是同样的顺序和权重。每个译者对于原作原貌和作者意图都有不同理解，这个所谓的底线由谁定？"⑤

（5）有关副文本方面的内容，如排版。不得不特别提一下冯译《飞鸟集》的排版，很特别。这本书的内文设计完全是按照冯唐的意思来的，从封面设计到内文排版，从装帧到书页留白，每一个细节都突破了以往《飞

---

① 周飞亚.莫借"翻译"行"篡改". 人民日报，2015-12-24(24).

② 冯唐. 翻译泰戈尔《飞鸟集》的二十七个刹那．［2022-08-15］．https：//weibo.com/fengtang.

③ 冯唐. 翻译泰戈尔《飞鸟集》的二十七个刹那．［2022-08-15］．https：//weibo.com/fengtang.

④ 闫祥岭. 新译版《飞鸟集》引争议"信"是翻译第一标准．（2015-12-19）［2015-12-25］．https://lx.huanqiu.com/article/9CaKrnJSu8i.

⑤ 闫祥岭. 新译版《飞鸟集》引争议"信"是翻译第一标准．（2015-12-19）［2015-12-25］．https://lx.huanqiu.com/article/9CaKrnJSu8i.

鸟集》的风格。一页纸,就是一首诗,简单的几行字,简约的线条勾勒,纵横交错,留下足够的想象空间留给读者。

3. 网络传播效果:网络翻译批评中的意见传播结构

这一事件产生的巨大传播效果令人始料未及,在短短的几个月内就形成了一波又一波的浪潮。如果不是借助网络的媒介,传播速度不会如此之快,反响不会如此之大。这一传播过程主要借助了整体互动的传播模式,如图5.5所示。

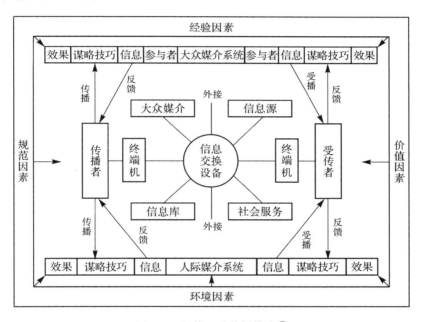

图 5.5 整体互动传播模式①

整体互动模式中的认识对象既是整体的又是互动的。它不再采用单向性和被动性的传播方式,而是呈现了传播的双向性和能动性,展示了传播的多向性和复杂性。整体互动模式包括了三个系统,即人际传播系统、大众传播系统和网络传播系统。它们协同并存、互动互进,共同绘制传播

---

① 孟庆兰. 网络信息传播模式研究. 图书馆学刊,2008(1):135.

的图景。①

冯唐的译本面世后,不同批评主体通过不同的传播阵地,有的通过网站,有的通过微博,有的通过论坛,各自发表自己的观点,并且形成了非常频繁的互动。比如,在冯唐的微博上,冯唐与读者之间进行了很多的互动,"'Men are cruel, but Man is kind'庸众是残酷的,每个人是善良的"②这一博文下有四五百条评论,转发近1500次,阅读1500000次。③ 评论中有指点的、有挖苦的、有显摆学问的、有手痒自己重翻的。博文中提到英文系教授朱绩崧(文冤阁大学士)给出的数条微博和微信。在知乎网上"如何评价冯唐的首部译作《飞鸟集》?"这个问题后有285个回答④,其中还链接了诗人寥伟棠的《我评冯译泰戈尔:飞鸟集何以变成了喜鹊集?》一文,在这个问题下也有不少不同的看法。

在进行网络翻译批评的过程中,人际传播、群体传播、组织传播、大众传播等不同的网络传播形态相互交织。这些不同的批评主体既是传播者(C)又是接受者(R),在不同传播类型之间穿梭,相互交叉。由于批评的意见呈现非常对立的两种看法,所以在每种传播形态的内部和相互之间的交互都异常频繁。经过这么频繁的互动后,意见从产生到冲突,直到进一步传播扩大影响,冯唐版《飞鸟集》的出版正是经历了这样一系列的过程。

网络上意见的自由传播,不是简单的复制或增减过程,它比信息的传播要复杂得多,参与作用的要素也更多。因此,需要从不同层面来进行解释。大体上我们可以将它分成三个层面:意见形成结构(个体,微观层面),意见冲突结构(社群,中观层面),意见流动结构(网络、宏观层面)。正是因为网络传播的这些特点,使得通过网络媒介的传播的影响越来越

---

① 孟庆兰. 网络信息传播模式研究. 图书馆学刊,2008(1):133-137.

② 冯唐. 翻译泰戈尔《飞鸟集》的二十七个刹那. [2022-08-15]. https://weibo.com/fengtang.

③ 2016年6月30日采集.

④ 2016年6月30日采集.

大,参与度越来越高,效果越来越明显。①

(1)争议期。在冯唐版《飞鸟集》出版后,各大媒体、网络上几乎出现一边倒的批评声音。从整体上看,持否定意见的确实占据了大多数。一些精英批评和大众批评的观念截然相反,精英批评(专业的批评者)大多数持否定意见,认为冯唐的翻译没有郑振铎版的译本质量高。而大众批评(主要是网民)的反应,则有所不同,有的表示就是喜欢这种风格的译本,有的则认为冯唐的译本总体上还是不错的,给人另外一种感觉。

比如,2015年11月底以来,据不完全统计,关于冯唐译本《飞鸟集》的媒体评论文章共26篇,其中只有李银河的《冯唐的译本〈飞鸟集〉是迄今为止最好的中文译本》以及新民晚报的《冯唐还不是最坏》不是完全负面的。读者在"冯唐为什么要这么译"书评中这样评论道,"冯唐的译本让我想起龚琳娜的歌,以神曲出位被人知,也被人黑,被人误解,但背后都是在这个与传统决裂的时代令人可喜的重建传统的努力。我没有读过冯唐的小说,但我觉得在这个译本上,确实能看到他以中国古诗的方式翻译的努力,虽然结果并不十分理想。有些句子玩味起来还是颇有意味的"②。

(2)讨论期。这个阶段,在不同的传播形态中都出现了讨论冯唐版《飞鸟集》的声音,微博、微信、论坛、各大网站等都在探讨这个具有争议的版本。在网上可以听到多个角度、多个层面的声音。冯唐本人在其新浪微博、微信公众号上,以及被专访时,也就翻译《飞鸟集》中的一些问题进行了解释和阐明,表达了自己的观点,对于自己的译作表示满意。冯唐表示,"我相信我翻译的诚意、英文的水平、汉语的功夫"③。也有作者、读者、专业批评者以及出版社(编辑)支持冯唐的译本,或者持宽容的态度,比如将《文汇报》上发表的文章《冯唐重译泰戈尔冒犯了谁》编辑成《争鸣/冯唐

---

① 彭兰. 网络新闻传播结构的构建与分析(下). 国际新闻界,2003(3):31-35.

② 张粟粟.《飞鸟集》豆瓣书评. (2015-12-20)[2022-08-15]. https://book.douban.com/review/7697178/.

③ 译本《飞鸟集》被指争议大遭下架召回 冯唐曾称相信自己中文水平.(2015-12-28)[2018-10-30].https://www.sohu.com/a/50958158_161959.

重译泰戈尔,听陆建德、谢天振、袁筱一怎么说》在微信公众号"文汇百家"上推送。但更多的声音则是反对的声音,尤其是《人民日报》在 12 月 24 日发表的《莫借"翻译"行"篡改"》一文。在这段时间里,网络上硝烟四起,网络外也是热火朝天,线上线下互动频繁。

围绕冯唐重译《飞鸟集》的翻译争议主要集中在"大千世界在情人面前解开裤裆/绵长如舌吻/纤细如诗行"等几首诗的译法。据浙江文艺出版社介绍,该书于 2015 年 7 月出版,因市场上存在多种《飞鸟集》译本,冯译并未引起太大波澜。其实,在《飞鸟集》326 首诗作中,冯唐的这种"恶搞式"译法不超 10 首;在冯译《飞鸟集》中也不乏精彩译笔,如"You smiled and talked to me of nothing and I felt that for this had been waiting long",冯译为"尔对我微笑不语/为这句我等了几个世纪",相较郑振铎译本中的"你微微地笑着/不同我说什么话/而我觉得/为了这个/我已等待很久了",可谓各有特色,甚至冯译更为精炼。

(3)结果显现。2015 年 12 月 28 日,浙江文艺出版社在其官方微博发布消息:"鉴于本社出版的冯唐译本《飞鸟集》出版后引起了国内文学界和译界的极大争议,我们决定:即日起在全国各大书店及网络平台下架召回该书;此后,我们将组织专家团队对译本中的内容进行认真评估审议后再做出后续的决定。感谢社会各界的朋友对浙江文艺出版社的关心和支持。"①随后,冯唐版《飞鸟集》被下架。译者事后回应称"历史和文学史会对此做一个判断。时间说话,作品说话"②。

(4)争议再起。在冯唐版的《飞鸟集》出版以后,出现了截然相反的两种观点,继而出版社便做出下架的决定,而这并未浇灭翻译批评的热情,不同批评主体又开始对下架这一事件进行再次探讨。在出版社下架此书后,大多数批评者都对此举表示不能理解,如《文化观察》通过"下架冯唐比冯译小黄诗更有毒"这一标题表达了自己的观点。在知乎网上"如何看

① https://www.weibo.com/zhejiangwenyi.[2018-10-30].
② 译本《飞鸟集》被指争议大遭下架召回　冯唐曾称相信自己中文水平.(2015-12-28)[2018-10-30].https://www.sohu.com/a/50958158_161959.

待冯唐版《飞鸟集》下架?"这一问题有 585 个回答①。2016 年 1 月 21 日,在《光明日报》上发表的《冯唐译〈飞鸟集〉引反思业界呼吁翻译立法》一文中,中国翻译协会常务副会长、国际翻译家联盟前副主席黄友义分析说:"从目前的讨论看,大家的注意力没有离开追求再创作的个性和遵循信、达、雅的翻译传统这两条主线。"②他在接受中国网记者采访时表示,出版界的冯唐翻译版《飞鸟集》虽然引起争议,但不能彻底否定冯唐翻译《飞鸟集》的努力。凤凰文化特别采访了王家新、树才、张定浩、赵四、余秀华等一众中国诗人、翻译家,他们结合文本样本、自身创作经验等诸多因素,从多角度剖析这一公案,也与各位读者共同探讨。诚如上海译文出版社黄昱宁所言,冯唐事件已经演化为传播事件而非严肃的学术讨论。这本重译作品站到舆论风口浪尖,并不冤枉。在其网络销售页面上,引发争议的几段译文赫然以"精彩书摘"列于醒目位置。③ 对于作为译者的冯唐和策划方果麦文化来说,以"出格"译文"挑战"读者的眼球,可以说是一开始便表明的态度。此后大众对于冯译《飞鸟集》的讨论和争议,不得不说与出版商某种程度上的主动"宣传"和"引导"脱不了干系。④

第三节　网络翻译批评模式的作用

网络翻译批评模式的产生带来了翻译批评的革新,这一模式在传播效果上有别于传统的纸质翻译批评,为翻译批评带来了新的视野和挑战,主要表现为以下几点。

---

① 此数据是在 2016 年 6 月 30 日取得。

② 今天,经典作品该如何重译.(2016-01-21)[2018-10-30]. https://www.theory.people.com.cn/n1/2016/0121/c49157_28072120.html.

③ 魏冰心,冯婧,胡涛.讨论冯唐荒诞吗? 中国众诗人眼中的《飞鸟集》.(2016-01-04)[2022-08-15]. http://inews.ifeng.com/mip/46938400/news.shtml.

④ 冯唐译《飞鸟集》下架引译界讨论.(2015-12-30)[2022-08-15]. http://culture.people.com.cn/n1/2015/1230/c172318-27996167.html.

一、不同层次翻译批评空间的相互作用和影响

网络翻译批评通常是多种批评形态的呈现,话题批评、专题批评、学理批评以及文本批评四种形态的批评在网络中不断出现,从而对同一个翻译现象或问题给出立场不同、观点不同的批评意见。不同的批评形态具有自己独特的特点,如果能够对同一个批评对象展开这四种不同形态的批评,那么无疑是对问题更加全面的揭示和梳理。在进行传播的过程中,每个形态的批评都是网络翻译批评模式的重要组成部分。比如,在对林少华的译文所引发的争论中,我们可以看到在知乎网、"林少华的逆袭"豆瓣小组以及百度贴吧等多个批评阵地都有对这一争议的展示。

网络翻译批评使得各个层面的交互变得直接和简单。之前,在不同批评主体之间进行交流并非易事,读者、译者、批评者、出版人之间没有沟通和交流的通道,通常只能够靠偶尔的活动来收集各方意见,而现在通过出版社的翻译论坛、讨论组、博客、微博和微信等媒介可以使得这些不同类型的批评主体在同一个平台就同一个问题或者同一本译著进行深入的探讨。在网络翻译批评中,各个层面的交流可以在同一阵地,也可以在不同的批评阵地进行。译者、作家和批评者这些不同层面、不同领域的专家都可以在一起进行交流,这使得整个批评处于流动、碰撞以及持续向前发展的动态局面,比如精英阶层的批评者和大众读者之间可以迅速建立连接,打破了之前固化的、冰冷的界限,有助于双方更快地了解不同意见,促使交流和互动深化。

二、扩大翻译活动的传播范围和效果

在传统的传播模式中,信息大多数是单向流动的,网络传播却是多向的、非线性的。网络传播的参与者们形成了一个网络状的信息交流体系,参与者之间可以通过网络直接联系,也可以到某一点后开始间接联系。在网络传播中,受众不再只是接收信息,他们会对信息做出反馈,还会把信息转发给更多的受众,从而扩大信息的影响。传播者与受众之间的角

色不断进行转换,在网络翻译批评模式中,每个受众都是一个传播者,并且再经过自己的过滤和思考选择不同的媒介进行二次传播。因此,网络翻译批评中能够迅速形成一些批评热点,并且能够迅速扩展开来,比如莫言作品的翻译、《史蒂夫·乔布斯传》的翻译以及《哈利·波特》的翻译等。由于这个特点,使得网络传播的速度非常迅速,在短短几天内就可能取得非常大的反响,比如冯唐译著《飞鸟集》从出版(2015 年 7 月 30 日)到下架(2015 年 12 月 28 日),仅仅经历了 5 个月的时间。

网络翻译批评一旦展开,其影响力就会按照网络传播模式发展。如果进入到网络翻译批评模式——六度传播模式中,那么将会产生巨大的影响,信息能在短时期间内到达世界的各个角落和不同群体,继而意见得以形成、冲突及流动,从而产生立竿见影的翻译批评效果,吸引更多的人去关注翻译、了解翻译和热爱翻译。目前,正是中国文化"走出去"的重要时机,利用网络的便利,以及翻译批评的作用,可以让中国的文学和文化更多地为国外读者所知。此外,随着中国对外经济、科技等领域的交流日益扩大,语言服务行业已步入产业化发展轨道,语言服务已经初具规模,并将继续平稳、快速增长。互联网与翻译技术驱动语言服务业的模式发生变革。这些发展和需求都把网络翻译批评放在前台,通过在网络上对于各种语言服务等内容进行批评和监督,能使翻译活动走得更远,传播范围更加广泛。

第四节　网络翻译批评效果

在网络上进行翻译批评产生的效果迥然不同,有时会先在网络,继而在现实社会上引起轩然大波,从而产生一系列的后续结果,如冯唐版《飞鸟集》的出版;有些只是微微产生一些反应;而有些则石沉大海。那么,在传播过程中通常会有哪些因素影响网络翻译批评的效果?大众传播的效果产生是一个包含很多中间环节和制约因素的复杂过程,而离开了这些中间环节与制约因素,单纯的大众传播能够达到的效果则是十分有限的。

网络翻译批评的影响越来越广泛,影响其效果的因素也有很多,目前,有些学者在进行研究时已经开始采用在博客、微博中获得的信息和内容。许方在探讨昆德拉在中国的翻译、接受与阐释研究中列出了网络翻译批评所起到的重要作用。① 朱安博和刘畅整理了豆瓣网上莎剧译著的数据、翻译批评案例,对莎剧网络翻译批评的现状进行较为具体的分析。② 下文将这些关键要素列出,便于在研究过程中进行分析。

一、批评阵地与传播效果

借助不同的媒介进行的批评所产生的影响有很大不同,由于网络翻译批评的阵地紧随网络技术的发展,其更新换代也十分快速。根据CNNIC《第 36 次中国互联网发展状况统计报告》的第四章"网民互联网应用状况",微信、微博的影响力和传播力很强,就微博来说,截至 2015 年 6月,我国微博用户规模为 2.04 亿,网民使用率为 30.6%,手机端微博用户数为 1.62 亿,使用率为 27.3%。手机端微博用户占总体的 79.4%,比2014 年年底上升了 10.7%,除了整体互联网向移动端迁移的趋势影响外,微博在移动端为用户提供的新体验也是重要的推动力,尤其是对垂直领域的布局,拓宽了移动端的使用场景,增强了用户黏性。《第 49 次中国互联网发展状况统计报告》显示,2021 年我国互联网应用用户规模保持平稳增长,即时通信等应用基本实现普及。截至 2021 年 12 月,在网民中,即时通信、网络视频、短视频用户使用率分别为 97.5%、94.5% 和90.5%,用户规模分别达 10.07 亿、9.75 亿和 9.34 亿。除此之外,那些已经具有一定认知度,带有专业性质的网络社区影响力也很大,比如豆瓣,知乎等。不同的阵地在网民的心中可信度也是不同的,可信度越高的阵地传播的效果越好。就网络翻译批评来说,知乎和豆瓣上进行的问答和评论具有一定的专业性质,"豆瓣网这样的第三方点评网站虽然并不能严

---

① 许方.昆德拉在中国的翻译、接受与阐释研究.杭州:浙江大学出版社,2020.
② 朱安博,刘畅.莎士比亚戏剧网络翻译批评研究.外语研究,2021(1):76-84.

格定义为一种媒体形式,但是其聚合信息并进行传播的模式很好地发挥了媒介的传播效应,又很好地达到了影响甚至引导受众行为的目的"①。

二、批评主体与传播效果

网络翻译批评中的批评主体会影响到网络翻译批评的效果,那么哪些批评主体进行的批评产生的效果会比较强烈?尽管在网络世界中,我们通常并不是非常清楚每个批评主体是谁,但是批评主体或隐藏或显现的身份,以及其在网络上的表现都会影响到其传播效果。西方学者霍夫兰等人曾经提出可信度效果概念,就是说信源的可信度越高,其说服效果越大;信源可信度越低,说服效果越小。而可信度包括两个要素:第一是传播者的信誉,第二是专业权威性。②

前文已经对批评主体进行了划分和分析,在这些不同的群体中,我们可以看到不同的批评主体进行批评所产生的效果有所不同,下面四类批评主体在网络翻译批评中的批评效果比较明显:其一,通常来说,批评主体在现实世界中的社会地位以及影响力是影响批评效果的重要因素。比如,现实世界中那些有影响力的名人、译者和批评者在网络中也会有自己的博客、微博和微信等批评阵地。其二,网络世界中的"舆论领袖"也起着非常重要的作用。"意见领袖"是拉扎斯菲尔德在《人民的选择》中提出的概念,指在人际传播网络中经常为他人提供信息,同时对他人施加影响的"活跃分子",他们在大众传播效果的形成中起着重要的中介或过滤的作用,由他们将信息扩散给受众,形成信息传递的两级传播。其三,那些拥有发布权力的官方机构。其四,那些拥有深刻见解、知识面广泛的读者。

三、批评形态与传播效果

网民在网络中发表自己的意见,需要通过一定的渠道。彭兰认为,从

---

① 吕秀莹. 浅析 Web2.0 环境下我国第三方点评网站的发展现状——以大众点评网和豆瓣网为例. 东南大学学报(哲学社会科学版),2011(13):89.
② 刘晖. 影响大众传播效果的因素. 新闻前哨,2012(7):52.

意见发布的渠道看,可以将它们分直接式和间接式。① 直接式指意见发布渠道是由特定信息的发布者所提供的,例如,很多网站的新闻发布后都设有"发表评论"这样的功能,可以让受众直接进入论坛或留言板。另外一种最简单的直接式意见发布方式是受众调查,特别是"投票式"的受众调查。而间接式指受众为自己寻找一个适合的发表意见的场所,可以在当前网站,也可以在别的网站或 BBS。一般情况下,直接式发言渠道,由于时间的关系,更能真实地反映人们的第一感觉,而间接式发言渠道,包含更多个体的主动选择与判断。此外,不同的批评形态在网络翻译批评中所产生的传播效果不同,哪些形态在传播过程中效果明显,哪些形态在传播过程中效果甚微,在网络上能引起网民感兴趣参与的是哪些形态,根据批评的主题不同是采取话题讨论、文本式批评、学理性批评还是专题探讨,这些也都是翻译批评所关注和需要了解的内容。

四、批评内容与传播效果

在批评的过程中,批评内容选择与意见的流动能力有关,首先与意见本身的属性相关。一般的情况下,在进行批评的过程中,下列四种意见具有更强的扩散动力。

1. 语言幽默,个性鲜明,并且能给出具体说明和论证的批评容易受到关注。语言是网络翻译批评中最为引人注目的特点,在大量信息充斥的时代,那些有自己清晰语言风格的评论更能吸引眼球。

2. 真正深刻和伪装深刻的观点。网络上虽不乏真知灼见,但因为缺乏甄别的系统,所以那些看起来深刻的观点也是有极强的吸引力的。

3. 进行专题讨论,并且邀请了众多职业批评者参与,产生了一定反响的批评。专业学者的参与能够增加讨论的"专业性"和"可信度"。

4. 与主流意见相对立的观点。在网络翻译批评中,时常会出现与主

---

① 彭兰. 网络新闻传播结构的构建与分析(下). 国际新闻界,2003(3):31-35.

流意见相对立的观点,比如网络中认为林少华的译文是带有自己风格的译文的观点。这些观点能给人一种新鲜、超出预期的感受,所以反而引起关注。

就以上问题,笔者进行了问卷调查,了解了不同的批评主体、批评内容、批评阵地和批评形态的传播情况与效果,根据调查结果来看,有些结果与预想的有些差异,参见如下结论,具体详见本书附录一。

批评阵地与传播效果。根据调查结果,大学教师、研究生、本科生三个群体在选择批评阵地时做出了极为相似的选择。博客、微博、微信等新兴社交平台异军突起,凭借其庞大的用户量,成为网络翻译批评不可或缺的重要阵地;豆瓣、知乎等讨论组采用问答、留言的讨论形式,吸引了一大批专业人士,提问者与回答者之间形成良好的互动,从而也拥有了一批数量不少的稳定用户;而相对传统的网络翻译批评阵地,如网站和BBS/论坛,则逐渐式微,用户活跃度不高。但也有与预期不一样的,被调查者中认为可信度最高或传播效果最好的网络翻译批评阵地首先是BBS/论坛和翻译网站,而拥有庞大用户基数的社交平台以及专业性较高的讨论组则排在其后。虽然初看这一结果,似乎与前面关于参与度的调查结论相左,但仔细想来,BBS/论坛和翻译网站这些传统网络阵地虽有式微之势,但毕竟经年运行,在成熟性和可信度方面较新兴阵地有一定优势。

批评主体与传播效果。根据调查结果,"权威"效应在网络翻译批评的信任度方面影响非常明显,大家普遍比较信赖专家、名人或权威等"意见领袖"。在互联网的海量翻译评论中,人们很难亲力逐一甄别良莠,而带有"名气"或"权威"标签的意见往往具有较高价值,更容易为人们所接受。因而,虽然网络上"唯名不唯实"的现象比较突出,但也不失为一种高效的方法。

批评形态与传播效果。根据调查结果,不同的批评形态在网络翻译批评中所产生的传播效果不同。通过调查,我们可以发现,被调查者认为传播效果较好的批评形态主要是"话题讨论"和"专题探讨"。这两种形态都属于互动性较强的批评形态,可以在网络上调动网民的参与积极性,因而传播效果也会相应增强。

　　批评内容与传播效果。根据调查结果,在所列出的选项中,"语言幽默、个性鲜明"得到了大多数受试者的青睐,说明在网络上,语言仍然是吸引和影响受试者判断的主要因素。其次邀请职业批评者参与的专题探讨也是能够得到更多认可的选项,说明受试者对于职业批评者的专业性更加看重,这一点也和前面对于批评主体的可信度选项相符。

第六章　网络翻译批评标准

　　翻译批评标准是翻译批评中非常重要的研究内容,学理上,无论是对于传统的经验性的、文学性的翻译研究,还是对于以严格的现代语言学为基础的翻译"科学"研究,翻译批评标准都紧紧围绕着翻译的几个要素展开。实际上,在对翻译作品进行评价的时候,通常有社会、学术、行业规范三类标准,这三类标准或者重合,或者有不同的侧重,或者有自己的特点。由于网络翻译批评价值多元性的特点,网络翻译批评者究竟是以什么样的多元标准进行评价? 在网络翻译批评中这三类标准是否得到体现? 其自身特有的标准有哪些,这些评价标准又该如何认识? 它们对翻译活动有什么影响? 又该如何引导和规范? 对网络翻译批评标准的研究还将为翻译标准研究提供新的视角,新的思路。

　　许钧认为,翻译活动可以大致分成意愿、现实和道德三个层面,即"要怎么译""能怎么译"和"该怎么译"。[①] 翻译的意愿层面,是通过翻译意欲达到的效果、翻译特定的目的和要求。翻译的现实层面,指的是某一特定历史阶段,在不同文化背景下,两种不同的语言符号系统相互转换所提供的客观的"可能性"。换句话说,就是翻译的可行性。翻译的道德层面,也就是贝尔曼所说的翻译的道义,主要涉及翻译活动在道德上的界限。笔者认为翻译批评标准可以分为理想、现实和规范三个层面。即"要怎么评""是怎么评"和"能怎么评",也就是说,翻译批评的理想标准即我们说

---

① 　许钧. 论翻译活动的三个层面. 外语教学与研究,1998(3):49-54.

的专业标准，主要涉及翻译活动所应达到的标准和对其进行的科学解释。翻译批评的现实标准即网络上所呈现的对翻译活动的态度和批评，这也是批评的原生态表现，体现了翻译活动的社会性。翻译批评的规范标准指的是根据翻译活动的情况在实际活动中所依据的规范。

第一节　翻译标准和翻译批评标准

一般来说，标准是由一个公认的机构制定和批准的文件。它对活动或活动的结果规定了规则、导则或特殊值，供共同和反复使用，以实现在预定领域内最佳秩序的效果。正如《译学大辞典》对翻译标准的定义为"指翻译活动必须遵循的准绳，是衡量译文质量的尺度，是翻译工作者不断努力以期达到的目标"[①]。就对翻译标准的认识而言，在规定性研究占主导的阶段，人们对"翻译标准"认识趋于单一，倾向于只有一种理解和解释，比如信达雅、对等。后来，随着翻译研究的深入，翻译标准就不仅只有一种含义，而是区分为不同的情况。有人认为，翻译标准是一种价值，如果将翻译标准定义为一个固定的尺度，实质上无异于否认了标准，因为没有任何单一固定的标准可以解释不同译者迥然相异的主观性。[②] 对于翻译标准与翻译批评标准之间是否应有所区别，多位学者表达了自己的观点，杨晓荣认为，翻译标准与翻译批评标准有所区别，但又经常被当作同一个问题来看，即翻译批评标准依据的就是翻译标准。如果以"衡量事物的准则"作为"标准"这个词的基本内涵，翻译标准目前的定义大致可以涵盖三个方面：其一，与翻译作为市场产品的质量相联系的国家标准、行业标准，具刚性、统一性和强制性；其二，与翻译策略、方法相联系的翻译原则、翻译规范或常规，具指导性、导向性，特别是具有弹性，即兼顾性、相对性和对应性；其三，与译作研究相联系的翻译评论价值观。[③] 通过这里所

① 方梦之. 译学辞典. 上海：上海外语教育出版社,2011：23.
② 余东. 虽不能至,心向往之——关于翻译标准的思考.中国翻译,2005(6)：15-19.
③ 杨晓荣. 翻译批评导论. 北京：中国对外翻译出版有限公司,2005：11-12.

做的区分,我们可以看出,其一指的是行业标准,其二指的是译者的实际操作标准,其三指的是翻译批评者的标准,这三个方面赋予了翻译标准多层含义。肖维青认为,翻译批评标准,顾名思义,指的是批评者在翻译批评活动中所遵循的原则和标准。她认为译者标准/翻译原则、翻译标准基本上是一件事,二者虽有重合之处,但翻译标准和翻译批评标准仍有所区别。① 周领顺认为,不可以一定的翻译标准为准绳,翻译标准和翻译批评标准有本质的不同。②

笔者认为,将翻译标准和翻译批评标准区分开来才能够更好地解决目前对于如何提高译文质量这一问题的困惑,避免混淆译者、读者和批评者的标准,只有将译文质量这一要素与其他和翻译活动相关的要素分开,才能更好地满足不同的需求。二者主要有以下几个方面的区别:首先,在术语的使用上,中国的翻译理论研究一直把"翻译批评的标准"与"翻译(的)标准"视为同一物。而西方术语界限比较明确:后者用 translation principle,前者有 evaluation criteria、standard/criteria of quality 或者 criteria of assessment/evaluation。③ 其次,两者的主客体不同。翻译标准的主体是译者,翻译批评的主体则不仅是译者。翻译标准是围绕译文所提出的标准,也是译者应该达到和想要达到的标准,但翻译批评标准是批评主体对批评客体进行批评时依据的自己所持有的标准。由于批评主体可以是专家学者,也可以是译者、读者和其他人员,他们对翻译标准的设定和理解并不相同,如读者更加关注译文的通顺流畅,专业批评者更加关注信息的完整传递等。翻译批评的客体则既包含文本,也包含文本外与翻译活动相关的各要素,如翻译过程、译论、翻译活动的环境等等。再次,翻译标准和翻译批评标准的作用不同,翻译标准主要是为了能够给译者提供可以遵循的规则,翻译批评标准则更多的是对翻译活动进行剖析,对翻译活动进行全方位的审视。

---

① 肖维青. 翻译批评模式研究. 上海:上海外语教育出版社,2010:132.
② 周领顺. 翻译批评上的三"不". 第三届全国翻译批评高层论坛,2019.
③ 胡德香. 中西比较视野下的翻译批评. 山东外语教学,2004(5):102-105.

第二节　翻译批评标准的参数体系

翻译过程中究竟会涉及哪些相关因素,它们在什么情况下,在多大程度上、以何种方式、对翻译标准的形成和实现起着什么样的作用呢? 考虑到翻译活动本身涉及方方面面,并且几乎是无限开放性的,要全面说明这些相关因素就是一项"不可能完成的任务"。① 一部作品的产生主要有作者、作品、读者和世界四个主要要素,那么对于翻译作品来说,一个译品从产生到被接受的过程通常主要包含原作、原作者、译者、读者、译作、世界这六个主要组成部分,根据一部作品所涉及的要素来进行系统划分,可以分为文本、社会文化以及翻译三个层次。文本方面包括了语言和文学两个层面,如美的标准、语言的规范、文学性等,如许渊冲所提的"三美"理论以及奚永吉的比较审美研究等。社会文化方面包括翻译政策、目的和功能、社会价值、接受度、出版社、意识形态等,比如,由于人们处在复杂的社会环境中,在从事翻译时,势必要面对各种非翻译学术性的社会因素,以至于有时要对译文做一些变动和调整。这里有几种情况:一种是译者本身有意识的行为,一种是适应出版者的要求,还有一种是受国家法规和国情等的制约。② 翻译方面包括翻译标准、翻译方法、翻译策略、译者的伦理道德等。翻译标准和翻译方法随着时代的变化也在发生着变化。

在翻译过程中,关于翻译标准的制约因素有多位学者做过分析。如果说之前把标准当作是一把标尺的话,那么如今人们更认为翻译是人的社会实践,任何实践都是动态、充满变数的。在波波维奇看来,翻译是一种"元交际"过程,作者、读者、批评家或翻译家对原文文学文本的操纵和特别处理都成为可能。③ 因此,翻译的等值和差异、忠实与自由都取决于

---

① 　杨晓荣. 翻译批评导论.北京:中国对外翻译出版公司,2005:168-169.
② 　李景端. 翻译编辑谈翻译. 武汉:湖北教育出版社,2009:112.
③ 　Popovic,A. Aspects of metatext. *Canadian Review of Comparative Literature*,1976(3):225-235.

译者的审美意图。实际上,在进行翻译批评时所涉及的要素很多,翻译批评标准可以根据不同的视角制定出不同的参数或者参数体系。例如,李英垣将历史语境化、译者主体性和接受语境视作翻译批评标准的具体参数。[①] 姚振军认为,在认知翻译观的指导下,"识解"的"五要素"(即详略度、辖域、背景、视角和突显)和上述认知翻译批评主体的"两种属性"(个体属性与社会属性)可以作为认知批评的参照系。[②]

翻译批评发展的脉络非常清晰,经历了在批评方法上从鉴赏型和科学分析型向社会文化批评转变的发展趋势;从规定性向描写性转向的发展轨迹。对于翻译活动中涉及的六个主要要素——作者、原文、译者、译文、读者、世界的关注一直发生着变化,翻译批评的主要关注点也在不断发生着变化,下文主要梳理不同的关注点,并以此作为翻译批评的不同参数。

一、"对等"

很长一段时间以来,"对等"作为翻译的理想一直存在,如果把翻译看作是一种信息的转换,那么从原文到译文就可以达到信息的对等。如雅各布森从语言学、符号学的观点来解释翻译对等问题。他说,"在不同的语际中求得对等是语言的主要问题,也是语言学的主要问题"[③]。翻译的准确取决于信息的对等,翻译所涉及的是两种不同语言中的对等信息,翻译中除了传递表层结构外,还要传递语言的深层含义。翻译的等值问题是 20 世纪语言学派研究的中心话题,等值的定义是"在各自的语言中,有两个相同或者几乎相同的语篇功能的翻译单位,通过译者的翻译活动所

① 李英垣. 翻译批评标准新探——以历史语境化、译者主体性和接受语境为基本参数. 外国语言文学,2010(4):251-257.
② 姚振军. 认知翻译学视野下的翻译批评. 外语与外语教学,2014(2):15-19.
③ Jakobson,R. On linguistic aspects of translation. In L., Venuti(ed.). *The Translation Studies Reader*. London and New York:Routledge,1967:113-118.

形成的同一关系"①。而卡特福德则认为,翻译是将一种语言的文本材料,转换成等值的另一种语言的文本材料。② 之后奈达建立了对等原则,从"动态"到"功能",从广义上来说,奈达的"动态对等"和"功能对等"还是在强调信息的对等,并且重视译语读者的接受程度。之后的学者继续在不同侧面探讨对等问题,比如巴斯奈特、贝克等,这一问题是认识翻译实践、翻译研究和翻译批评的核心问题,即使其中也有自身的问题。如果翻译远不只是用不同语言的词汇和语法来进行替换,一旦译者不只考虑语言学方面的严格对应,问题就产生了:怎么来判断期望实现的对等层次?③

二、读者反应

当关注点从原文转向译文和读者时,阐释学、接受美学、信息论、交际理论、对话理论这一类重视接受者感受、重视双向交流的理论对翻译标准影响便变得巨大,解构主义甚至整个调转了翻译标准倚重的方向,认为原文是依赖译文而存活的。④ 之前的翻译标准主要关注的是作者和原作,完全忽视了"读者"的存在,更未意识到读者对作品的存在意味着什么。"从读者反应理论和接受美学考虑,衡量一部译作成功与否,主要看它在读者中产生了什么样的影响,看译文读者对译作的理解和接受情况。译作的效果也同读者对译作的评价紧密相连,译作的好坏依赖于读者的发现和领悟,译作的价值存在于读者的反应和评判。"⑤在翻译批评史中有不少强调译作效果的学者,如国外的学者奈达和国内的学者金隄,奈达从社会语言学和语言交际功能的观点出发,认为翻译必须以接受者为服务中心,要根据不同接受者的要求而对译文作相应调整;金隄则提出了等效论。

---

① Delisle,J.,Hannnelore,Lee-Jahnke & Corner,M.C. 翻译研究关键词. 北京:外语教学与研究出版社,2004:56.
② Catford,J.C. *A Linguistic Theory of Translation*. London:OUP,1965:20.
③ Bassnett. S. *Translation Studies*. London and New York:Routledge,2002:34.
④ 廖七一. 当代西方翻译理论探索. 南京:译林出版社,2000:80.
⑤ 杨平. 读者反应批评——文学翻译批评新视角. 北京第二外国语学院学报,2009(8):38.

三、翻译的目的和功能

赖斯将功能语言学及语言学引入翻译研究中,提出从功能角度对文本进行分类,以期实现更好地评估翻译。[①] 赖斯是目的论翻译理论的开创者。弗米尔则认为,仅仅依靠语言学不能解决翻译实践中出现的实际问题,翻译不仅仅是语言符号的转换,而且是一项非言语行为。[②] 目的论强调翻译的互动和语用特征,认为目的语文本的形式应当首先由功能,即由目的语语境中要达到的目的来决定。传统的翻译是译文与原文提供相同的信息,而目的论是根据目的语的要求,来解释所提供的信息。翻译本身是一个行为,而任何文本本身是有目的的。目的论将翻译看作是一种基于原文的文本处理过程,原文的地位不再神圣不可侵犯,而仅仅是译者采用的多个信息来源之一。翻译目的论强调,译者在翻译活动中起着积极的作用,译者能够根据不同的目的选择相应的翻译方法和策略。

四、外部要素(权力、意识形态、政治)

当翻译研究的关注点渐渐从语言内部向外部转移时,翻译界开始重新思考翻译的内部与外部的关系,或者从外部关照内部研究,相关的权力、意识形态、政治、性别等要素都成为可以左右翻译活动的重要因素,由此产生了很多相关翻译理论。比如,佐哈尔的多元系统论,韦努蒂的文化翻译观,西蒙的女性主义翻译理论,巴斯内特的文化转向,勒菲弗尔的操纵学派等。这些理论都从翻译的外部来看待翻译,并对翻译内部所产生的影响来进行探究。作为翻译批评的参照系,这些方面也为翻译活动提

---

① Reiss,K. Type,kind and individuality of text:Decision making in translation. In L.,Venuti (ed.). *The Translation Studies Reader*. London and New York: Routledge,1967:160-171.

② Rermeer,H. J. Skopos and commission in translation actor. In L.,Venuti (ed.). *The Translation Studies Reader*. London and New York:Routledge, 1967:221-232.

供了多维的视角,大大拓展了翻译活动关注的范围,成为考察翻译活动的各个参数。

五、规　范

有的学者认为,翻译是一种选择,正如列维早在 1963 年《论文学翻译》一文中就指出,译者在翻译决策过程中起着重要作用,译者的任务就是通过不同的决策和手段,来传递文学作品的艺术感染力。在翻译的决策过程中,译者可以根据原文和译文的需要,增加或减少决策步骤。① 既然选择不是绝对任意或预先决定,那么促使译者做出某一决定的原因是什么?除了纯粹的主观意愿之外,译者必须受源语文本和译入语文本的规范或习俗的制约,化解其中的冲突。图里从行为主义的角度探讨翻译规范。图里所提出的翻译规范是翻译能力和翻译实践行为之间的中介,翻译能力指译者所拥有的所有可能性,而翻译行为则是译者在种种制约因素的左右下,做出的实际抉择。图里较早地对翻译规范作出分类,他区分了三种翻译规范:初级规范,起始规范和操作规范。② 切斯特曼深受图氏理论的影响,似乎更注重起始规范和操作规范,或许因为这两种规范与翻译产品和行为本身密切相关。他把影响翻译产品和行为的规范也划分为两类——期待规范和专业规范。③

六、翻译活动的社会性

"注重翻译的社会价值,是由翻译活动的社会性所决定的,主要体现

---

① Levy，J. Translation as a decision process. In L.，Venuti（ed.）. *The Translation Studies Reader*. London and New York：Routledge，1967：148-159.

② Toury，G. The nature and role of norms in translation. In L.，Venuti（ed.）. *The Translation Studies Reader*. London and New York：Routledge，1967：198-251.

③ Chesterman，A. Description，explanation，prediction：A response to Gideon Toury and Theo Hermans. In C. Schaffner（ed.）*Translation and Norms*. Clevedon：Multi-lingual Matters，1999：90-97.

在它对社会交流与发展的强大推动作用。"①翻译研究日益成为社会活动的一部分,使得社会学视角下的翻译研究日益成为热点。胡牧认为,综合社会(学)理论的研究视域和系统知识,可以从社会需要、社会认识、社会选择、社会操控、社会接受与传播、社会批评与评价、社会效果出发,解释翻译活动涉及的诸多因素,解释翻译活动的始末,证明翻译活动每个环节体现出的社会性。② 就如许钧所说,对于翻译标准的认识不在于评定其正确或错误,也不在于区分其先进或落后,而在于明确任何形式的翻译批评,无论出于何种需要和目的,都应该在一定规范性的基础上充分考虑翻译观念、翻译价值、时代感、社会性等多种要素。③

七、伦　理

就对翻译伦理的认识来说,其内涵发生了很大的变化,翻译伦理研究范畴也在逐步扩大。朱志瑜认为翻译伦理研究针对的是翻译中的人际关系,其研究任务主要是翻译活动参与者应遵守的规范和责任。④ 吕俊、侯向群认为,翻译伦理学的理论源头在哈贝马斯的交往伦理学。⑤ 杨洁、曾利沙建议,翻译伦理研究一定要跳出译者视角的局限,扩展研究体系。翻译活动是一种社会交往活动,是翻译主体间的对话,涉及主体间关系的处理和协调。⑥ 换句话说,翻译是在包括委托人、译者、读者、评论者、政府管理部门等多个主体因素共同作用和相互协调中实现的。要建立有效的翻译伦理体系,必须拓宽研究维度,把翻译活动所涉各方都纳入翻译伦理学研究范畴。

---

① 许钧. 翻译论. 武汉:湖北教育出版社,2006:380.

② 胡牧.翻译研究——一个社会学视角. 外语与外语教学,2006(9):48-55.

③ 许钧. 翻译论. 武汉:湖北教育出版社,2006:300-301.

④ 朱志瑜. 翻译研究:规定、描写、伦理. 中国翻译,2009(3):5-12.

⑤ 吕俊,侯向群. 翻译学:一个建构主义的视角. 上海:上海外语教育出版社,2006.

⑥ 杨洁,曾利沙. 论翻译伦理学研究范畴的拓展. 外国语,2010(5):73-79.

第三节　翻译批评标准的历史演变

一、二元—多元—动态

在翻译研究的语文学阶段,译者和批评者关注的都是文本,那时,经常提到的是寻找唯一的、客观的标准,正如 20 世纪 50 年代,董秋斯在《翻译批评的标准和重点》一文中指出,翻译批评的根本困难之一是"没有一个公认的客观标准"①。那时被当做翻译标准的有严复所提出的"信、达、雅",傅雷的"神似",钱锺书的"化境",刘重德的"信达切",许渊冲的"三美"等,而国外的标准则有泰特勒提出的"翻译三原则"以及奈达的"动态对等"等。在这一阶段翻译标准和翻译批评标准是一致的,因为这时翻译界对于翻译的认识还仅仅局限于两种语言的转换。

这一问题随着对于翻译认识的深入、哲学思潮的到来而发生衍变,翻译界逐渐认识到追求本质主义的终极意义和唯一标准是不可行的,唯一的标准只存在于理想之中,不能成为批评者所追求的目标。辜正坤在其《翻译标准的多元互补论》一文中谈到,由于翻译具有多重功能,人类的审美趣味具有多样性,读者、译者具有多层次性,翻译手法、译作风格、译作价值因而势必多样化,而这一切最终导致具体翻译标准的多元化。翻译的标准系统构成方式是:绝对标准(原作)—最高标准(抽象标准,最佳近似度)—具体标准(分类)。② 随着解构主义的到来,二元对立的倒塌,翻译标准的唯一性也随之坍塌,国外学者赫姆斯提出了多元系统论,图里提出了规范论等,国内的学者王东风解构了"忠实"并反思了"通顺",杨晓荣提出翻译标准的多元和动态的观念等。更多的学者认为翻译标准处于一个动态的系统之中,同时,对于翻译的认识也有了根本性的改变。翻译并不

① 转引自:陈福康. 中国译学理论史稿. 上海:上海外语教育出版社,1992:363.
② 辜正坤. 翻译标准的多元互补论. 中国翻译,1989(1):16-20.

是简单的语言转换,而是一个选择的过程,需要将翻译放在更大的社会文化语境下去考察。

二、翻译批评的文本内—文本外—回归文本

20世纪后期,奈达在乔姆斯基的转换生成语法理论基础上,构建了自己的科学翻译理论。在结构主义阶段,最初所进行的批评主要局限于文本,用语言学理论对原文和译文进行各个层次的对等考察,如许钧的翻译层次说、吴新祥和李宏安的翻译层次说、刘宓庆的翻译层次说等。再之后,随着解构主义的到来,翻译研究进入后现代阶段,不仅发生了文化转向、伦理学转向、社会学转向,还出现了女性主义翻译批评、后殖民翻译批评等,翻译研究转而考察文本外的要素。翻译批评所考虑的就如前文所述,包括了更多的内容,更加注重考察文本所受到的各种外在因素影响,如翻译时文本中体现的权力、意识形态、译者的伦理、目的语文化等。

在后后现代主义阶段,人们对翻译批评过多关注外部因素的现象有所反思,翻译研究学者开始强调回归文本,如吕俊主张运用布尔迪厄的"双重解读"策略来对待拟译文本的语言与文化关系问题,指出文化研究属于文本的外部研究,而语言研究才是内部研究,是翻译研究的本体。[①]谢天振则提出,要仔细辨清翻译本体和翻译研究本体两者的关系。[②] 如果说翻译的本体是指翻译过程中两种语言文字的转换过程本身,那么翻译研究的本体除了语言文字转换过程的本身之外,必然还要包括翻译过程以及译者、接受者等翻译主体和翻译受体所处的历史和文化语境以及对两种语言文字转换产生影响和制约作用的各种文本以外的因素。这种回归翻译本体,回归语言学层面探讨翻译现象,意图提高翻译质量的观点受到注重翻译实践层面的研究者、译者和读者的欢迎。

---

① 吕俊. 论翻译研究的本体回归——对翻译研究"文化转向"的反思. 外国语,2004 (4):53-59.
② 谢天振. 翻译本体研究与翻译研究本体. 中国翻译,2008(5):6-10.

三、静态—动态—系统化

在第一阶段,翻译批评发生在文本内,关注的是原文与译文信息的对等,从而以对等作为批评标准的参照,不管是什么类型的文本,不管是什么样的情况,都设法以这样固定的标准来衡量译作,形成了一种静态的批评。在这个阶段,批评者都认为,设定的标准就在那里,不会改变,这个阶段反映了结构主义语言观和翻译观。而之后,随着对翻译的认识越来越深入,翻译活动的复杂性得以不断呈现,进入了翻译批评的第二阶段,人们转而认为翻译批评需要根据不同的情况制定不同的标准,比如赖斯采用文本类型的分类方法进行动态的翻译批评,再如周领顺教授提出的译者行为批评理论。行为批评视域的研究属于语境研究,关注翻译外因素,也不忽视翻译内因素,是基于译者行为的合理度而在翻译内外两个层次对译文质量所做的动态评价。翻译活动的多面性促使翻译批评进入第三阶段,那就是对翻译作品进行系统的评估,建立翻译批评的标准体系,从而使翻译得到全面的审视。

第四节　翻译批评标准体系的多层级构建

德国功能主义学派的领军人物赖斯在《翻译批评:潜力与制约》一书中提出,翻译批评的目的是要建立一个全面的、客观的翻译批评与评估模式。[①] 翻译批评能否客观,是否因人而异,同一篇译文是否会由于不同的批评主体而产生截然不同的评论,这些问题一直受到翻译批评界的关注。为了使得翻译批评更加客观,避免出现千人千面的现象,学术界一直在进行使之客观的努力,但是想用一个标准来衡量所有的翻译活动和翻译现象,这显然又是陷入了本质主义的窠臼。随着翻译批评范围的扩大,评价

---

① Reiss, K. *Translation Criticism*: *The Potentials & Limitations*. Shanghai: Shanghai Foreign Language Education Press, 2004: 4.

视角的不同,评价主体的变换,评价媒介的不同等变化的出现,进行翻译批评时根据不同的情况、不同的批评目的就会形成不同的评价。批评主体需要把翻译批评系统中的多个制约因素考虑进去,进而从多个维度对其进行定位,实现对批评客体的全面把握和展示。这些不同维度的翻译批评标准构建成一个体系,从而为各种情况找到相应的位置。

肖维青从三个方面来构建翻译批评的标准体系:道德标准、行业规范和学术尺度。① 前文提到,就现实世界的翻译活动来看,可区分为要怎么评——学术层面上的理论探讨(理想层面的探讨),能怎么评——翻译产业的行业标准(实践层面的可操作性标准),是怎么评——社会层面的翻译标准(翻译效果的衡量)。学术层面上的翻译批评活动是就学理上的探索,而行业标准是社会上的翻译行业所遵循的标准,社会层面的翻译标准则是作品在社会产生的效应和社会需求的反映。这三个层面的翻译批评标准可以使得我们在谈论翻译批评标准时能够分清不同的需求,避免将学术层面的批评与行业规范及社会标准混淆,从而招来翻译批评标准不切实际,操作性不强以及没有实际指导意义等这样的批评。每个层面的翻译批评标准都有其存在的必要性,而且发挥着不同的、不可取代的作用。

一、学术翻译批评标准

学术翻译批评标准指的是在学理上进行探讨,专业批评者通常不会受到一时的现象、一个时期的翻译活动的左右,而是从翻译活动的本质属性、翻译学科的特点出发所进行的研究,探求的是共同的、规律性的特点。翻译作品应该达到什么样的标准,是一个经久不衰的问题,仍然是盘亘在翻译批评界,并且长久令学界困惑的问题。

(一)求真的理想标准

西方的"忠实"和中国的"信"这一标准虽然已经被解构,但这一虽不

---

① 肖维青. 翻译批评模式研究. 上海:上海外语教育出版社,2010:153-181.

能至心向往之的标准却是每个译者的理想,也正如王东风所说,"译者的认知过程不是虚的,而是在不同类型文本的词、句、篇章、文化、审美、修辞、逻辑、文体等层面上很具体的操作过程。在每一层面取得的相对'忠实'都会给他带来不同程度上的成就感,激励着他不弃不舍,向着尽善尽美的译文尽量接近,而'尽可能地接近'是完全可能的"①。而时至今日,不管是何种类型的文本,批评的主体是谁,"信"仍然被奉为圭臬,虽然批评主体对"信"的内涵有各自的理解,但它却仍能成为评价译作公认的一条准绳。这是因为如果脱离了"信",那么翻译的本质属性也就变了,就不称其为翻译了。

换句话说,"是否忠实"仍是目前评价一部翻译作品时无法绕开的问题,在翻译标准走向多元时,对翻译作品的批评并非无章可循,不确定性中仍然存在确定性。"不确定性并非指否定一切确定性,而是指文本的开放性和主体性的多元化,在不确定性中有相对稳定的要素可以重复,可以典籍化,但在确定性中又蕴含着变化的力量。在意义本源、语境和连贯以及文化拓扑结构这些要素的共同作用下,概念网络中的意义可以得到基本确定。"②正如对意义的把握一样,翻译批评标准也是如此,翻译批评中往往会明确翻译作品应该达到什么样的标准,从哪些方面来衡量。翻译批评可分为两种,规定性的和描写性的。规定性的翻译批评,是对译作文本是否与原作文本在各个层面上相符的判断,这是一般意义上的翻译批评,具备较强的客观性。规定性的翻译批评研究需要为批评者提出翻译标准,不管是从什么角度进行翻译批评,都需要给予译者一个方向,也就是应努力达到的理想翻译标准。正如辜正坤所说,翻译的绝对标准就是原作本身。翻译的最高标准是最佳近似度,最佳近似度指译作模拟原作内容与形式(深层结构与表层结构)的最理想的境界。要判断最佳近似标准近似到何种程度,只有向原作(绝对标准)看齐才能知道。绝对标准虽

---

① 王东风. 解构忠实——翻译神话的终结. 中国翻译,2004(6):3-9.

② 王一多. 译学视域内不确定性中的确定性. 外语研究,2012(6):76-80.

然永远不可企及,但最高标准可以尽量靠近它,即译作尽可能靠近原作。①
描写性的翻译批评则是为各种各样的翻译作品进行描写并进行解释,如
为其寻找历史、文化、社会、美学等方面的原因,说明其具有的文学或美学
意义等。

(二)翻译理论体系

在现实的翻译活动中会出现各种可能与理想翻译有所差别的情况,
比如有的翻译并未达到传统意义上的翻译标准,但是译文却得到了读者
的喜爱并且流传甚广,这种情况就需要有学术翻译批评标准对其进行解
释,也就是从各个参数入手对文本进行全方位的审视,以避免出现过于主
观或者过于理想的批评。正因为有完善的翻译理论体系,翻译活动才能
得到更加理性的解释和观照,从原文、读者、译者、作者、译文多个方面去
考察翻译活动,衡量翻译作品,从而推动翻译事业的健康发展。

二、行业翻译批评规范

翻译行业的批评规范主要是指翻译作为产品出版或者提供翻译服务
时所设定的规范,通常由出版社或者有关部门制定并实施。这些规范主
要是便于行业从业者遵守,为从业人员提供可以操作的行动指南。

(一)出版社的出版规范

为了进一步规范和提高我国学术著作的出版质量,原新闻出版总署
于 2012 年 9 月下发了《关于进一步加强学术著作出版规范的通知》(以下
简称《规范》),在学术著作的内容把关,选题论证,引文、注释、参考文献、
索引等技术规范以及编校人员的资质等方面作出了明确的规定。2013 年
12 月 11 日,译林出版社专门拟定《译林社学术著作翻译注意事项》,根据
翻译类学术著作的特殊情况,从各方面作出详细规定。北京大学出版社
的《著译者规范手册》中提到翻译稿应正确表达原意,注意译文的通顺,要

---

① 转引自:杨自俭,刘学云. 翻译新论. 武汉:湖北教育出版社,1999:263-266.

符合中文语法习惯。商务印书馆的《学术译著出版规范》中对于翻译规范从六个方面进行规定：基本原则、专有名词与学术术语的翻译、对文献的翻译处理、索引的翻译、特殊标识的翻译、标点符号。其基本规则如下：译文应忠实于原文并表述准确，符合现代汉语的使用规范。

从以上谈到的出版规范来看，出版社的行业规范仍未能解决相关问题，显然规范问题没有得到充分重视。首先，出版社在挑选翻译作品和译者时，往往并没有什么严格的程序，对于不同类型、不同风格的作品应该如何选择合适的译者，专业书籍是找相关专业的人士还是外语专业的人士来翻译，还是有其他方法解决等问题也没有明确的解决方案；其次，目前在出版质量受到质疑和诟病的时候，我们并未看到出版社制定出相应的规范来促使译者遵循，从而提高翻译作品的质量。正如译林出版社前社长李景端所说，"出版社削弱乃至放弃了翻译质量把关，长期以来，我国一些专业的翻译出版社都配有必要的外文编辑，承担着审订翻译质量的任务，遗憾的是，现在许多出翻译书的出版社，都把这项好传统丢掉了。许多社根本没有外文编辑，他们借口译者'文责自负'，放弃译文质量把关，有的连编辑也承包给译者，以至有时翻译书内容和质量受到批评"[①]；再次，对于作品的复译、抄袭等情况并未给出清晰的标准。李景端曾总结引进版图书现状中存在的问题：一、选题引进缺乏充分论证，翻译结构逐利失衡；二、翻译质量下滑，重复出版严重；三、抄袭屡禁不止，盗版依然猖獗；四、评论缺失，导向声音薄弱；五、翻译出版资质缺乏监管，市场竞争不讲诚信。[②] 从以上这些问题可以看出，仍然亟须给予出版规范足够的关注，主要应该包括以下几方面内容：选题规范、翻译质量规范、重译规范和翻译评论规范等。

（二）翻译行业规范

翻译作为语言服务行业提供的服务内容已经成为不争的事实，比如

---

① 李景端. 翻译编辑谈翻译. 武汉：湖北教育出版社，2009：120-121.
② 李景端. 翻译编辑谈翻译. 武汉：湖北教育出版社，2009：117-123.

笔译、口译、本土化等,而且翻译行业的最大特征是其高度分散性,小型企业和自由职业译者人数猛增,这就越发需要制定行业规范来约束和管理这一新兴的服务行业。行业规范主要分为国家标准和行业标准。国家标准方面,在中国翻译协会(中国译协)与中国标准化协会的合作和推动下,我国第一部翻译规范国家标准于 2003 年出台,《翻译服务规范第 1 部分:笔译》(Specification for Translation Service-Part 1:Translation):中华人民共和国国家标准 GB/T 19363.1-2003(中华人民共和国国家质量监督检验检疫总局 2003 年 11 月 27 日发布,2004 年 6 月 1 日实施)。中国译协与中国标准化协会继而联合制定了第二部国家标准《翻译服务译文质量要求》(Target Text Quality Requirements for Translation Services):中华人民共和国国家标准 GB/T 19682—2005(中华人民共和国国家质量监督检验检疫总局 2005 年 3 月 24 日发布,2005 年 9 月 1 日实施),这一标准旨在提供一个评判译文质量的标准,以翻译服务译文的使用目的为基础,综合考虑时间、难度等关联因素,创造性地提出了“综合差错率”的概念以及一个量化的评判指标。国际上,欧洲有《欧洲翻译服务提供商质量标准》(BS EN-15038 European Quality Standard for Translation Service Providers),美国有《笔译质量标准指南》(ASTM F2575-06 Standard Guide for Quality Assurance in Translation)以及《口译服务标准指南》(ASTM F2089-01 Standard Guide for Language Interpretation Service)。

影响译文质量的因素主要有译者的语言驾驭能力、专业知识结构、工作经验和经历、翻译时限等。《翻译服务译文质量要求》就译文质量的基本要求、翻译译文中允许的变通、译文质量评定作出规定。首先,规范了译文质量的基本要求:分别要求译文忠实原文,术语统一,行文通顺,强调“信达雅”是译文质量的基本衡量标准。其次,规定译文质量的特殊要求:分别就翻译过程中最常见的数字表达、专用名词、计量单位、符号、缩写、译文编排等提出了处理规范。同时规定了对译文质量的其他要求,就翻译服务译文中常见的需要特殊处理和表达的若干问题提出了变通处理办法。另外,还提出以译文使用目的作为译文质量评定的基本依据,对译文质量要求、译文质量检验方法制定了规范性标准。行业规范中比较有代表性的有 LISA QA Model,SAE J2450 和 Multidimentional Quality Metrics(MQM)。本地化行业标准协会(Localization Industry Standards Association,LISA)提供的服务包括制定本地化行业标准和质量保证规范,将译文质量分为语言与格式两个维度。SAE J2450 由汽车工程协会(Society of Automobile Engineers)制定,该标准在国外汽车行业和大型翻译公司中得到了广泛应用,特别是在术语很重要的某些专业领域。该标准将译文错误分为七个类别。多质量评估指标(Multidimentional Quality Metrics,MQM)是欧盟资助的 QTlaunchPad 项目成果,2014 年由德国人工智能研究中心发布,最初目的是评价机器翻译质量,它整合了各种翻译评价标准,像一个错误分类库。从上面的国家标准和行业规范的内容上看,可以发现行业规范主要是基于错误所制定的标准,和前面提到的学术翻译标准不完全相同,也更容易为译者所遵循,可提供更多的具体指导和对译文质量进行量化评定。

三、社会评价标准

社会评价和标准指的是在翻译实践中,翻译过程终端即翻译产品的接受方所做出的反应。任何一部翻译作品出版后,都会出现与之相关的评价,评价的方式主要有发行量、在各种媒介上对其进行的评介等。历史上,很多作品的社会接受效果并非如预料一般,甚至是完全出乎意料。比如,鲁迅采用直译的翻译方法进行翻译,尽管其主张是为了推进白话文运动,但是这一做法并未受到读者的认可,其所译书籍只卖了几本。而另一位译者林纾尽管并不通晓外语,但是由于其优美的文笔,流畅的叙事风格而广受读者喜爱。同时,有的翻译作品在出版后得到的评价褒贬不一;有的翻译作品在源语国家并未产生多大影响,但在译入语国家却给读者带来了巨大的思想变革;有的翻译作品不仅有多个语种版本,甚至还被改编为电视剧、电影、戏剧等。因此,在对一部翻译作品进行评价时,社会给出的反响是我们必须重视的,它有时超出了学理上的思考,给予我们新的思路。笔者把社会评价分为社会批评与评价、社会影响与效果、社会接受与传播三个方面。

（一）社会批评与评价

一部作品出版后,都会受到或多或少的关注和批评,读者会在各种媒介上对其进行评介,比如电视广播、报纸、期刊、网络等。借由大众媒体,社会上的评价传播范围广,影响程度深。尤其是网络的出现,它可以迅速使得一部作品在社会上引起巨大的反应,并产生相应的后果。比如,前文提到的冯唐翻译的《飞鸟集》所引起的巨大争议。而社会评价在国际翻译界也得到了充分的重视,安乐哲在接受访谈时也承认,在美国,除了翻译评论之外,没有什么政策能够影响译者的选材和翻译策略。因此,国内学者必须高度重视国际译评。考察译作在接受语境中的阅读情况,就应时刻关注那些发布于权威平台、具有广泛影响力和巨大号召力的国际译评,深刻领会体现其中的情趣、品味、标准及期待。中国学者可以利用"读者来信""跟帖"等形式回应这些译评,然后逐步争取在这些平台上就如何理解、欣赏作品在接受体系内所具有的相关性及艺术价值,直接诉诸欧美读书界。① 以不同形式出现的批评和评价都是对作品最真实的反应,这些反应有些并非有理有据,而是一种直观的感受,但是这些批评和评价是一种客观的存在,是翻译批评在现实世界的体现。

（二）社会影响与效果

在评价一部作品时,若只根据社会批评和评价来评价一部作品,可能会失之片面,所以,在社会影响方面,可以通过很多具体的数据来表明一部翻译作品的接受效果和影响程度,比如:(1)发行和销量;(2)图书馆的借阅流通量;(3)学者的参考和引用;(4)译著的再版和修订。翻译作品在社会上的影响是翻译批评社会评价的主要衡量要素。这样的社会评价是

---

① 谭晓丽,吕剑兰. 安乐哲中国哲学典籍英译的国际译评反思. 南通大学学报(哲学社会科学版),2016(6):81-87.

可以通过数字来体现的,既可以让数据说话,但也不能完全依赖数据。这四个方面的数据可以在某种程度上体现作品的受欢迎程度和影响面,也是通过实证研究提供的可靠数据和事实支撑。

(三)社会接受与传播

一部作品经过译介来到不同的国家,由于文化的差异,所处的境遇可能截然不同,这可能与译作本身的质量毫无关系,而是由不同的社会选择、社会需要决定的。比如中国的文学经典作品在国外的接受程度不高,受众范围不广,而武侠小说、网络小说等非经典作品的外译却走在前列。"优秀的网络小说情节结合中国文化独有的武侠和现代元素,成功勾起了'歪果仁'的好奇和关注,也实现了中国文化的对外传播。大部分成功落地的外译工作还是多由外国读者在民间自行发起。"①这些现象都是进行翻译批评时所需要考虑的,既要考虑一部作品的接受程度如何,也要考虑受众方的需求以及其他社会因素,从而对一部作品给予全面的评价。

学术翻译标准、翻译行业规范和社会评价标准这三个标准构成了多层级的翻译批评标准体系,是目前在整个翻译活动中翻译批评所呈现的三种状态,三者缺一不可。虽然这三个标准在表面上似乎是分离的,但其实是彼此关联的。行业规范和社会评价是对翻译活动和翻译作品在现实中的真实反馈,学术翻译批评对行业规范和社会评价所产生的实际效果进行科学分析和理性思考。如果一味强调学术翻译批评,而忽视另外两个,那么就会使得翻译批评的效果受到质疑,而没有学术翻译批评的理性关照,行业规范和社会评价则会显得随性,但反过来说,没有行业规范和社会评价这两个方面的批评,学术翻译批评则会显得空泛,远离现实生活。正是在这样一个多元系统的翻译批评标准体系中,各种形态各司其职,构成了一个相互影响、相互作用的翻译批评生态圈。

---

① 见:微信公众号"语言服务基地"的文章《除了三生三世,中国网络小说外译其实走得挺前》。

第五节　网络翻译批评标准：
价值学理论为基础的评价体系

从学理逻辑上看，网络翻译批评仍然需要坚守人类赋予翻译的逻各斯原点，其批评标准应该有助于评判和构建翻译的人文审美价值和社会文化意义；同时，网络翻译的批评标准又必须切中"网络"和"翻译批评"双重背景下的创新，能够回应网络时代的发展和翻译问题。比如，除了传统的准确性与艺术性之外，网络翻译批评的评价标准还应该有读者层面、产业层面、技术层面的评价尺度。

网络翻译批评既有严谨的传统翻译批评特点，同时也有些自己随性随意的批评特点。这些都是网络翻译批评的组成部分，所以需要有一个可以统摄这些特点的评价体系。翻译批评标准体系中有自觉的标准与非自觉的标准、理性的标准与非理性的标准、稳定性标准与流变性标准的区别。自觉的、理性的、稳定性的评价是传统翻译批评中比较看重的，而网络翻译批评中所展示的那些非自觉的、非理性的、流变性的评价也可以带给人们很多思考，比如，网络翻译批评主体在进行翻译批评时做出的一时的、感性的批评，还有随着时间的推移而发生变化的流变性标准。

网络翻译批评标准既有理性的，也有感性的；既有稳定性的，也有流变性的。笔者认为基于价值哲学理论提出的翻译批评评价体系①（见图6.1)比较适用于网络翻译批评。

在这个体系中，价值并不是评价客体，它只是一种主客体之间的关系内容，它表征着客体属性对主体需要的满足，是客体能够满足主体需要的性质及其程度在评价主体意识中的反映。就翻译活动而言，批评者是评价主体，他所评价的客体是译文文本，只要译作在知识、道德伦理或艺术方面能够满足主体的需要（求知欲望的满足，道德伦理上受到教益，获得

---

① 吕俊. 翻译批评学引论. 上海：外语教育出版社，2009：53-63.

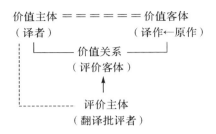

图 6.1　价值哲学视角下的翻译批评评价体系

审美愉悦而感到满足),对评价主体来说都是有价值的。

　　吕俊认为,美国哲学家斯蒂文森在其《事实与价值》一文中指出"对 X 是有价值的",这一表达式的正确理解应该是把它理解为一个含有空白的表达式,即:(1) X 对谁有价值;(2)在哪一方面有价值;(3)与什么相比有价值;(4)以什么标准衡量它有价值;(5)谁认为 X 对他有价值。① 网络翻译批评的标准也是如此,也许译作按照传统翻译批评的标准是不能登上大雅之堂的,但是因为它满足了主体的需要,所以这种类型的批评也是值得关注的。网络翻译批评之所以涵盖了更多的翻译现象和翻译活动,就是因为对评价主体来说,其评论的意义就在于其有价值。

　　根据这个评价体系,我们可以看到,网络翻译批评的内容都可以在其中得到衡量。首先,在价值客体方面,随着网络的引入和繁荣,翻译批评也发生了很大变化。最突出的表现是批评范围扩大了:(1)批评的对象包含了很多在传统翻译批评看来并不是经典的翻译作品和翻译现象;(2)译文批评从文学翻译扩大到各类不同文体的翻译,有些文体比如占星、科幻等在传统翻译批评中很少涉及;(3)翻译的形式从人工翻译扩大到机器翻译、人工智能翻译等。之所以这些价值客体都快速进入了网络翻译批评的范畴,正是因为其有价值。其次,翻译活动的主体批评、翻译活动的中介批评、翻译活动的中介形式批评、翻译活动的思想批评和翻译活动的环境批评都需要包含在批评的范畴内;网络翻译批评的一些自己独特的属

---

① 　吕俊. 翻译批评学引论. 上海:外语教育出版社,2009:59.

性,比如语言、形式以及审美方面在这样的评价体系内也可以得到充分的展示。下面根据网络翻译批评的特点,从以下几个维度来考量网络翻译批评的标准。

一、网络翻译批评标准的专业维度

在网络翻译批评中,其专业性和客观性一直广受质疑,实际上,在网络上进行翻译批评时,这两点其实也尤为重要,网络上的翻译批评并非就是随意的、没有约束的批评。好的翻译批评都需要具备专业素养。

(一)客观、真实、准确

客观、真实指的是在进行翻译批评时要秉持客观的态度,提供真实的数据,不带有个人的好恶和主观的色彩,呈现出带有批评精神的专业素养。在各种批评形态中,不管批评的是什么样的译作,根据什么样的批评标准,有一类批评是在批评活动中最为关注的,那就是对于翻译质量的无限推崇。因为网络翻译批评中以读者为批评主体,而读者最关心的就是翻译质量,所以,以翻译质量为核心的翻译批评体现着网络翻译批评的客观性。在网络翻译批评中,翻译质量成为网络翻译批评主体所关注的重中之重,这些批评主要是从正误、版本比较、语言规范等方面来衡量。具体来说,网络翻译批评中的这一部分批评主要是以忠实、通顺为其主要的评价标准。从内容上,既有对译文"正误性"的是非评判,也有对译文"准确性"的关注,还有对文体是否相符,语言是否通顺拗口的评价以及对形式上的完美追求等。

翻译质量和纠错是网络翻译批评中非常常见的问题。在知乎网的"翻译书籍"话题里,大多数的话题都在围绕翻译质量展开。在谈到翻译质量时,很多评价都是以好和坏为衡量标准,"哪些译者在儿童文学翻译上表现出色?""本杰明·格雷厄姆的《证券分析》,哪个出版社翻译的好?",这些好与坏的问题似乎并没有一个固定的标准,但是这一标准在很多人心中具有共同的特点,那就是对原文忠实、语言通顺。虽然根据不同的文本类型,翻译的要求略有不同,但在网络翻译批评中可以看出每个读

者心中都对不同文本类型的翻译标准有一个共同的要求,那就是准确。如下文所述:

> 一则新书的"翻译错误"被网友提出,随后在网上疯传,引发关于"神翻译"的批评。事情起源于一起翻译错误,一位名为顾建光的译者把《政治悖论》一书中的"an Irish gay and lesbian group"译作"一个爱尔兰家伙和一个黎巴嫩团体"。有学者将之称为2015年四大奇观之一,也有网友将这句翻译和常凯申、门修斯相提并论,并称为"神译三杰"。其中"常凯申"的典故出自《中俄国界东段学术史研究》,该书译者将蒋介石的英文Chiang Kai-Shek错译作常凯申,而门修斯出自《民族——国家与暴力》,书中译者将孟子的英文Mencius错译作门修斯。①

有关名著复译的质量批评在网络上是热点话题,呈现出一针见血、犀利辛辣的特点,对于版本之间的优劣从不委婉掩饰,而是直接刺耳。比如,"你认为哪个版本的《秋日》(里尔克)译得好?""哪个版本的《悲惨世界》(中文)翻译得好?"在对复译作品进行批评时需要注意的是:从一种语言转换为另一种语言时,有时是直接翻译过来的,有时是通过另一种语言转译的,这两种情况在进行批评时应有所区别,如《小王子》原著是用法语写的,但已出版的多个小王子版本却是从英文版翻译过来的。再如同一原文的几个语种的译本结合起来比较评价,如纳博科夫评论普希金的《叶普盖尼·奥涅金》的译本时就考察了其法语、英语和德语译本,得出的结论也更令人信服。②

网络翻译批评对于译文的语言质量要求甚高,是否符合目的语的使用规范是最低标准,更高的要求是对译本的文笔要求,如"哪些翻译让你感叹'语言是如此之美'?""有哪些美到极致的神翻译?"通过对译作语言

---

① 周怀京,李河."神翻译"还有什么值得敬畏.(2016-01-26)[2022-08-15].https://www.oktranslarion.com/news/twininfo45816.html.
② 胡德香.中西比较视野下的翻译批评.山东外语教学,2004(5):102-105.

的审视,可以更好地了解翻译之魅力,语言之魅力。

在网络翻译批评中,评分等级是一个非常值得推荐的批评方式,它指的是那些通过数字来体现的对作品的喜恶的方式,比如,读者通过各类网站提供的打分。网络翻译批评中还有以点评量体现的批评。比如在豆瓣读书或者 GoodReads 中对于每本译作几乎都能找到其相应的分数和点评的数量,从而可以对于翻译作品有个相对比较客观的评价。相比于当当、亚马逊的评分,豆瓣的评分受到读者的认可更高,而国外的 GoodReads 的评分更加可信。这些评分将给读者更多的指导和建议。笔者曾在知乎上看到有位网友说到,经常看到有人因翻译水准不佳而降低对图书的评分。个人认为,增设翻译评分有两点好处:一是更真实地还原读者对作品本身的认可度,方便还没读过的朋友选择读或不读。二是为多版本的译作提供评分对比,方便快速选择最佳译本。

(二)逻辑清晰、言之有物

网络翻译批评中也存在很多说理性强的翻译批评文章,比如在博客、知乎、豆瓣等形式的翻译批评阵地上的批评,这些文章与纸质翻译批评差别不大,通常是批评者经过认真梳理、仔细打磨,并给出了具体说明和论证的文章。虽然它们并未获得发表,但也能够获得一定的认可,尤其是那些有专业身份的批评者、译者以及知名人士。他们在自己的博客等阵地上贴出的文章已经成为研究资料的重要来源,而通过对文章的研读,可以发现这些文章主要具有以下几个特点:(1)能提出自己的观点,并且有依据,附带大量的案例分析;(2)提供较多译者、批评者以及编辑等的个人经验;(3)对原文和译文能够进行仔细的对比和分析;(4)文章主题非主流期刊所关注的内容,但学理性强,有说服力。

二、网络翻译批评标准的美学维度

网络翻译批评中有一类批评继承了中国传统文论的叙事特点,没有深厚的理论支撑,没有方法论的指导,而是凭借个人的感悟和自身的文学修养,这种批评一般以感性化的直觉为主,对批评者个人的语言能力和审美能力要求往高,不仅需要批评者即文章作者思维缜密清晰,能一针见血地指出涉及翻译的问题,还要在主观阐述中带有客观分析。如此的翻译批评,在强调客观、理性、科学的翻译批评环境下,网络是它们最好的归宿。事实上,翻译批评应该站在客观的立场上,但主观性的翻译批评文字不完全是主观随意的,而是根植于深厚的文化、哲学土壤,体现了独特的、潜在的逻辑结构的。无论是客观还是主观地进行翻译批评,只要建立在对翻译现象的认真梳理、严肃思考的基础之上,就必然具有一定的客观性。

如这篇题为"翻译与种橘"的博文:

> 橘生淮南则为橘,生于淮北则为枳,叶徒相似,其实味不同。所以然者何?水土异也。对翻译研究者来说,《晏子春秋·内篇杂下》里的这句话是很有意思的。……换句话说,这种差异是由环境的变化而造成的。做翻译其实不就和淮北人种橘一样?要想观赏,只要得其形则可;要想获得果实,恐怕很难得其形而又保留原来的滋味,因为"水二异也"。在翻译中坚持"异质"因素的往往是得其形,要说其滋味和原文相同,那纯粹是郢书燕说。留其形不失为一种译法,但是留其形而又奢望留其味则有些蛇吞象之嫌。对此,我国前辈学者是有清醒认识的。无论是傅雷的"神似说"还是钱锺书的"化境说",其实都是想吃果子。对他们来说,形是外在的,可有可无,能够得其形最好,二能够则得其"神",与其吃梨味的橘子,不如喝点橘汁。只不过橘子能够榨出橘汁,而"神"则不那么容易捉摸。也许对译界来说,今后的一项任务就是把"神"弄清楚,加以量化。然而被量化了的"神"还是'神'吗?①

这篇翻译批评针对翻译标准进行论述,作者认为翻译应力求传神,尽可能把原文的内容翻译得清楚,即赞同归化的翻译标准。作者采用类比

---

① 见:新浪博客"班布里奇翻译研究".[2018-10-30].

的方法,从"橘生淮南则为橘,生于淮北则为枳"引出论述,娓娓道来,把道理说得浅显易懂。我们可以在博客上看到大量类似的翻译批评文章,在这里不一一赘述。这种类型的批评采用的仍是中国传统翻译批评的文学评论方法,是以批评者的个人视野和学识支撑起来的评论。

网络翻译批评在审美价值方面的明显改变是从"社会认同"转向"个人自娱"。在传统翻译批评中,读者对于翻译作品的接受和批评主要是以主流的声音作为自己翻译批评的标准,比如美学的标准、美学的原则,倾向于让所有的作品趋同,具有同样的标准;网络翻译批评则更加容易去中心化,而带有个人特质,由于不同的人在审美体验上的差异很大,所以,当各类翻译出现在读者面前,由此产生的批评也最易引起反响。比如,

> 衣染新香,兰麝芳芳。琼鼻涉罪,无应异灵。淑之娇媚,心知一二。忍隐不言,巾侍沐之。柔情款待,伴君寝息。衣之蔻气,我之卑微。汝爱无缺,吾心堪会?①

这是天涯论坛上被网友翻译成"诗经体"的《香水有毒》,原本暧昧的歌词改头换面,有了许多含蓄清雅的意味,被网友大赞"如此美好"。② 再如在出现每一次翻译热点和有争议的译者或者译作的时候,网络上的读者都能提出不同于主流审美的一些观点,比如对于冯唐的译文,豆瓣读书中有一篇题为"一本拿起不愿意放下的书,冯唐的《飞鸟集》"的书评,其中写道:

> 读完他的这本诗集你会有种跟自然界恋爱的感觉,相比其他译本,冯唐的这本《飞鸟集》让我第一次这么透彻地感受到自然融入人类的感情,或是人类的感情融入自然中去。这也许就是泰戈尔所要表达的:只有融入自然才能净化自己的生命。这种文字和对诗的理

---

① 网络歌曲纷现"诗经体""离骚体".[2018-10-30]. http://163.com/news/article/4BQ13PE17000120Gu.html.

② 《香水有毒》变得"衣染新香,兰麝芳芳" 网络歌曲纷现"诗经体""离骚体". 中国青年报,2008-05-13(24).

解也就只有天马行空的冯唐才能写出。读出对生命真实的爱与追求。

也许你会为此喜欢上冯唐,喜欢上《飞鸟集》。①

依据不同的审美标准所产生的翻译批评是对传统翻译批评的巨大补充和冲击。翻译批评终归是围绕语言文字所进行的批评,艺术的审美维度不可缺少,但网络翻译批评在坚持审美维度时,不能简单地照搬传统翻译批评的审美标准。网络翻译批评的审美价值体现在翻译本体、批评特征、批评形态等各要素之中,其审美主体发生了彻底的变化,叙事的想象方式更虚拟化,批评出现了前所未有的形态。网络翻译批评的审美体验与传统翻译批评有质的区别,网络翻译批评的审美泛化,必然导致传统翻译批评的审美标准捉襟见肘。但需要注意的是,虽然网络翻译批评的审美维度是宽泛的,但它仍然需要满足美学的基本原理和准则,只有符合了美学基本原理和原则的批评才是站得住脚的。

三、网络翻译批评的语言维度

传统翻译批评是以诉诸理性为基础的翻译批评,有学理性,语言严肃正式,而那些属于直观感受的批评和带有主观色彩的批评往往不能得到发表和重视。但在网络上,除了那些对译文质量的分析对比和说理充分的长篇大论,还有大量一针见血的短小"酷评"、吐槽似的批评,以及那些在形式和内容上都更加充分表达批评者个人情感和特质的批评。网络上的这一类型批评往往在词语的使用和措辞上带有浓厚的感情色彩,比如,网络上经常会出现那些批评神翻译的吐槽帖。为了吸引网民的注意,网络翻译批评文章的语言幽默风趣、轻松诙谐,往往能将对于翻译质量的不满轻松地传递出来。

如《令人绝倒的标牌翻译》一文:

---

① 见:豆瓣读书. [2018-10-30]. https://www.book.douban.com/review/756515/.

今天去市行政中心那边参加一个志愿者活动,在人大办公楼里候命的时候无意中瞄了一下门牌上的字,结果发现了下面这一块门牌～～"议政室 Argument zhen room"一下子就把我雷翻了～～感情我们的人大议事的时候都是 Argument 的,激烈程度赶上 TW 议会了～～议政的"政"居然就直接翻成了"zhen",要是中文,也应该是"zheng"啊～～～。好奇心被吊起来了,于是拿着相机走了三个楼层拍～～。还好今天是周末,都没人上班,不过楼道里都是摄像头,不知道这个帖子发出来会不会被找麻烦啊。"市人大第二会议室":the person of the city is the second board room greatly ang;"副主席室、妇儿工委办":vice chairman's room,the fu son work wei do;"纪工委书记、副书记室":ji's workwei secretary , vice-secretary room;"信访科":the lettervisits a section;"选举联络工委":choose the liaison jobcommittee。①

那么,网络翻译批评对于语言的要求和传统翻译批评往往不可相提并论,网络翻译批评往往语言轻快活泼、插科打诨、诙谐幽默、夸张有趣,当然也不排除出现一些语言暴力或攻击性的语言。因而,网络翻译批评在语言维度上的要求是应符合语言规范,确保网络上语言使用的合理度和可接受度。

四、网络翻译批评的伦理道德维度

伦理道德维度主要指的是翻译批评的伦理视角,彭萍认为,它包括翻译批评者的职业伦理,翻译实践的批评伦理以及对翻译活动中各要素的批评伦理等,同时也包含传统意义上的道德标准的批评。② 我们通常讲的道德是指人们行为应遵循的原则和标准。道德的定义可以概括为:一定

---

① 见:akeen 的 新 浪 博 客. [2018-10-30]. https://blog. sina. com. cn/s/blog _ 49d2ef330100a21t. html.

② 彭萍. 翻译伦理学. 北京:中央编译出版社,2013:264-274.

社会、一定阶级向人们提出的处理个人与个人、个人与社会之间各种关系的一种特殊的行为规范。对于译者、出版社以及翻译行业中违反行为规范而进行的批评都属于这一维度的批评,其中包括对于翻译行业里的欺骗、不负责任的翻译行为以及对翻译作品的抄袭剽窃和粗制滥造所进行的批评,对翻译态度的道德评判,也有直指出版社或译者的"质疑和批评"。比如,2009 年 9 月 27 日,网友"书呆子谁"在天涯论坛发出一篇名为"惊见中国最牛翻译宋瑞芬,一人通晓数十国语言,什么名著都能翻译"的帖子。帖子称:

> 由于某出版社出了一本未经授权的《百年孤独》,公然在当当网上卖,译者是宋瑞芬,本人甚感好奇,一搜索,竟然发现了一位中国最牛的翻译——宋瑞芬!其一人通晓数十国语言,什么名著都能翻译,大家请看:《百年孤独》(哥伦比亚),马尔克斯著;《复活》(俄)列夫·托尔斯泰著;《源氏物语》(日)紫式部著;《汤姆·索亚历险记》(美)马克·吐温著;《昆虫记》(法)法布尔著……本人为我国出了一位如此了不起的语言通才而深感振奋,望国家对其大力栽培,方不负其勤学之功![①]

网络翻译批评的道德伦理批评维度由于其在网络环境下的原因显得尤为重要,因为这关系到网络翻译批评的健康发展。如果能够使用得当,那么出版界、翻译界中出现的盗版,译者的杜撰、抄袭等现象都会得到遏制,从而为翻译批评营造一个良好的氛围。

---

① https://www.bbs.tianya.cn/post-funinfo-1636457-1.shtml.[2018-10-30].

第七章 网络翻译批评规范的构建

与现实社会空间相比,开放性、连通性、匿名性更强的网络虚拟空间降低了发表翻译批评的门槛,拓展了翻译批评主体的类别,使得翻译批评变得更加自由、灵活、多样。然而,这并不意味着网络翻译批评可以摆脱网络空间结构的制约,也不意味着网络翻译批评行为不需要特定规范的约束与引导。网络翻译批评是伴随着赞誉与诋毁出现的,它的生机与活力得到很多学者的赞誉,与此同时,也由于其随意性、从众性的特点而受到诋毁,若想要使得网络翻译批评健康发展,让网络翻译批评为翻译事业的发展起到监督和指引作用,就需要进行网络翻译批评规范的构建。

所谓"规范",具有"约束"和"引导"两个不同层面的内涵,既可指客观现实中具有的约束因素,也可指以问题为导向的主观上的规范与引导。本章讨论网络翻译批评规范时便从这两个维度着手,先讨论网络虚拟空间、现实社会空间结构性特征对网络翻译批评产生的"规范性"约束,再讨论针对网络翻译批评特点应采取的规范性措施与相关愿景。

第一节 网络翻译批评规范的客观维度

网络虚拟空间是当今世界人类生存的第二个空间,人类对这个空间的依赖存在不断加强的趋势。网络虚拟空间与人类长期生存的现实社会空间有着十分不同的特征。例如,传统社会的社会秩序是相对稳定的、固化的,中心与边缘的边界是明确的,但这些固化的结构在网络虚拟空间中却被大大改写。① 从网络虚拟空间不同于现实社会空间的特征入手,我们可以更清楚地把握规范网络翻译批评的那些客观因素。

一、技术的规范作用

技术性规范指的主要是各方面制约着翻译批评的发表和呈现的相关网络技术。这些网络技术使得翻译批评受到一定的制约,呈现出与之相关的特点。在技术的规范下,网上的翻译批评主体以及呈现出的网络翻译批评形态都受到一定的制约。

首先,网络翻译批评受到相关的硬件和软件的制约。众所周知,网络空间的出现有赖于一系列信息传播的技术性协议,比如 TCP/IP 协议等。网络翻译批评的发布固然需要计算机等硬件设施的支持,但软件因素更大程度上地使信息交换真正成为可能。如果信息不按规定的格式进行传播与交换,就无法呈现出成千上万读者都能端坐在电脑前点击观看或评论回复的文本形态。不论网络翻译批评的发布者和读者使用什么类型的硬件设施,均受制于这些基本协议上的、软件上的技术性制约。在某种意义上可以说,网络虚拟空间上翻译批评主体的行为规范受网络空间技术规范的影响是决定性的。这是一种技术决定论的视角,网络社会这种新的社会形态本质上就是由新的信息技术范式决定的。② 举例来说,有学者专门研究了 2015 年抗战胜利阅兵期间出现的"范玮琪晒娃"事件,指出是"服务器抓取技术"将"晒娃"微博自动推到了微博头条上,引发了一系列原本不必要的纷争,甚至左右了舆论的走向。③ 新浪微博依靠"服务器抓取"技术实现的"小时榜"让看阅兵与晒娃两样原本没有交集的事件同时

① 张涛甫.新传播技术革命与网络空间结构再平衡.南京社会科学,2015(1):114-120.
② 肖峰.信息技术决定论:从"信息社会"到"信息主义".东北大学学报(社会科学版),2009,11(5):377-383.
③ 杨涵,薛阳阳.再议"技术决定论"——对"范玮琪晒娃"事件的思考.出版广角,2016(1):70-71.

出现在了头条,触发了舆论与观点的波动,技术规范对网络虚拟空间人类行为规范的巨大影响可见一斑。此外,对"技术规范"的理解应更宽泛,既包括与网络信息传播直接相关的技术规范,也包括那些与之有间接联系的计算机软件,比如文字处理软件、音频视频软件、计算机辅助翻译软件等。

近年来,伴随着移动通信技术和移动电话科技飞跃式的发展,高速手机数据网络与功能复杂的智能手机进入千家万户,手机已经成为当今互联网络的重要载体,以微信为代表的轻熟人社交应用已经成为人们日常上网主要的信息交流与分享媒介。有学者深入分析了微信以及"朋友圈"作为一种轻熟人社交应用的重要特征,笔者在此将相关的内容简要总结如下:首先,微信,包括"朋友圈"上的信息交换多属于熟人间的交流、分享,人们之间形成了一种"点赞之交"[①];其次,微信、"朋友圈"上频繁互动产生的交际快感让分享、交流趋向形成一种"浅意义的大规模生产",是一种"不追求独创,只懂得复制与拼贴的思想生产模式",其特点集中体现为"浅阅读""浅思考"。[②]

微信这种新型互联网交流模式的出现对网络翻译批评必将产生巨大的影响。其一,微信、"朋友圈"出现以后,人们日常工作生活的大量碎片化时间被阅读微信、"朋友圈"、微博等消耗,原本可以用于撰写高质量翻译批评文章的时间被大量浅阅读、浅思考占据。例如,网络博客在十年前曾经风靡一时,但如今网络上为数不少的博客,包括一些翻译批评类的博客已处于停止更新的状态。翻译论坛亦遭受类似的影响,近年来多数论坛上纯翻译批评类的发帖数量与往年相比也呈减少的趋势。其二,微信、"朋友圈"、微博等本身的技术规范对翻译批评的质量产生了一定影响。因为这些手机应用的技术规范限制了长篇文字的发布,较为深入的说理

---

① 农郁. 微时代的移动互联:轻熟人社交、交往快感与新陌生人社会的伦理焦虑——以微信为例. 文学与文化,2014(3):93,97

② 农郁. 微时代的移动互联:轻熟人社交、交往快感与新陌生人社会的伦理焦虑——以微信为例. 文学与文化,2014(3):96.

又需要一定数量文字的支持,因此这些媒介上长度较短的翻译批评容易出现说理不透彻的缺陷。此外,"朋友圈"的技术规范并不支持类似网络论坛一样的大纲视图,读者往往容易错过"朋友圈"的发帖,也不易寻找之前的帖子。当然,因为微信阅读本身属于一种浅阅读,如上文所述,许多"朋友圈"转发也仅是为了转发而转发,错过一些发帖并没有什么实际的影响。但是从翻译批评的角度来看,这种缺陷的影响还是不可忽视的。虽然,微信的技术规范支持建设微信群,群内成员可以畅所欲言,但这些微信群同样基于熟人社交,开放度远不如网络论坛、博客等,其影响力也可想而知。其三,微信、"朋友圈"的匿名性较弱,碍于熟人关系、权力关系等,其中的言论普遍相对温和,"点赞"的意见较多,批评的意见较少,这种倾向不利于思想火花的碰撞,不利于形成具有真知灼见的翻译批评言论。

其次,翻译技术的发展使得网络翻译批评也随之发生变化,影响着翻译批评者的素养,并或多或少地改变着翻译批评的方式和形态。影响网络行为规范的例子在翻译网络论坛、社区等空间也随处可见。互联网上早期出现的翻译论坛大多关注的是对某些文学作品译作的质量批评等。近年来,随着计算机辅助翻译(CAT)技术的蓬勃发展,越来越多的译者开始使用"Trados""Memoq""雪人"等计算机辅助翻译软件处理翻译工作,它们逐渐成为译者工作台上与电子词典同样重要的必备工具。而掌握更多高质量的"记忆库""术语库"等语言资产是充分利用这些辅助软件的重要保障。为了顺应这种需求,互联网上新近出现的翻译论坛利用新的网站建设技术,开发了许多适应翻译工作者、爱好者需求的功能。比如,"译术论坛"[①]就把传统翻译论坛的功能(主要集中在"译术茶馆""译术活动""译本搜索"等版块)与记忆库、术语库等功能整合到了一起。"译术论坛"设立了"术语文件""翻译记忆库""翻译工具"等版块,如图 7.1 所示,"译术论坛"还专门建设了一个网络页面,整合了术语库建设的基本环节,并

---

① http://www.all-terms.com.

将这个页面作为主站链接添加到论坛的首页。这些附加功能虽与翻译论坛的发帖并无多大关系，但却无形中增加了论坛用户的数量，改变了论坛用户的来源构成。掌握最新翻译技术的译者和翻译爱好者更容易被这类论坛吸引，他们在翻译论坛发帖的内容也具有与其素养呼应的鲜明特征。

图 7.1 "译术论坛"建设的术语查找、加工网页

再如，"译术论坛"的"译术活动"版块曾发起一项书评活动，名为"我眼里的好书"。网友"imagefish"推荐的是李长栓的《非文学翻译》，并在推荐文中专门提到了"以电子工具提高翻译质量和速度"这一章对翻译工作者的重要借鉴意义。此外，如图 7.2 所示，"译术论坛"的"翻译艺术"版块有网友请论坛用户帮忙挑出某作品译文中的错误。在讨论某个汉语词语英译的选词问题时，某用户截取了个人电脑使用的电子版词典的界面作为佐证，这从侧面说明了"译术论坛"上活跃的译者和翻译爱好者对于翻译工作所涉及的电脑知识掌握娴熟，他们不再是依赖纸质词典，对电脑知识不甚精通的传统译者。"译术论坛"中常征集论坛用户参与平行语料库建设，征集计算机辅助软件使用心得的帖子，在翻译艺术讨论帖密集的"译术茶馆"版块也常穿插出现《谷歌：用算法和大数据"干掉"语言学家》《SDL 再推新品 Trados 2014 正式面市》这类文章，均从不同侧面反映了论坛用户的素养。

这些素养背后所体现的技术性规范必将潜移默化地影响翻译批评的

方式与成果。例如,某些翻译批评的成果虽然可能依然以数句批评性话语的形式在网络上发布,但形成这些翻译批评成果的方式与传统翻译批评相比也许已经大不相同了。有些网络翻译批评者对译文好坏的评判已经从感性、直觉层面提升到了更为理性的层面。他们所依据的便是新的技术规范所提供的术语库、记忆库,如"有道词典""百度翻译""谷歌翻译"这样基于大数据的在线翻译服务网站,以及像杨百翰大学(BYU)语料库这样的专业在线语料库。虽然"译术论坛"的网络翻译批评者在发布翻译批评时往往并不会将翻译批评形成的过程一一展示给读者,但考虑到语料库等多种翻译新技术、新工具的讨论版块占据了整个论坛的半壁江山,前面的推断并非凭空臆测。

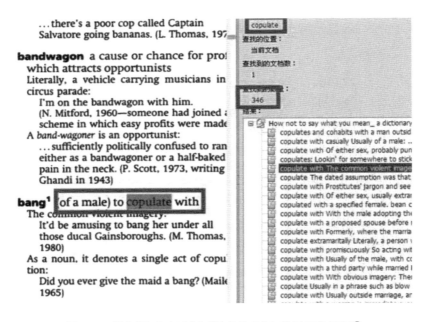

图 7.2 用户"桂花小米"在"译术论坛"上的回复帖局部①

再次,网络批评空间自行的运作机制,对于网络翻译批评也有一定的

---

① http://www.all-terms.com/bbs/forum.php? mod=viewthread&tid=17162&extra=page%3D1.[2017-01-03].

规范作用,比如奖惩机制和管理员权限等。网络空间中不合理、劣质、情绪化的翻译批评"杂音"是网络翻译批评研究者注意到的负面现象。[①] 对于这种现象,一些技术性的规范在一定程度上可以起到遏制作用。这里同样以"译术论坛"为例。"译术论坛"是集讨论与资源分享为一体的翻译爱好者网络社区。要在该论坛下载网友分享的资源,比如术语库、记忆库、软件、图书等,就得支付相应数量的"术币"。这种虚拟货币可以通过现金充值获得,也可通过完成各种论坛任务获取。"译术论坛"发布的译文批评征求帖中常常有这样的附言,即回复评论奖励多少"术币",精彩、认真、挑错多的回复将有更多奖励,而无关回复、"投机倒把"等将予以重罚。由于"术币"对于享受网站优势功能至关重要,这就在一定程度上遏制了不负责任的胡乱评论,有效提高了翻译批评的质量。可见,论坛虚拟货币背后隐藏的技术性规范对翻译批评行为的规范也产生了明确的影响。

事实上,即便没有这种虚拟货币的奖惩机制,由于在技术上可以实现论坛管理员与普通用户具有不同的操作权限,那些不符合某种规范的发帖在理论上都有被删除的可能。普通翻译论坛如此,在诸如京东、当当、亚马逊这样的电商网站上,要想删除某些译著读者的书评,也是轻而易举的。此外,如图 7.3 所示,电商网站可以通过技术手段将"好评"设置为消费者评论界面默认显示的内容(要想查看"差评"内容,必须手动点击页面上的"差评"标签),这也能在一定程度上"屏蔽"掉某些读者的评论。当然,这里讨论的仅仅是技术规范与手段如何实现对翻译批评的操纵,删除或掩盖某些翻译批评,购书网站上商品评价的"好评"与"差评"分类与翻译批评本身质量的好与坏之间并没有任何关系。

---

① 蔺志渊. 网络环境下的翻译批评研究.时代文学月刊,2010(2):49-50.

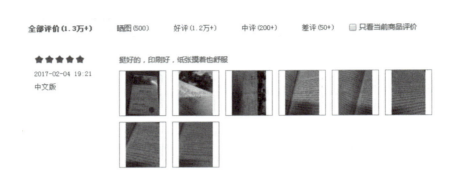

图 7.3 京东网上《傲慢与偏见》某译本的读者评论局部截图①

二、"公共领域"的规范作用

"公共领域"(public sphere)是德国著名哲学家、社会学家哈贝马斯最突出的理论贡献之一。哈贝马斯在《公共领域的结构转型》一书中详细阐释了这一概念。简单来说,"公共领域"是公民可以进行平等、自由讨论的空间,比如传统的咖啡馆、报纸杂志、酒吧等。在这些公共领域实现的话语交流会形成基于理性的公众舆论,"使公共理性成为具有约束力的、文明的影响力"②。这种影响力的基础自然就是公共领域天然具有的开放性、平等性,以及其中产生的言论所具有的批判性、民主性。对照哈贝马斯的理论可以看到,21 世纪新兴的网络空间具有公共领域的天然特征,这主要是因为网络空间具有匿名性、跨地域性的优点,"动摇了业已存在的各种等级关系,并根据以前与它们不相干的标准重新确立了交往等级关系"③。从某种意义上看,在网络空间中,人的性别、身份、职业、地位、位置等不再成为束缚人言论的约束性因素,只要掌握基本的上网技术,理论上所有人都可以在网络空间上畅所欲言,分享自己的观点与态度。

---

① https://item.jd.com/10026554.html.2017-01-04.
② 哈贝马斯.公共领域的结构转型.曹卫东,等译.上海:学林出版社,1999:32.
③ 刘丹鹤.网络空间与公共领域实践.北京理工大学学报(社会科学版),2007(4):72.

网络空间作为"公共领域"的特点深刻地规范了网络翻译批评的形态。第一,网络空间解除了翻译批评主体的身份限制。从翻译批评的主体来看,在现实社会中,翻译批评发生的研讨会、学术期刊等对翻译批评的主体产生了一定的限制。专业的译者、翻译理论研究者等成为这类翻译批评的主要实施者。以至于有学者针对当时翻译批评的现状十分担忧地指出,"不懂原文的读者没资格说,翻译家不愿说,于是就只剩下了专家这一种声音……除了所谓'权威'以外,这是我们所愿意看见的吗?……把翻译批评锁进清高的象牙塔并无益处,客观上只能起到为渊驱鱼、为丛驱雀的负面作用"①。翻译批评网络空间的开拓有利于保障多种翻译批评主体畅所欲言、自由对话的权利。网络空间稀释了现实社会中不同翻译批评主体的等级结构,普通读者、翻译爱好者的翻译批评言论获得了发声的自由空间,人们不再以学历、资历、职称等先入为主的有色眼镜审视某个人的翻译批评,翻译批评本身的质量与价值成为对翻译批评进行评判的主要标准。

第二,网络公共领域中言论的自由度更高。网络翻译批评的犀利程度常常是一般学术期刊上不得见的。例如,著名翻译家、北京大学教授江枫在新浪博客上对谢天振教授《译介学》的批评在言语用词上就十分激烈:

> 《译介学》就是用这一类不合逻辑的破烂议论拼凑起来的。……如果未经作者授权,译者在翻译中故意"创造性叛逆",第一,违法,侵犯了作者的著作权。第二,挂羊头卖狗肉,以原作者的姓名为幌子出售自己的"叛逆",侵犯姓名权,危害消费者权益,而且不道德。第三,在理论和实践两方面败坏我国文学翻译事业,则是历史意义上的犯罪!②

---

① 杨晓荣.关于翻译批评的主体.外国语文,2003,19(2):126-129.
② 译介教,教唆作恶,是邪教.(2017-02-01)[2017-08-15].http://blog.sina.com.cn/s/blog_c2acabeb0101kxqu.html.

这样言辞激烈、充满火药味的批判文章是绝不可能在现实世界的任何期刊发表的。作者观点正确与否,言语用词是否得当,这些问题暂且不论,网络公共领域提供给翻译批评主体不吐不快、直抒胸臆的自由度却由此可见一二。总之,公共领域民主性的表现之一就是挑战权威,不论网络上这些在现实社会难以得见的翻译批评言论是否经得起推敲,正确性如何,它至少给读者提供了聆听另一种不同声音的可能。但任何事物都具有两面性,对网络公共空间的自由性、民主性使用不当,它就有可能成为网络过激言论和网络暴力的温床。不过,鉴于翻译研究在国家社会生活中属于较为小众的社会生活层面,翻译批评的网络公共领域产生的社会公共舆情一般不会对现实社会生活造成特别重大的影响。

公共领域翻译批评的自由度还体现在说理形式的灵活多样。一般学术期刊上的翻译批评文章大都在西方学术论文的框架内说理,多数借用一定的理论,上引用规范,文后附有参考文献。网络公共领域的翻译批评文字模式则更加灵活,一般不受任何格式的限制,篇幅相对较短,引用也较为随意,观点的陈述也多属于感想式的漫谈等,但这并不意味着网络翻译批评的质量就低下。相反,由于不像发表期刊论文那样大多夹杂职称考评等功利性目的,网络翻译批评往往是有感而发,直抒胸臆,或是因为在某方面经验颇多,热心分享,因此也不乏有着深厚底蕴的真知灼见。毕竟,形式与质量之间并非存在完全的对等关系,网络翻译批评主体摆脱了说理形式上的羁缚,节省了不少文字工作的时间,在某种意义上有利于把精力集中到批评观点上去。当然,这种批评的劣势在于不利于他人后续研究的开展,在逻辑上也容易存在漏洞。

第三,文化公民身份建构规范着网络翻译批评主体的行为。网络翻译批评的空间作为一种公共领域提升了翻译批评行为的民主度、自由度,淡化了现实社会行为主体身份给翻译批评行为带来的多种约束。然而,这并不意味着在公共领域中身份就此成为一个隐匿的、可有可无的符号。在公共领域中依然存在着行为主体的身份建构,这是一种文化公民身份建构。"文化公民身份"(cultural citizenship)这一概念是英国著名学者尼克·史蒂文森在《文化公民身份》一书中提出的。① 所谓"文化公民身份"是公民身份的文化维度,"它是一种文化赋权,也就是公民参与共同体文化的一种权利"②。在传统社会中,物质基础、权力关系、教育等是公民文化身份建构的重要基础,新的网络公共领域的出现冲破了传统文化身份建构的一些障碍,大大降低了文化身份建构的门槛。笔者认为,网络翻译批评行为在本质上属于公民文化身份建构的组成部分,有利于行为主体获得集体身份认同感,缓解后工业、后现代时期普遍存在的焦虑感。网络空间的重要特点之一是互动性,不论是翻译论坛上的观点争锋,或是翻译博文下的跟帖评论,还是如"知乎"这种问答网站上几十或上百名网友共同讨论一个翻译问题的热闹场面,这种互动性所衍生的文化归属感是公民身份认同的重要一环,吸引了大量有才学、有经验的翻译爱好者,碰撞出很具价值的思想火花。

总之,翻译批评的网络空间作为一种公共领域将不同身份、不同类型的人聚集在一起,形成一个思想沟通的共同体,大大激发了个体的活力与创造力,对促进翻译批评的发展具有不小的推动意义。就参与网络批评的个人而言,这种文化身份的建构也并非只是一个虚拟空间中的符号,也可转化为现实社会中实实在在的身份符号。一方面,一些知名个人的实名博客或微博上的言论必然会影响现实生活中人们对他们的看法;另一方面,虚拟论坛或博客上有才华的翻译批评主体经过长期的人气积累也有可能浮出水面,提高现实生活中的身份价值。例如,颇具影响力的"译言古登堡计划"就是通过网络招募翻译项目负责人、译者、审校,该计划具有相当的公平性,试译质量是人才选拔的绝对标准。该计划不但出版电子译本,还视情况出版纸质版译著,这对于长期参与网络翻译批评空间、富有经验的译者来说,是实现自我价值,获得署名权和经济报酬的良好方式。

---

① 史蒂文森. 文化公民身份:全球一体的问题. 北京:北京大学出版社,2010.
② 王君. 广告传播与文化公民身份的建构途径. 中国广播电视学刊,2013(4):27-29.

三、资本的规范作用

法国著名社会学家布尔迪厄将我们生活的社会空间看做一个个相互联系、具有内在"游戏规则"的场域(field),"场域"简单来说就是某种行为实践发生的社会空间。① 行为实践的主体凭借后天养成的对游戏规则的认识即"惯习"(habitus)以及手中已经掌握的资本和地位争夺场内的各种资本(capital),比如经济资本、符号资本(名誉、地位等)等,获得这些资本或资本的组合所对应的场内地位。"场、惯习、资本"是相互联系、不可分割的概念,这说明行为实践是主客观共同作用的结果。场域内的资本争夺无时不在,无处不在,可以说是场域结构赖以维系的基本行为模式。互联网网络空间虽然作为公共场域具有高度的开放性与平等性,具有区别于现实社会空间的独特之处,但这并不意味着资本争夺的缺失,也不意味着互联网虚拟空间可以与现实社会空间中激烈的资本争夺绝缘。例如,有学者在研究网络翻译批评时介绍了《史蒂夫·乔布斯传》在网上招募译者,网上征求译文批评意见的过程。② 该译著的出版社(中信出版社)先是通过译言网、东西网等平台发布海选译者的公告。随后,将部分译文发布到指定网站上供网友试读,征求批评与修改意见,并对有价值的翻译批评给予奖励。继而,中信出版社还将译者的译后记发布到网上,在新浪网组织译者与读者之间的互动活动。基于这个实例,根据多米尼克的大众传播理论可以看出,"出版方等机构不再是唯一的大众传播者,普通网友能通过网络发起大众传播,而机构也可以作为接受者"③。作为另一个例证,李开复在《史蒂夫·乔布斯传》全球首发日和第二天通过新浪微博发布了

---

① 转引自:张意. 文化与符号权力:布尔迪厄的文化社会学导论. 北京:中国社会科学出版社,2005:56-77.
② 黄肖彦,穆雷 传播模式观照下的网络翻译批评模式研究——以《史蒂夫·乔布斯传》为例. 外语教学理论与实践,2015(3):80-84.
③ 黄肖彦,穆雷 传播模式观照下的网络翻译批评模式研究——以《史蒂夫·乔布斯传》为例. 外语教学理论与实践,2015(3):82.

乔布斯致妻子的诀别情书和网友翻译的两个版本,引起广泛热议。

笔者上文引述的例证可以说明在网络空间中翻译批评主体的多样性和高度的活跃度,但其背后的原因和推力也值得我们深思。《史蒂夫·乔布斯传》海选翻译和征求翻译批评事件从本质上看无非是一次成功的市场营销活动。在当前信息爆炸的社会中,"注意力成为稀缺资源,传统广告效度不断下降,电视媒体广告运营成本上升","海选营销"成为众多商家的营销选项。① 从布尔迪厄的文化社会学来看,这自然是销售方利用手中掌握的资本争夺相关场域经济资本的行为。从表面上看,众多网友公平地参与到译本创作、修改的全过程,但不可忽视的是,这背后的唯一推手是中信出版社。要知道,在知名网站招募译者,在新浪网开办网友互动活动均不是凭空免费就能办成的事情。出版社费尽心思,花费大量资金组织声势浩大的系列活动,其根本目的是在译作出版前就将译作的相关信息扩散出去,增加译作的知名度与销售量。要想提高译本的质量,完全可以通过重金邀请业界公认的翻译专家和审校专家,而不是在互联网上造出沸沸扬扬的声势,所以其背后的目的不言而喻。

诚然,这场活动使众多翻译爱好者有机会参与知名图书翻译的完整过程,但其中的因果关系深刻反映了网络空间依然存在权力关系,依然反映现实社会资本争夺的客观现实。那些掌握了足够经济、符号资本的主体可以轻而易举地掀起网络上的互动高潮,比如中信出版社、名人李开复,但不掌握相应资本的普通翻译爱好者甚至是资深学者却只能依着商家主导的模式行事。可见,掌握较多资本的个体与单位可在一定程度上影响网络翻译批评的内容与走向。其实,即便是网络翻译论坛这样相对宽松、民主的批评空间也必然存在着一定的层级关系。比如,有些翻译论坛的一些功能只有资深的论坛用户才能使用,新注册的用户在发帖、回帖等方面可能都会有这样那样的限制等,这在不同程度上对翻译批评的形

---

① 郑云凤. 基于"蒙牛+超女"与"江中+红楼"对比分析的"海选营销"方法研究. 中国商界,2009(1):149-150.

态与内容产生着影响。掌握较多资本与较高地位的主体不仅能在一定程度上影响翻译批评,甚至还能将翻译批评作为资本争夺的工具。翻译批评行为主体间的资本争夺在网络上是存在的。比如前文提到的江枫在新浪博客上对谢天振的猛烈批评,本质上就是对符号资本的争夺在网络上的延续与升级。这样的例子还有很多,比如前些年北外教授董燕生对杨绛《堂吉诃德》译文质量的批评,在当时闹得沸沸扬扬,从报刊媒体一直跨越到网络虚拟世界,本质上都是译者通过翻译批评对自己译著经典地位和自身作为译者的符号资本争夺的产物。

反观网络翻译批评空间中的"草根"阶层,又是另一番景象。翻译名家的养成远比著名作家的养成要慢,是一个日积月累的过程,且大学扩招以来外语专业毕业生如雨后春笋般层出不穷,就业压力不断加剧。对于草根译者而言,经济资本是主要的争夺目标,这从大量网络翻译论坛的发帖构成可见一斑。以豆瓣网为例,在诸如"翻译爱好者小组""中国自由翻译者大联盟"这样网络翻译论坛中,其中涉及翻译技术交流、翻译批评的帖子数量相比译者招聘的帖子要少很多,获得组内成员的关注与回应也较少。这些草根译者更多关注的是通过翻译行为获得经济资本,因此,与资本争夺直接相关的求职经验、资源分享等帖子更能引起他们的共鸣。相较而言,围绕"专业八级""高级口译证书""CATTI 证书"创立的翻译小组中讨论翻译质量、翻译技能的帖子则较多,这说明网络翻译批评空间中不同年龄层、不同职业的行为主体所关注的资本争夺对象是十分不同的。这当然会产生一定的局限作用,草根译者们具有大量翻译实践的经验,如果他们能花费更多时间将翻译经验谈在网络上分享,益处将是不小的,专业的翻译理论研究者也可获得更多的研究素材。

有学者研究了专业文学批评家与网络文学批评之间的关系①,这对于网络翻译批评研究也十分有借鉴意义。该研究指出,专业文学批评家进

---

① 李永艳. 专业批评家与网络文学批评. 长江师范学院学报,2008,24(3):123-126.

入网络批评具有一定的难度,这是因为他们的权威地位、精英精神与网络空间中的自由精神具有一定的矛盾,此外他们的批评模式与网络上一般不讲理论与深度的模式也较难融合。① 笔者认为,这是确实存在的现象,但归根结底,专业的、精英的批评家较少参与网络批评是因为网络上获取的各种符号资本较难转化为现实社会的经济资本、符号资本。专业的、精英的批评家在现实社会的文学场域、翻译场域已经积累了较高的符号资本,在场域中占据中心地位,与这种地位相应的是一种"文化精英主义"的职业惯习。专业批评家为了维护其在场域中的地位不得不将工作的重心放在与场域符号资本密切相连的学术性批评之上,自然很难主动、频繁地参与资本收效甚微的网络批评活动。当然,由大型门户网站组织的批评活动是个例外,因为这种活动可以吸聚海量人气,夯实受邀专家在现实生活中的知名度,又有一定的经济报酬,但这类大型活动毕竟不是一般网络翻译批评的常态。

网络翻译批评的形态并不是无序形成的,而是多种因素共同作用的结果。网络之所以成为网络有赖于各种技术规范的支撑,这些技术规范决定了网上工作、生活的特征,也必然左右了网络翻译批评的格局。网络翻译批评主体众多、形式灵活,这是网络虚拟空间作为一种公共领域的民主性特征所衍生的优势之处。然而,网络翻译批评的空间并不是一个没有层级的理想化区域,其中依然存在着激烈的资本争夺,这种争夺不但发生在网络空间内,现实社会的经济等资本争夺也会波及网络空间。不同类别的翻译批评主体有着不同的资本争夺对象,这影响了他们参与网络翻译批评的动力与方式。

第二节　网络翻译批评规范的主观维度

"规范"的另一重含义就是让某种行为在健康的轨道上运行,避免偏

① 李永艳. 专业批评家与网络文学批评. 长江师范学院学报,2008,24(3): 123-126.

离方向,产生负面后果。这种意义上的规范实际上是一种不同层面上的主动引导,是一种以问题为导向的针对性规制,是包含了价值取向的发展愿景。

网络翻译批评归根结底是一种网络言论,而言论的自由是民主保护的重要对象。我国已加入的《公民权利和政治权利国际公约》第 10 条第 2 款明文指出,"人人享有表达自由;该权利应当包括以口头、书面或印刷物、艺术或自己选择之其他方式,不分国界的追求、接受和传播各种信息和思想的自由"①。网络是近年来新生的信息传播媒介,各国政府高度重视,对网络空间中的言论自由也高度认可,保护网络言论自由的合法性与合理性对于绝大多数国家而言都是无可争议的。然而,不附带责任的权利是不存在的,权利如果没有法律的规范就会变成脱缰的野马,损害大多数人的利益。对于网络翻译批评而言,在保护其言论自由的同时,仍需对其在法律上、道德上、形式上加以规范。针对网络翻译批评的特点,主要应对以下几类网络翻译批评加以规范。

一是危害国家利益与安全的网络翻译批评言论。网络翻译批评涉及多种多样的作品,不论是网络翻译批评的对象,还是网络翻译批评的内容都应保证政治上的正确性,避免在网络翻译批评言论中出现不负责任,有挑唆性、煽动性的不当言论。这也是各国宪法所明确规定的内容。例如,我国宪法就专门指出,公民不得有危害祖国的安全、荣誉和地位的行为。虽然在翻译批评的网络空间这种极端的行为并不多见,但仍然是需要首要规制的方面,因为一旦出现这种现象,其危害性是极大的。

二是破坏他人隐私权、名誉权的网络翻译批评。公民的隐私权、名誉权是各国法律明文保护的重要权利。虽然翻译工作者的教育素养普遍较高,但在涉及利益时也存在言语激烈,甚至人身攻击的可能。例如,曾闹得沸沸扬扬的华中科技大学教授蒋坚霞与北京大学教授辜正坤就莎士比

---

① 转引自:张文考,黄玉芬. 网络言论自由的限度及其法律保护. 黑龙江科技信息, 2008(34):315.

亚剧作汉译产生的争论。事情的渊源是蒋坚霞在一次学术会议上批评辜正坤的译作不仅增加了原文没有的各种意象,还涉嫌抄袭等。随后,这种学理上的讨论不断升级,已经演化成学者之间的猛烈攻击。尤其是已经停刊的《世界文学评论》杂志上发表的多篇两人相互批判的文章,用词之尖刻已经到了人身攻击的边缘。① 从这个例子,加上前文所举的博客上知名教授的批评文章可以看出,越是在翻译场域掌握资本较多、地位较高的学者之间的争执,越容易言辞激烈,影响升级。辜、蒋两位教授在纸质正规学术期刊上发表的文章用词都令人咋舌,那么可以预见的是,在网络世界中进行翻译批评时对他人的必要尊重更容易被忽略。

三是侵犯他人知识产权的网络翻译批评。网络空间是盗版侵权行为高发的重灾区,原因在于网络空间上电子资源的分享相对容易,又具有较高的隐匿性。随着各国政府纷纷加入版权保护的公约,违背版权意识和侵犯版权的行为有所减少,但版权保护依然是不可忽视的严峻问题。网络翻译批评空间容易出现的侵权行为包括:未经原作者同意翻译相关作品,发布到网络上供人阅读、评论;在翻译批评时引用了相关图片、文字、声像资料等造成侵权;上传原作或译著的电子版文档供翻译批评使用,造成侵权;在翻译批评论坛的特定版块上传翻译软件、记忆库、术语库、电子词典等,造成侵权。目前来看,这些现象在网络翻译批评空间中都有不同程度的出现。虽然多数国家的法律、法规对网络侵权行为都秉持严厉打击的态度,但防治网络侵权难度依然很大,这是由网络空间的特点决定的。网络空间的虚拟性、匿名性、流动性使得调查取证非常困难,侵权产生的后效扩展极其迅速,侵权主体复杂而难以认定。此外,还有司法管辖权界定的问题。这些都为打击网络侵权增加了障碍,是各国政府从立法、司法等各个层面正在努力克服的难题。

四是有网络诈骗行为的网络翻译批评。在豆瓣等网站的翻译批评空

---

① 　辜正坤. 莎士比亚《理查三世》剧文选段解读与翻译研究——对蒋坚霞教授的错误译文及其不良批评习气的批评. 世界文学评论,2010(2):23-32;蒋坚霞. 再驳辜正坤的“英汉诗歌翻译多元互补论”. 世界文学评论,2010(2):33-45.

间的帖子中常常会有翻译岗位的招聘信息,其中夹杂着一些不实信息,诓骗译者劳动却不付报酬,还有通过"试译"的形式向多个译者骗取译文,最后以试译不通过为名不劳而获的现象。翻译批评的网络空间(论坛、贴吧、小组等)除了服务狭义的翻译批评,往往还具有资料、信息分享等多种功能。这些信息鱼龙混杂、真伪难辨,网站负责人往往又没有能力或意愿去承担去伪存真的责任,这对网络翻译批评空间的参与者是十分不利的。此外,有些论坛下载分享资料需要支付虚拟货币,但用户在购买虚拟货币后发现分享链接失效,投诉无门,这也是值得注意的问题。总之网络空间中的诈骗具有方法隐蔽、速度快捷、手段多样、时空广泛、犯罪成本低等特点①,对其进行监管打击对各国政府都是不小的挑战。

五是质量低俗的网络翻译批评。这里并不是说没有系统理论支撑、论证缺乏学理性的翻译批评质量就差,这样的翻译批评虽然语言浅显,但其中也不乏蕴含真知灼见的好见解。但凡事都有正反两面,网络翻译批评空间的匿名性、开放性也给许多质量低下的翻译批评提供了生存空间。比如一些翻译批评者的言论流于情绪化,非理性的成分过多,产生不了翻译批评应有的促进翻译质量提升的效果。此外,由于批评目的并不单纯,那些为了张扬自己而贬损别人的翻译批评也属于质量低俗的批评。需要注意的是,质量低俗的翻译批评仍属少数现象,不能以偏概全,更不能用某种特定的标准将网络翻译批评人为地划分三六九等。现实世界学理性的翻译批评与网络空间中的翻译批评并不能使用同样一套评判标准,促进网络翻译批评质量提升时应遵循网络空间独特的性质与规律。

六是被经济利益左右的网络翻译批评。如前文所述,网络空间中的现象背后往往隐藏着经济利益的角逐。一些出版公司为了宣传推销新书而举办的翻译批评活动由于背后的目的并不单纯,因此在活动设计、问题选择、批评形式等方面都会进行刻意的操控,通过技术手段在一定程度上阻碍翻译批评言论的自由表达,甚至使翻译批评行为成为新书宣传造势

---

① 郑永红. 网上求职陷阱的防范. 湖北警官学院学报,2004,17(6):92-93.

的工具。一些出版公司创办的读者论坛在论坛版块设计上以自家图书为话题的版块占比较大,开放性不足,这也是经济利益在背后起作用的结果。

七是将译者归为译作唯一质量责任人的网络翻译批评。译作的出版涉及译者、编辑、排版人员等多位主体。有些读者在网络论坛和网上书店发表评论时忽略了这一点,将一些应由编辑、排版等负责的译本缺陷一股脑地全加在译者的身上,作为译者翻译水平差的佐证,这对于译者而言是有些不公平的。这当然是少数网络翻译批评者缺乏翻译图书出版流程基本常识的结果。这部分翻译批评者往往先用一句"翻得很烂"概括译者的翻译质量,让阅读者产生先入为主的印象,随后列出的举证就算有些牵强或并不成立,可能也改变不了这些先入为主的印象。考虑到多数译者署名都采用实名,这种情况多多少少会对其声誉产生一定影响。

第三节　规范的主要手段

针对网络翻译批评出现的种种问题,需要采取必要的措施对其加以规范。规范的主体可以是不同身份,如政府网络监管相关部门、翻译协会、论坛管理员等。规范的主要手段包括以下几种。

(1)道德上的规范。网络道德因其特殊之处常常与传统道德发生矛盾冲突,主要包括道德标准与道德监管方式的冲突。[①] 因为网络具有跨地域、连通世界的特点,不同地域的道德标准存在差异,所以适用于网络的道德标准需要具有一定的普遍性。此外,在传统社会中,因为人们大都生活在有限的社会空间中,道德的评价与约束都较容易进行;网络的匿名性、跨地域性的特征让网络上有违道德的行为难以被发现,或者缺乏合适的监管主体。再加上许多人不把网络空间看作与现实社会同等重要的空

[①] 肖香龙. 网络道德建设的难题及对策分析. 浙江理工大学学报,2006,23(3): 380-384.

间,对网上不良行为的包容度远大于现实世界,有些人甚至对黑客行为、盗版侵权行为等存有同情或赞许之情,这更加剧了网络道德规范的评价与约束难度。

虽然推行网络翻译批评空间的道德规范任重道远,但并非无从下手,我们应当让网络道德的意识深入人心。网络是个新生事物,其繁荣不过是近二十年的事情,许多人经历了互联网从无到有的过程,对网络空间的严肃性认识不足,所以需要对网络空间进行规范,让网络空间严肃性的一面深入人心。比如,一些教授在微博上发表歪曲历史或有损国家形象的不当言论,一经曝光之后,大学采取了严厉的措施加以惩戒,具有很好的警示意义。囿于网络空间的权力关系设置,一些翻译小组和翻译论坛的普通成员即便对失当言论不满,也需要向论坛管理员、版主等表达诉求。这就需要相关人员有清醒的道德监管意识以及高度的履行职责的责任感。伴随网络成长的新一代年轻人应该知道在网络上依然要对自己的言论负责。其实,如今网络上对于不当言论的举报机制已经相对较为完善,所以关键问题还是在于网民对网上行为的评价标准。

(2)网络上的法律规范。网络的蓬勃发展已经过了近三十个年头,各国政府都出台了一系列法律、法规,用于打击不良网络行为。例如,美国出台了《计算机犯罪法》《计算机欺诈与滥用法》等;我国也颁布了如《中国互联网网络版权自律公约》《信息网络传播权保护条例》等,加强对网络行为的监管。与此同时,这些立法也存在一定程度的问题,如立法层级较低,规范性的文件较多,立法缺乏系统性、协调性,法律界限不明,缺乏可操作性等。① 如前文所述,翻译批评的网络空间涉及的法律问题主要是侵犯隐私权、名誉权、知识产权、网络欺诈等。

(3)网络上的技术规范。从国家监管部门层面上看,一些分级与过滤的技术手段可以帮助有关部门防范网络违法事件。另外,论坛在注册时对 IP 地址、电子邮箱等信息的记录也有助于在网络危害国家、他人利益

---

① 李超男. 网络言论自由的法律规制. 保定:河北大学硕士学位论文,2015.

事件发生时追踪相关责任人。从论坛层面上看,除了对注册人的相关信息进行记录之外,还可以通过技术手段让论坛管理员限制或禁止某个成员发帖,作为对不当言论的惩戒。可以说如果相关论坛的版主、管理员等能以较高的道德、法律标准管理论坛,就能充分使用这些技术手段,防患于未然。但有些论坛在建设之初就为网络不良行为提供了生根发芽的土壤,这就很难仅依靠论坛管理层使用技术手段实现防范网络不良行为了。一些翻译批评论坛本身就是由私人注册或创办,体量较小,影响面较窄,往往成为技术等规范控制的真空地带。

(4)网络上的行业自律。网络空间是个包罗万象的虚拟空间,其一系列天然特点造成监管耗时、耗力,常有疏漏的问题。此外,一些本应属于道德管辖范畴的问题在网络空间又缺乏有效的惩戒主体。林林总总的问题要想得到有效解决,重要的一环就是行业自律。行业自律包括两个方面,整个网络行业的自律以及各个网站、论坛的自律。有学者对我国网络行业自律做了专门研究,指出《中国互联网行业自律公约》和《中国电子商务诚信公约》等行业自律文件内容较为粗略,惩处规定不详,操作性不佳,此外,就单个网站而言,隐私权声明等也做得不好,难以起到切实保护网民相关权益的作用。[①] 网站自律必然耗费许多人力、物力,增加网络运营成本。此外,加强网站自我约束在一定程度上可能会牺牲网站注册的简易程度以及网站使用的自由度,容易流失现有用户,或增加吸纳新用户的难度,这都是相关网站不愿意看到的。言论的自由表达与发表言论的规范本身就是很难完美破解的矛盾。如何在两者之间找到平衡点,促进网络翻译批评空间的健康发展,这是网络管理部门和相关论坛负责人应着重思考的问题。

(5)网络翻译批评者素质的提升。网络翻译批评行为的主体归根结底还是具体到个人的网络翻译批评者。提高他们的素质虽然是漫长而艰

---

① 徐敬宏. 我国网络隐私权的行业自律保护:现状、问题与对策. 图书与情报,2009 (5):80-83.

巨的过程,但所起到的成效也会是巨大的。要做到这一点除了前面四点
所包含的内容,还要重点发挥译者组织的作用。如今,不论是国家级还是
省市级层面都有各种译者组织存在,组织成员包含了许多专业的翻译理
论工作者和译者。如果这些组织可以吸收更多的普通翻译爱好者,通过
近距离与组织内专家交流,通过会议、论坛等多种形式提高这些普通爱好
者的素质,就可以提升他们在网络空间开展翻译批评的水准。此外,这些
译者组织在服务内部成员之余,如果能够深入社区开办讲座等活动,将专
业知识用通俗的语言传递到更广阔的人群中,那对普通翻译爱好者而言
将是颇有裨益的。总之,专业的翻译理论、实践工作者应多做一些富有责
任感、有担当的学问与工作,走出象牙塔,积极融入社会、影响社会,让所
学知识与积累的经验传播到社会中去,影响更多的人,促进网络翻译批评
的健康发展。

第四节　规范的愿景

实现对网络翻译批评的有效规范并非一蹴而就的事情,需要多方因
素的共同作用,但只要各方面坚持不懈,必然能迎来网络翻译批评更加蓬
勃、健康发展的新时代。对于规范网络翻译批评的成效,笔者有如下几点
期待,是为愿景。

(1)网络翻译批评的优势得到进一步发展。需要注意的是,所有的规
范行为的目的绝不是限制网络空间赋予翻译批评的优势。对网络翻译批
评即时、灵活、多样的特点要加以保护,不能因为相关的规制使网络翻译
批评变得死气沉沉,限制观点之间有价值的交锋,阻碍新观点、新体会的
交流与分享。网络翻译批评的规范应分清主流与支流,不能因小失大,因
噎废食,因少数不当言论和错误,封闭网络翻译批评言论的自由空间。相
关组织与部门应深入网络翻译批评空间,促进专业批评者与普通翻译爱
好者之间的对话交流,共同促进网络翻译批评这一重要网络文艺批评的
发展。理想的状态是,网络翻译批评得到译者组织、出版社的高度关注,

可以在一些重要的翻译论坛设立相关奖项,奖励那些为翻译批评事业做出贡献的翻译爱好者。学者也可深入这些网络空间,将这些普通翻译爱好者的言论梳理、提炼,贡献到学术界,这样既丰富了理论研究的成果,也将大大提升网络翻译批评爱好者的成就感、归属感。此外,线上线下的交流活动应蓬勃有序开展,让翻译批评爱好者不止拥有在网络上发声的权利,更能在现实社会空间中畅所欲言,让有价值的观点得到更广的传播、更多的重视。出版社应将译者创作期间的译者与读者互动作为翻译出版流程的必要环节,而不是将其作为市场营销的一种手段。大型门户网站的读书频道或版块应开辟专门的翻译书评栏目,鼓励读者发表读后观点。要知道,在我国,译著占据了出版物市场的半壁江山以上,因此应给予翻译批评与之相称的地位。

(2)网络翻译批评空间的盗版侵权等不良行为得以遏制。当今网络翻译批评的论坛中常有盗版侵权事件发生。更有一些翻译论坛公开出售各种涉嫌盗版侵权的电子版著作、翻译软件、翻译记忆库、术语库等。互联网的一大特点是共享,但共享资料涉及版权问题却是不容分辩的法律问题。相关资源也许会向当前的音乐分享一样,逐渐合法、免费。如果翻译相关资源也能套用分享这种模式,先由大型公司集中收购,再提供免费或低价分享,就能大大降低单个使用者的购买成本。又或者一些翻译软件公司能够主动降价,依靠用户数量拓展利润,降低普通用户的成本负担,而不是单价动辄成千上万。另一方面,翻译论坛剥离了这些侵权版块,也可专心致力于翻译批评等更有价值的内容。

(3)网络翻译批评空间的喧嚣谩骂得到控制。人们在不吐不快的时候往往容易借助网络这个隐蔽而"自由"的空间直抒胸臆。然而,网络这种特征却也容易让这些批评的声音偏离应有的轨道,成为谩骂与攻击的温床。有的人容易在网络上忘乎所以,对与自己观点相斥或利益冲突的人士猛烈攻击,忘了应守的规矩和应有的气度。这种情况在理想的状态下会越来越少,人们不但会注意自身在现实社会的形象,也会重视网络上自己的言论所产生的影响。无节制的谩骂得到控制,观点的交锋得到鼓励。翻译批评者可以就某个观点争得不可开交,但我们在争论时看到的应是一条条的真知灼见,思想火花的碰撞闪烁,最根本的一条是以理压人,而不是以气势和腔调服人。就事论事时可以争得面红耳赤,但并不引发任何私人恩怨,这是网络翻译批评者应具备的操守与风格。

(4)网络翻译批评空间的欺诈行为得到根除。随着政府部门在法律、司法等方面不断加强建设,加上网络翻译论坛自身的自律规范,未来网络翻译批评空间中的那些欺诈行为将逐渐绝迹。尤其是有关职能部门将会把"试译"也认定为译者的劳动成果,必须为其付一定数量的报酬,可有效遏制部分不良个人或企业通过将译文分割给不同译者"试译",再以质量不通过为由拒绝招收这些译者,变相不劳而获,获取译文的无良行为。网络招聘的发布者必须实名认证并确保相关信息属实,一切因其发布信息引起的利益纷争,招聘信息的发布者和相关用人单位将承担相应责任。

(5)网络翻译批评者形成促进自我发展的大型组织。翻译批评者在网络上相对分散,往往散布在各个论坛、小组中,规模相对较小。大型的组织对于网络翻译批评者、爱好者的联合更有帮助。这种大型组织形式不拘泥于一种,可以是社团性质的组织,也可以是超大型的翻译论坛等。这些组织并不损伤网络言论发表的匿名性,只是将这些网络翻译爱好者联合起来的一种形式。有了这些组织的帮助,网络上的交流将不再局限于某个出版社的论坛或者某个私人企业或个人创办的翻译网站。这些组织因为成员众多,开展各种公益性质的活动也将更为便利。此外,在成员遭受利益损害时,出面维权的话语权也远比小型论坛要大。由于成员体量较大,有价值的观点可以定期汇总成电子杂志等,在互联网上推送,让网络翻译批评的观点直达更多的读者。

(6)网络翻译批评的质量不断提升。网络翻译批评质量不断提升的重要指标就是译作质量的不断提升。网络翻译批评不是为了批评而批评,唯有达到促进翻译书质量提升的效果,方可说网络翻译批评的质量得到真正的提升。理想的状态是,一方面,网络翻译批评者的理论素养得到提升,进而在分析、评判翻译作品质量时不纯粹从情感与直觉出发,而是具备更多理性的认识;另一方面,网络翻译批评者与译者之间应拥有言论畅达的渠道。随着网络翻译批评对译文质量的监督作用日益得到重视,相关出版社的网站将开辟每本译著的译者和责任编辑的个人空间,允许翻译批评者公开发表批评意见,并将这些意见作为未来是否继续使用该译者的重要参考,相关评论也将纳入责任编辑的绩效考核。随着网络翻译批评质量的不断提升,一些知名的外语与翻译学术研究期刊也可刊发一些来自网络的高质量的翻译批评文章,或是邀请网友对学术界理论家发表在期刊上的翻译批评论文进行评价,给出自己的观点,促进有价值观点之间的碰撞。

(7)网络翻译批评的形式更加多样。近年来,随着微信等手机应用的出现,网络翻译批评的模式已经发生了很大的变化,未来随着新科技、新技术的引入,新的互联网软件的开发上线,网络翻译批评的形式将更加多元。例如,随着电纸书技术的发展,现在有越来越多的读者通过"Kindle"等电纸书阅读器阅读翻译书籍。囿于现有电纸书的技术,读者还不能十分轻松自如地在电纸书上记录自己阅读时的各种心得感想。将来,随着技术的发展,读者撰写评论将更加便利,还可利用实时分享技术将这些译著的读书评论有选择地分享到某个平台上去,在保护版权的前提下实现一本译著的千万名读者分享翻译评论,并将这些心得分享给更多网友的景象。网络翻译批评的影响力必将因此获得极大提升。

(8)网络翻译批评空间的功能将进一步拓展。随着网络翻译批评空间影响力的不断发展,以及相关技术的针对性研发,它们的功能也将进一步拓展。比如,即将出版的翻译书可以在相关翻译论坛长期开放试读,征集读者批评意见。一些长期为论坛贡献高质量翻译批评帖子的论坛成员才有资格享受试读的"特权"。这样不但拓展了翻译论坛的功能,还将提升论坛本身的知名度,促进论坛成员参与的积极性,提升发帖质量。对于出版公司而言,通过与知名论坛的深度合作,译本质量必将获得提升,出版公司在读者心中的美誉度也将提升。除此之外,未来一些翻译记忆软件也可整合网络翻译批评的功能,通过一定的技术手段在保护原文版权的基础上实现译者在翻译的同时在线审校,译者也可视情支付少量的费用,提升译文的翻译质量。这样一来,原本翻译记忆软件仅依靠记忆库、术语库、网络语料库实现的辅助翻译功能就能得到在线即时人工辅助审校的强化,这种前景是很令人兴奋的。

没有规矩,不成方圆。网络翻译批评的另一个维度便是对其进行主动的约束与规制,其出发点就是当前网络批评空间所出现的各种亟待解决的问题。道德、法律,乃至自律都是规范网络翻译批评行为的有效手段。随着规范的实施、技术的进步、时代的发展、教育的深入,网络翻译批评必将呈现出更加蓬勃发展的景象,其形态、功能也将不断拓展,网络即时性、灵活性、夸地域性的优点将在网络翻译批评这个领域得到长足的发展。

网络空间是现实与虚拟交织的信息流通的广袤场域,网络翻译批评的空间是它的组成部分。网络翻译批评看似存在于信息自由流动的无律世界,却依然受到种种客观因素的制约与规范。其中既有网络空间本身的天然特征所产生的制约,也有现实世界的经济利益争夺渗透入网络空间对翻译批评行为产生的限制。翻译批评的网络空间本身并不是一个完全平等的、理想化的言论空间,各种资本的争夺同样建构着网络翻译批评的形态。网络翻译批评空间目前良莠不齐,应从道德、法律、技术等层面对其加以规范,未来的网络翻译批评以何种形态继续出现,正确的规制与引导显得十分关键。

第八章 网络翻译批评的前景

　　目前借助网络进行翻译批评已经是随处可见,不管是在博客、网站、论坛,还是微博和微信等平台上,越来越多的人在进行翻译批评。网络翻译批评到底具有什么样的独特魅力,网络翻译批评自身又有什么不足?网络翻译批评还有什么可以进一步改进的空间?如何理顺传统翻译批评和网络翻译批评之间的关系?网络翻译批评将来的发展和走向又是如何?这些都是必须去思考和探讨的问题,不可否认的是,网络翻译批评不仅是翻译批评必不可少的一部分,是传统翻译批评的补充,而且它所发挥的作用也将是不可替代的。本章将对网络翻译批评进行总结,对网络翻译批评的未来进行展望,并力图通过对网络翻译批评的建构使得网络翻译批评走向有序,发挥出它最大的作用。

第一节 网络翻译批评的价值

　　网络翻译批评的存在一直没有得到充分的重视,但其地位不容忽视,其潜在的价值更是值得挖掘和深入考量,网络翻译批评是一种回应互联网技术革命所导致的社会结构整体转型与重构的新批评形态。曼纽尔·卡斯特尔认为,网络社会是一种新的社会形态,一种新的社会模式。这种以网络为基础的社会结构是高度动态的、开放的社会系统,而这种网络化逻辑的不断扩散,必然会改变生产、经验、权力与文化过程。① 翻译生态环境的改变导致翻译批评各个要素发生一系列改变,包括传播媒介、批评主体、批评客体、批评方法、批评标准、批评规范等。网络翻译批评的价值就在这样的过程中得以体现。

一、参与翻译过程,改变传统翻译模式

网络翻译批评使得翻译过程不再是完全放在小黑匣子里,处于隐蔽和黑暗的状态,因为如果将翻译过程放在网上,那么可以使得网络翻译批评从一开始到结束后都能参与并发挥批评作用,包含译作的选择、译者的选择、翻译过程中翻译策略和方法的选择、译作的质量以及读者及各方的反应。可以说,这些对于翻译活动都是非常关键而需要解决的问题。网络翻译批评一旦参与到翻译过程中,将彻底改变传统翻译模式的现状,即译者单打独斗,读者对于翻译过程毫无知情权,出版社与读者、译者与读者之间无法及时交流。翻译与网络必将最终走向融合,不管是机器翻译、计算机辅助翻译还是人工智能翻译,都离不开网络翻译批评的参与和批评。传统翻译的模式随着网络的到来将产生新的变化,那么与之密切相关的网络翻译批评也将对其产生一定的影响。

(一)网络翻译

网络翻译是随着时代的发展、技术得到保障而兴起的,翻译的一些内在需求需要通过技术得以实现,传统的翻译主要是通过译者个人的劳动将作品翻译出来,实际上存在着诸多限制。以下这些方面一直是翻译活动的掣肘,主要包括:(1)单打独斗的译者行为。译者大多数情况是个人劳动,极少数情况是像《毛泽东选集》译者那样的集体劳动。所以,翻译活动本身在某种程度上不是一种开放的状态,更多是个人能力的体现。而网络翻译,比如众包翻译在确定译者之后则可以让译者之间互相学习、监督和制衡,合作方式和方法有所突破和创新。(2)单一的译者选择。以前

① 转引自:朱伟. 网络社会中知识产权的特点. 中国科技信息,2007(9):130-131.

从事翻译的主要是专业的译者,业余的译者甚至是其他专业的翻译爱好者都很难有机会进入这个领域,而实际上很多专业书籍更需要的是懂专业知识的人。(3)封闭的翻译过程。传统翻译的过程很难呈现,即使有时通过笔记、信札的形式进行了某种程度的展示,但是这一直是翻译界的一个待解的谜题。有声思维法、眼动追踪技术等近年来都得到应用,但因并不那么容易操作,难以被广泛使用。而在这一过程中,翻译活动中的其他要素也难以参与到其中,比如读者、批评者和赞助人等。进行网络翻译,可以实现多种交流和沟通,译者与译者之间,译者与读者之间,以及译者与作者,译者和批评者之间等。

根据网络翻译的形式和运作流程来看,网络翻译主要分为两种模式:(1)利用网络和大数据进行翻译资源的共享和处理。网络翻译主要包含了机器翻译、云翻译、大数据翻译、机辅翻译和人工智能翻译等多种类型的翻译。这几种类型翻译的特点也会随着技术的发展而使得翻译活动内部发生裂变,从而使得翻译的形式发生翻天覆地的变化。(2)利用协作的方式,可以是两人,也可以是多人所进行的翻译活动。网络可以为译员提供便利的沟通方式,采取的协作方式中最为引人注目的是众包的形式。这是一种从美国"众包"(crowdsourcing)工作方法移植过来的新型翻译模式,即通过互联网海选译者,再由多人以最短时间合作翻译。翟香荔指出,"众包翻译悄然兴起的背后是人们对跨文化交流需求的快速增长。网络传播技术为其提供了技术性支撑,而'业余者'的参与使其成为现实"①。众包翻译中最引人瞩目的大概就是 2011 年出版的《史蒂夫·乔布斯传》。中信出版社先是进行网上海选,从 400 多名报名者中选出 5 名译者分工合作,然后找人统校,在不到一个月之内,就完成了 50 万字中文译本的翻译。目前多家网站都采取了众包的形式,众包翻译在中国的译言、虎扑、果壳等社区型媒体网站上正在摸索前行。"网友们每完成一

---

① 翟香荔. 众包翻译:网络时代的翻译创新及对出版业的启示. 出版发行研究,2015
(9):52.

次翻译,能够从网站社区(或论坛)里得到的,不过是一些积分、若干条评论、一点人气,偶尔还能获得一点报酬。而在传统的媒体形态下,他们的工作通常是由公司的雇员完成。"①以译言网为例,该网站脱胎于一个翻译科技和创业文章的博客"言多必得",五年后成为一个彻底执行众包模式的文章和图书翻译社区。众包翻译的应用范围十分广泛,其具体案例可参考表 8.1。

表 8.1　众包翻译案例比较②

案例分类	典型案例	众包对象	参与目的	组织方式	绩效产出
社交	Facebook	社区用户	交友	社交平台	社区凝聚力
新闻/信息	Ted	不限特定行业	获取信息	在线网站	传播新闻与信息
娱乐	Fansubbing	发烧友	娱乐	俱乐部	娱乐节目
政府及非营利组织	欧盟	特定翻译技能人群	社会责任	专门机构	提升公众对事业的认知度
文化	译言	文学	文学交流	管理平台	文化作品的出版
学习	Duolingo	语言学习者	技能获取	在线	掌握语言

　　网络上出现了很多原创并且有影响力的译文网站或者论坛。这些在网络上发布的原创翻译中,有的是从外网撷取的大量信息。比如,在译言网中,用户自发提交原文、翻译文章或阅读内容,站方编辑则不断从中发现优质原文源、具备一定实力的译者及阅读热点。站方在获得原文版权后,组织社区译者进行短时高效的协同翻译,并将翻译内容转售内容需求方,通过收益分成实现版权方、译者、站方的共赢。通过建立高质量译文及翻译社区,译言网吸引了国内一批高端及热心翻译者群体。在成为国内最大的翻译社区后,它最终形成了以版权引入为基础的社会化翻译与创作平台。目前期刊、教学资料、图书、专题等都是译言的译文体现形式,还会从内往外输送大量的信息。再比如,美国出现的一批粉丝

---

① 　陈中小路,刘胜男. 众包翻译在中国——译言、虎扑、果壳等社区型媒体网站的探索之路. 南方周末,2011-11-24.

② 　陆艳. 众包翻译应用案例的分析与比较. 中国翻译,2013(3):56-61.

自发组织的以翻译和分享中国网络小说为主的网站和社区,例如 Spcnet 论坛、Paper Republic(纸托邦)等网站。目前,纸托邦网站已经从诞生之初的一个由兴趣联结的网络平台,逐渐发展成为中国文学出版推介平台和中国文学对英语世界的小窗口,以及中国文学外译非常重要的民间渠道。

网络翻译将成为一种必要的形式。如果能够有一个相应的网络翻译平台,那么这些沟通交流就能够更清晰地呈现出来,就可以实现以下几个功能。(1)翻译工作平台化。这个平台可以为中西作者、读者和译者等搭建一个沟通和分享翻译点滴的平台,尤其是在中译外的过程中,在这个平台上可以记录下就某个问题所进行的在线协商。在该平台上可以看到读者的反馈,还可以看到批评者的意见等。(2)译者群体生态化。翻译量大,需要多名译者协同,在这个时候,网络为他们提供了进行协同的平台。在这个平台上,译者群体内部之间的交流和沟通增加,也会对译员所需的素养和能力有更清醒的认识,这样的平台无疑会为译者群体提供更多的资料、更好的生存空间。(3)翻译过程动态化。翻译的过程一直处于密闭的状态,但是由于有了网络翻译,就可以把翻译过程呈现出来,让更多的读者和其他翻译活动的参与者参与到翻译过程中,使得翻译过程更加透明,参与度更高,呈现动态发展的趋势。

(二)网络翻译过程中的网络翻译批评

在网络翻译过程中,如何对翻译进行质量控制和管理,翻译批评尤其显得重要。比如在比较流行的众包翻译过程中,已经发现了类似的问题,凭借乔布斯本人以及苹果公司的影响力,《史蒂夫·乔布斯传》这本书从翻译到出版一直备受关注。尽管出版社在译员选拔、翻译、审校各环节层层把关,马不停蹄,保证了中文版的同步上市,但细心的网友仍指出了很多翻译问题,乔布斯写给太太的情书翻译得"索然无味",译员"缺乏美国生活体验,不了解时空背景及语境,不懂美国俚语及作者意有所指的幽默,不熟悉苹果公司发展的经历"①等。

那么,这些翻译活动在翻译过程中都会遇到什么样的问题,翻译批评又该如何参与从而减少这些方面的问题? 国际译联(FIT)就曾针对翻译众包发表了一篇名为"翻译众包的连阴雨 译职立场文件"②的研究文章,阐述了翻译众包存在的潜在风险和问题,还提出了一些规避风险的建议。风险主要有:(1)管理风险。由于参与人数众多,而且大多数译员素未谋面,背景复杂,因此可能会加大翻译项目管理的难度。(2)资源风险。翻译众包通过网络集结大量有语言能力的兼职译者,译者的数量虽然庞大,但资质良莠不齐。同时翻译原材料本身涉及多个领域,风格迥异,如何筛选出合适且有责任心的译员便成为摆在面前的难题——不精心筛选,译文质量无法保证。(3)质量风险。翻译众包的优势在于高效,将较大的项目拆分成较小的部分,同时发包给众多译员同时完成翻译,实现交付周期的极大缩短。但众所周知,参与的人数越多,产生错误和翻译风格不一致的可能性就越大。(4)知识产权风险。目前很多众包机构将一个大文档中的敏感资料数据加以更改或者替换,来达到保密和保护知识产权的目的。如果需要翻译的文件涉及新产品上市、合同资料或者涉及商业机密,译文保密性就十分重要。(5)不确定性风险。翻译众包的资源是利用业余时间来做翻译的译员或者有相关语言能力的人。对于客户来说,流程的不透明性和译员身份的模糊性都会使翻译众包的项目成果何时达成变得不确定。

在翻译过程中,如果能够把网络翻译批评活动开展得更加及时和主动,那么即使是在这样的众包翻译活动中也可以起到质量监督的作用,比如黄肖彦、穆雷曾对《史蒂夫·乔布斯传》的网络翻译批评进行过分析,如表 8.2。

---

① 李景端. 翻译可有"快餐"但不可"快餐化". 光明日报,2011-12-13(13).
② http://fit-fit.org/fit-positien-paper-on-crowdsourcing-of-translation-services.[2022-08-15].

表 8.2　网络翻译批评主体的信息和内容构成①

主体	信息	内容
出版方	读者批评和译本接受度	译者遴选过程、翻译生产过程、试读译稿、出版译本、出版公司领导和编辑等的翻译批评和反思
译者	编辑、读者等人的翻译批评	对翻译批评的回应、对网友版本的翻译批评
受邀批评者	译本及出版方发布的相关信息	翻译批评
其他批评者	出版方、译者、受邀批评者所提供的信息	翻译批评(包括评价和重译等)

　　总之,网络翻译批评作为全新的命题,既面临翻译自身空间扩展的问题,也具有与大众文化互容共生的问题,需要采取跨文化和跨学科的研究方法,使得批评既有针对性,又能体现出批评的价值和意义。在进行网络翻译批评的时候,利用网络既可以对已经翻译过的作品进行批评,也可以对正在翻译的作品进行批评,尤其是对正在进行翻译的作品进行翻译批评,无疑可以让翻译过程得到更全面的展示,这也是对翻译研究的重大推进。在翻译《史蒂夫·乔布斯传》的过程中,出版人、译者、受邀批评者以及其他批评者都参与了翻译批评,这些批评活动无疑对《史蒂夫·乔布斯传》最终版本的确定产生了影响。在这一过程中,翻译批评发挥了最大的作用,我们可以清晰看到出版方、读者、译者和批评者各自所持有的立场,以及对翻译作品多方位的审视和衡量,还可以把翻译作品置于一个系统之中,从而避免其中任何一方的因素决定了作品的走向。

二、多层翻译批评体系的重要组成部分

　　就其本质而言,翻译批评是针对翻译活动展开的评价性、反思性活动,因而首先具有实践性。依据法国翻译理论家贝尔曼(A. Berman)的观点,翻译批评的主要目的在于拓展翻译的可能性。在这个意义上,翻译

---

① 黄肖彦,穆雷. 传播模式观照下的网络翻译批评模式研究——以《史蒂夫·乔布斯传》为例. 外语教学理论与实践,2015(3):80-84.

批评的首要任务就是要介入翻译实践,就翻译实践展开的动机、方法、质量等进行评价、检视、批评。① 在翻译批评体系中,不同类型的翻译批评起着不同的作用,学术翻译批评是阳春白雪,是翻译批评的理性状态,给予各种翻译活动全面、综合、系统的评价和审视;行业翻译批评给具体的翻译实践活动提出明确的、可操作的规范;网络翻译批评则提供了社会评价和读者批评部分,也是其他翻译批评所无法取代的。在翻译批评体系中,学术标准、行业规范和社会评价三个组成部分相互依存、相互影响,缺失了任何一个部分都将会让翻译批评失去重要的构成,从而使得翻译批评无法呈现多层次的、多方位的样貌。在这样一个动态、多元的世界,如果没有网络翻译批评的参与,那么翻译批评将处于一种静态、单一、无法及时更新的状态。可以说,网络翻译批评对其他类型的翻译批评形成了一种补充、制衡和监督的作用,网络翻译批评补充了传统翻译批评所没有涉及的作品、译者以及翻译活动,读者批评等这些翻译批评中的重要组成部分。此外,网络翻译批评改变了原来以学术翻译批评为主导的翻译批评环境,对传统翻译批评起到了制衡和监督的作用。

三、翻译批评中的公共空间

网络翻译批评形成了对翻译问题进行批评的公共空间,它是一个公众们行使自己的权利进行自由交流的地方,它的形成使得翻译批评出现了多声部,不同的意见由此产生。在这个公共空间内,某种意义上,身份不同的批评主体或者匿名,或者实名发表自己的意见。公共空间的重要意义就在于,它是一个民主、平等参与、自由讨论的空间,它的存在对于各种身份的批评主体来说都是不可或缺的,因为它为批评主体们提供了发表意见的空间,在这个空间中,批评主体们不用受到他人的左右,不用遵循既定的规则,只需依从自己的内心。在网络翻译批评中,互动也是一个

---

① 转引自:许钧. 论翻译批评的介入性与导向性——兼评《翻译批评研究》. 外语教学与研究,2016(3):432-441.

非常重要的特点。不同身份的批评主体之间在网络上进行不同形式的互动,可以是一次互动,也可以是多次互动,还可以是连续的互动,这对于问题的深入探讨是必须的。否则,翻译批评就成为一家之言,毫无回应,各说各话,难以产生思想的碰撞,问题的争鸣。互动呈现的方式很多,产生的影响力也是巨大的,比如,在译林出版社的翻译论坛上有连载的翻译批评文章,这些文章在其他地方都很难有机会得到呈现。随着网络技术的发展,各种新的社交媒体的出现,将会把这一公共空间以不同的载体、不同的形式延续下去。

诚然,网络翻译批评对于翻译过程、翻译质量、翻译活动都能起到一定的监督作用,但网络翻译批评在发挥巨大功能的过程中,由于其与网络这一媒介的密切关系,不可避免印上了网络所附带的一些印迹,因此,网络翻译批评的不足也是显而易见的。正如汪泳提出,网络翻译批评存在无理、无力以及无权威性的三个问题。无理是指网络的匿名性使得网络翻译批评易于缺乏理性、过于主观、偏激,这点在一些不成文的批评中体现得尤为明显。无力是指批评的随意性导致一些网络翻译批评不深刻,批评易于停留在表面,不能追根溯源探究翻译研究的学理,结果就是批评缺乏一定力度,产生"批评疲软"的现象。无权威性体现在部分网络翻译批评不严谨、不准确,批评概念术语的规范性和科学性不强。[①] 甚至有人认为将网络批评叫做"前批评"更为恰当。因为网络的开放性给人们提供了发表个人意见的场所,相对而言,网络批评常缺乏学术准备和理论准备,它是非常个人化的随机的行为。主要表现有三:第一是泛化的批评,它对新闻事件、热点话题非常敏感;第二表现在它的"前批评状态",对文本的选择和小聪明、游戏文字在互联网上得到最充分的张扬和很多人的喜爱;第三就是网络批评的互动性和娱乐精神——充分的"娱乐化"。因为网络的写作者不像报纸、杂志的从业人员有工作要求,所以自娱自乐的

---

① 汪泳. 中国网络翻译批评研究. 南京:解放军国际关系学院博士论文,2012:
153-154.

精神就非常强烈。① 然而,尽管这些问题确实是或多或少存在的,但是瑕不掩瑜,不能因噎废食,通过对批评阵地、批评形态、批评内容和批评主体等方面的筛选和去伪存真,给其合理的定位和空间,网络翻译批评仍将会大放异彩,成为翻译批评不可或缺的一部分。

第二节　网络翻译批评的建构

面对今天的翻译批评现状,专业批评者们都认为不尽如人意,因为翻译批评不管是从质还是从量上都难以应对如此繁荣的翻译局面。随着网络的普及和网络翻译批评的繁荣,批评者都希望能够借助网络翻译批评平台使得翻译批评更加多样化、多层次化、多功能化。针对网络翻译批评的特点,为了使其能够在将来发挥更大的作用、更加规范、更有活力,笔者认为可以对网络翻译批评进行一些设计和规划,形成良好的网络批评环境,构建批评体系,完善批评的职能。

基于前面的分析和研究发现,网络翻译批评是一把双刃剑,它既能使得翻译批评有新的面貌、新的活力,但同时若使用不当,也不会取得理想的效果,甚至流于混乱。所以,为了构建良好的批评环境,可以在多个层面多管齐下,使得网络翻译批评充分利用其自身的优势,发挥最大的作用。

一、网络翻译批评的议程设置

网络翻译批评的议程设置能够使得网络翻译批评更加有针对性和计划性,并且能够快速获取各方面的观点。议程设置功能作为一种理论假说,最早见于美国传播学家 M.E.麦库姆斯和 D.L.肖于 1972 年发表的论文《大众传播的议程设置功能》。"其主要含义是:大众媒介注意某些问题

---

① 王山.批评:碰撞中的坚守与新生——"网络批评、媒体批评与主流批评"研讨会述评.文艺报,2001-08-07.

而忽略另一些问题的做法本身就可以影响公众舆论,而人们一般倾向于了解大众媒介注意的那些问题,并采用大众媒介为这些问题所确定的优先次序来确定自己对这些问题的关注程度。"①网络翻译批评的议程设置并非想呈现话语权的重要作用,只是将更多的待解问题和悬疑谜案以网络的平台展示出来,同时也可以从多个角度、多个侧面看待同一个问题。此外,由于传统翻译批评的滞后性,网络翻译批评可以及时地发现问题并探讨问题。还能够捕捉读者对议题的关注,深化对翻译的认识,纠正一些偏见和误区。

在网络翻译批评的过程中,议程设置可以通过以下三个方式进行。其一,可以邀请翻译活动中不同身份的批评者来对某个议题同时进行研讨。可以是一个热点事件,也可以是其他议题,比如多个译本的比较。其二,可以定期把线下的专家学者邀请到网上进行一些特定议题的批评和探讨,这能够对某些问题给予更专业深入的研讨。比如在一些官方网站、微博上设置一个专栏。其三,在某些新兴的网络媒体有意识地进行议程设置。比如,在"全国高校 MTI 微信交流平台"微信群,高校教师和翻译产业从业人员就 MTI 人才培养话题进行讨论。

网络翻译批评通过议程设置,可以实现以下几个设想。(1)建立共识,实现对话。通过议程设置,媒介可以将很多有争议的问题拿到桌面上,实现不同观点的对话,形成一定的共识,这样就不会出现同一个问题不停地、反复地说,却仍然没有任何进展。(2)增强责任,引导舆论。专业批评者对于翻译问题的评判在很大的程度上影响着公众关注与该事件相关的议题,引导着更多的业余批评者提高责任意识,更加理性对待问题。(3)设置议题,吸引眼球。要想捕捉公众的注意力,就应该以恰当的方式找到相应的与社会发展和进步密切相关的翻译活动,从而吸引更多的人关注翻译。(4)解答疑惑,辨清迷雾。在一些热点问题出现时,各方观点有时相互是抵牾的,这使得大众处于云里雾里,通过及时设置议程,可以

---

① 转引自:时燕子.""微""传播的突破与变革.创新科技,2011(5):20-21.

给困惑的读者和大众解惑。

二、提升网络翻译批评者的批评意识

目前网络翻译批评的队伍建设问题亟待解决,网络翻译批评门槛相对较低,很多专业人士不屑于或者没有习惯从事这样的批评,网上从事翻译批评的人士又缺乏专业批评训练,造成了批评队伍建设的迟缓。谁是网络翻译批评的主体?批评队伍应该包括读者、高校及相关研究机构的专业人员、译者、编辑以及出版机构等,既有经过严格学术训练的理论专家,也有那些根据自己的知识结构和直觉感受而进行批评的读者,还有其他身份的批评者。学界对于媒体批评和网络批评慢慢走向前台表示了疑虑和担心,希望越来越多的专业批评者参与其中:一方面有利于他们从理论的深度、从事物的规律性中剖析媒体批评和网络批评的特性,并指出它们的不足和缺陷;另一方面,又使他们可以不受限于此,更多地感受媒体批评和网络批评带来的文化意义和鲜活特质。大力提升网络翻译批评者的批评意识可以较好地引导翻译向健康的产业方向和专业方向发展。

通常人们会有这样的印象,似乎翻译批评只属于那些专业批评者,大众好像失去了批评的能力。理由是他们不具备思想的体系性,更多的是直观、感悟、片段的想法,甚至是个人情绪化的判断与评价,所以不能被认为是批评。而事实上,大众以直觉判断的形式表达对翻译的批评一天也没有停止过,只是他们的意见通常没有展示的平台。要产生高质量的网络翻译批评,需要成熟的批评主体,而读者是网络翻译批评主体中尤其需要关注的一部分。一方面,我们可以通过一些评价机制遴选出合格的读者,这些合格的读者既要中英文功底深厚,也要具备某方面的专业知识以及批评素养。另一方面,要培养读者对批评的正确认识,读者需要认真对待批评,要提倡一种批评的个体责任伦理,使得翻译批评"不是对理论的正确性负责,不是对阐释的有效性负责,而是对个体的存在质量、批评立场、文化使命负责,从而确保批评是一种个体的自我建构过程,一种文化趣味的全方位表达"①。

三、健全网络翻译批评的评判机制

网络翻译批评的评判机制主要指互联网上利用网络传播特点对翻译作品进行评价与判断的系统,它包括点击、回复、精华、评论、收藏等一系列活动。网络翻译批评是否可信、有进一步的发展空间,最主要的是要靠网络翻译批评的评判机制。如果网络翻译批评没有任何的把关机制或者"把关人",那么它会呈现一种无序的状态,完全靠使用者自己去判断,这无疑给网络翻译批评带来非常大的不可信度。而好的评价机制则不仅会呈现读者最真实的评价,也会引导和监督译者和出版社关注翻译作品的方向和质量。

豆瓣电影和书评之所以能够得到网民的认可,其特有的评价机制功不可没。以豆瓣电影为例,豆瓣创始人阿北早在 2015 年就发表过相关的评分机制解释。阿北表示,豆瓣电影的评分系统里面没有专家评审,但是有一个一亿多人的大众评审团(用户)。而这些注册用户在看完电影后,就可以过来打一星到五星的评分和写影评。最终得分主要采用平均分的算法,但是在这个过程中并没有审核,编辑也不会一直盯着分值变化。每过若干分钟,计分算法就会重新跑一遍,把用户最新打的分也计算进来。猫眼的评分模式与豆瓣的有所不同,除了普通观众的评分之外,还有一项由 69 名专业影评人给出的专业评分。再以豆瓣读书为例,豆瓣读书中对图书质量的评估可以从不同的方面来了解和掌握。首先,可以看评分,同时查看评价人数;然后,再看书评和论坛;此外,还可以看"豆列"。从多个方面来考察一本书,就可以得到相对可靠的评价。

所以,为了使得网络翻译批评的评价可信度更高,就要构建网络翻译批评的评价机制。

(1)打破单一的标准,在评判机制中适当调整版块分布。正如亚马逊

---

① 蓝爱国. 文学批评:身份的文化辨识. 天津社会科学,2005(8):100.

书评所做的那样,可以采纳现有的读者评星或者打分这一做法,开设排行榜的同时也在首页醒目位置设立精品推荐榜或编辑推荐榜。翻译作品的文学价值、美学特征、准确程度都将构成排名的重要标准,并由具有一定审美阅读经验、认真负责的网民进行阅读体验分享。

(2)设置"把关人"。在每个网站或者论坛,需要一个开放的、理性的"把关人",他们可以把那些灌水的、发泄的、毫无价值的批评隔绝在外。当然,这里面也会出现很多主观的成分。"把关人"(gatekeeper),最早是由美国社会心理学家、传播学四大奠基人之一——库尔特·卢因于1947年在《群体生活的渠道》一文中提出的。卢因认为,在研究群体传播时,信息的流动是在一些含有"门区"的渠道里进行的,在这些渠道中,存在着一些把关人,只有符合群体规范或把关人价值标准的信息才能进入传播渠道。①

(3)与传统媒体多层面多角度地交流合作,学习借鉴其成熟的选拔机制和运作模式。网络翻译批评中,媒体是专业人士和大众之间的一个重要的沟通桥梁,在其中将起到不可或缺的作用。此外,网络翻译批评其实可以从传统的报纸杂志汲取经验,学习如何做到可信度高。传统报纸杂志从作品的筛选到读者兴趣的调查反馈,从组稿到出版发行都形成了一套相对成熟行之有效的运作方式。因此,如果在网络中可将传统媒体中的可靠性高、可追溯、可证实等优点也慢慢地融入进来,这些将为网络翻译批评与传统翻译批评的融合提供新的途径和方式。

四、完善网络翻译批评的价值判断

不管是何种门类的艺术,如文学、绘画、音乐、建筑等,批评的环节从来都是一个常人无法轻易涉足的领域。从起初的简单褒贬到逐渐规范起来的批评文体,渐趋精细的批评门类与分工,批评一路走来已经成为一种

---

① 转引自:张馨丹. 浅析 VR 新闻对把关人理论的冲击与影响. 新闻研究导刊,2018-01-25.

典型的精英文化形态,而如今这种精英色彩受到空前的削弱。如果说专业批评者曾经是伫立在广阔原野中的高峰,那么这种高度如今在网络翻译批评中已经被拉低为丘陵,甚至只剩下简单的起伏。翻译的民主在网络翻译批评环节上得到了加强和普及,批评者作为独立个体的特征得到了强调,这种变化同时体现为任何一个批评者作为"专家"的个性在网络翻译批评中是很难得到展现的。网络中特殊的民主氛围是一个很重要的因素,网络翻译批评先天具有民主性,是网络民众努力追求和保持的结果。网络语言因为民主而平等,因为平等而排除"独白",形成了"复调"和"对话"。这种气氛使得现代意义上的"批评"这个词及其对应的话语活动在网络上处在一种非常敏感的境地,也使得文化地位建立在传统媒体之上的各方神圣常常陷入尴尬之中。客观地说,传统的批评家都有一种文化精英的心态,特别是面对网络这种新生事物时,这种自我意识更成为一种普遍现象。于是他们在与网络的接触过程中,大多自觉或不自觉地把自己装扮成了指导者和评判者。

网络翻译批评是传统翻译批评和媒介翻译批评之后又一新的形态。批评者身份的网民化、创作方式的技术化、文本载体的数字化、传播方式网络化、欣赏方式"机读化"、叙事方式的多媒体、超文本化,是网络翻译批评异于传统的基本形态。① 完善网络翻译批评的价值判断,能够以一种欣赏的眼光和开阔的视野看待网络翻译批评,能够给予网络翻译批评发挥的空间,这些都是现代社会所独有的特征。因为大量的网络翻译批评文字充塞其间,不可避免会产生不少文字垃圾,但是也有珍珠般闪光的文字。好的批评,可以沙里淘金,向读者们介绍芜杂众多的翻译作品中值得一读的佳作,引起大家对该文以及译者的关注。无论是表扬还是批评,这样的翻译批评都能起到它的作用。②

---

① 欧阳友权. 网络文学论纲. 北京:人民文学出版社,2003:50-53.
② 汪超英. 绽放在互联网上的奇葩——网络文学的现状及其走向. 武汉:华中师范大学硕士论文,2002:28.

五、网络翻译批评网站和论坛的构建

目前,网络上进行批评的阵地很多,比如网站、论坛、微博和微信等,但是并没有一个专门以"翻译批评"为名的网络翻译批评网站或论坛。网络翻译批评网站或者论坛的建立将为翻译批评提供一个全面展示翻译批评成果、引领翻译批评研究、提高翻译质量、培养翻译批评人才的平台。就如中国艺术批评家网站的办站宗旨一样,"以批评见证艺术,以学术引领市场,致力批评学科建设,推出批评新人"。2007 年年底,某网站署名为 blackboyerking 的网友曾发布题为"关于华语翻译批评的设想——利用网络是一个出路"的一篇文章,呼吁必须建立一个以翻译批评为主题的论坛。① 文章引用方周子的"新语丝"论坛的实例并指出,网络的匿名性和传播性可以使读者不顾及所谓面子,而对译者和译作作出真实的评论。这对于改变我国翻译批评界"逢书评就赞扬附和而无批评"的现状有重要的意义。通过建立规范性的翻译批评网络论坛,可以使网络上的不同批评途径得以整合、规范,有利于网络翻译批评向着健康的方向发展。

为了使网络翻译批评更加科学化、系统化和明晰化,可针对翻译批评所涉及的不同视角,开辟不同的翻译批评专栏。比如,(1)开设翻译家专栏,正如作协网所做的那样,一人一版块,专门评论中外某一个翻译家的翻译作品、翻译风格、翻译理论,甚至包括其生平事迹和生活背景的研究等。(2)开设经典文学翻译作品和其他经典作品专栏,一作品一版块,对其进行介绍、挑错、分析和研究,可长可短;既可对原作的一个译本进行总体批评,也可通过对同一原作的不同译本的比较进行批评。(3)开设出版社和普通译者的互动专栏,使得读者直面译者和出版人,让读者的意见能得到译者和出版社的反馈。比如,像 Wuxiaworld 这样一个从论坛发展起来的网站,它保留了很多论坛的特性,读者可以在每一章节下给译者留言,极大地方便了译者与读者之间的交流;译者还会贴心地把小说中有些

---

① 蔺志渊. 网络环境下的翻译批评研究. 时代文学月刊,2010(2):49-50.

术语、中国文化负载词拎出来,另开一帖,有时还会将自己不清楚的也列在其中,以便读者和译者能很方便地进行讨论。(4)对"网上学术论坛"进行议题设置,邀请相关专家人士进行讨论,也可以把线下的小规模论坛同步直播在网上,并进行文字转写,这无疑会产生巨大的影响。

规范性的网络翻译批评网站或者论坛是一个很好的融合网络翻译批评与传统翻译批评的地方,既能让读者发出自己的声音,也能给传统翻译批评提供网络传播的空间。此外,这样的网站或者论坛由于中间有"把关人"的监管,可以进行内容筛选和引导。用"网络上的生存是一种没有重量的生存"①来描述网络环境下的翻译批评在无约束的自由后面临的困境非常合适,唯其过于自由,批评变得过于随意。如果没有任何规则和尺度,这样的翻译批评显然也背离了批评的原旨。倘若建立一个规范性的批评论坛,专家、学者能适时、适度参与网络环境下的翻译批评,他们深厚的背景知识及理性的专业视角必然能够引导网络翻译批评向着健康的方向发展。

第三节　翻译批评的未来:
学术翻译批评与网络翻译批评的融合

网络时代翻译批评的实践已经打破了传统翻译批评的固有批评理念和方式方法,提出了诸多的理论问题亟待人们探索。与传统媒介时代相比,批评客体、批评主体、批评方式、批评标准、批评自身的规定性等都需要重新审视与建构。近些年来,电子传媒技术的飞速发展给翻译批评带来表达的自由与迅捷。网络翻译批评的多产与活跃、多元发展所表现出的巨大生命力和强烈的冲击,使它的社会影响力有所提高。然而,我们更应该看到,翻译批评质量的提升进程仍很缓慢,仍然举步维艰,并在诸多理论问题上表现出某种缺乏,尤为严重的是缺席和不在位。因此,翻译批

---

① 南帆.没有重量的空间.电影艺术,2000(4):70.

评发展的步履仍不轻松。翻译批评不应该仅仅满足于此,更应该担当起推动和促进翻译事业健康发展的责任,尽管道路曲折,任重而道远,但确是必经之路。

　　网络翻译批评的存在是一种必然,它使得传统翻译批评走向大众。从某种意义上说,网络在客观上为促使翻译批评走向民间、走近大众搭建了桥梁,也促使大众展露才华,发出真实的声音,实现了网络和翻译批评的"双赢"。学术研究走向大众是有必要的,也是可行的,翻译批评如果完全离开大众的支持就成了无源之水、无本之木,批评家们应该走出象牙塔,走向大众,与大众分享自己的博学和睿智。当然,走向大众不等于迎合大众,也不等于完全受到大众观念的控制和摆布。翻译事业健康发展离不开翻译批评,需要批评者凭借自己深厚的语言功底和素养以及严谨的治学态度和学术训练,对翻译作品及活动进行有理有据的批评。翻译批评理应被包含在大众文化中并助力提升大众文化素养。相对于网络翻译批评,主流批评应当具备引导性,具有兼容的能力,充分重视各种身份的批评者所提出的问题和做出的批评,并能指出高质量的翻译批评及提高批评质量的途径。

　　翻译批评的繁荣需要挑战与争论,但同时也需要严肃的态度和深刻的思想作指导,学理批评起到的就是这种引导的作用。在挑战和争论中,学理批评才能看到自己的不足,并正视自己的问题,促使学理批评走出学院、书斋,改变过去那种深居不出的传统做法。这里所说的"走出",从某种意义上讲,是指让更多的人了解翻译,了解翻译事业、翻译活动。现在网络与媒体批评的繁荣可看作是批评发展的宣传期,由于参与网络翻译批评活动的便利性,当大众普遍对翻译批评产生兴趣并做出尝试后,就会对大众批评有更深入的了解,可以发现其不足之处,渴望得到更加专业的批评,并会逐渐地接纳带学理意味的批评或对学理批评本身做出积极的响应。这种风气的形成,才是批评真正繁荣时期的到来,也为批评本身的进一步发展培育了丰厚的土壤。

　　网络翻译批评与传统翻译批评之间的融合还表现在它们代表了不同

的声音,表达出一种声音对另一种声音的渴望、理解、融通与包容。网络翻译批评与传统翻译批评必将你中有我,我中有你,相互依存。网络翻译批评中的翻译书评以及微信、微博等新媒体形式都会成为翻译工作者传播翻译的主要途径和手段。现在很多著名的翻译家和批评者已经开始借助微信、微博以及电子邮件等形式将翻译活动与大众分享,比如,林少华不仅有博客还有微博,他会定期把自己的作品与读者分享。随着社交媒体的推陈出新,新兴的网络交流方式也会催生网络翻译批评的新形式,其中一些将成为网络翻译批评大潮中逐渐成长起来的固定领地。通过规范网络翻译批评,把网络翻译批评中的有效资源逐渐梳理出来,就可以建立起网络翻译批评井然有序的家园。

参考文献

Baker, M. 翻译研究百科全书. 上海：上海外语教育出版社, 2004.

Bassnett, S. & Lefevere, A. *Constructing Cultures—Esssys on Literary Translation*. 上海：上海外语教育出版社, 2001.

Bassnett, S. *Translation Studies*. London and New York：Routledge, 2002.

Catford, J.C. *A Linguistic Theory of Translation*. London：OUP, 1965.

Chesterman, A. *Memes in Translation*. Amsterdam/Philadelphia：John Benjamin Publishing Company, 1997.

Delisle, J., Hannnelore, Lee-Jahnke & Corner, M.C. 翻译研究关键词. 北京：外语教学与研究出版社, 2004.

He, Yuanjian. Translating：Towards a principle-and-parameters theory. 翻译学报, 1999(3)：97-113.

House, J. *Translation Quality Assessment*：*A Model Revisited*. Tubingen：Gunter Narr, 1977.

Lefevere, A. *Translation, Rewriting, and the Manipulation of Literary Fame*. 上海：上海外语教育出版社, 2001.

Jacobson, R. On linguistic aspects of translation. In Venuti, L. (ed.). *Translation Studies Reader*. London and New York：Routledge, 2004.

Munday, J. *Introducing Translation Studies*：*Theories and Applications*. London：Routledge, 2011.

Newmark, P. *A Textbook of Translation*. 上海：上海外语教育出版社, 2001.

Reiss，K. *Translation Criticism*：*The Potentials & Limitations*. 上海：上海外语教育出版社,2004.

Schaffner，C．*Translation and Norms*. Clevedon：Multilingual Matters Ltd.,1999.

Steiner，G. *After Babel*：*Aspects of Language and Translation*. Oxford：Oxford University Press, 1975.

艾略特.批评的功能//中国社会科学院文学研究院.现代美英资产阶级文艺理论文选. 罗经国,译.北京:作家出版社,1962：46-57.

蒂博代.六说文学批评.赵坚,译. 北京:生活·读书·新知三联书店,1989.

白丽敬. 从传播学视角解读微信的发展. 新闻世界,2013(8)：143-145.

巴赫金. 文本、对话与人文. 白春仁,等译.石家庄:河北教育出版社,1998.

贝斯特,科尔纳.后现代转向. 陈刚,等译. 南京:南京大学出版社,2002.

常聪. 网络读者书评的文化价值. 黑龙江社会科学,2007(5)：183.

陈福康. 中国译学理论史稿. 上海:上海外语教育出版社,1992.

陈勤奋.哈贝马斯的"公共领域"理论及其特点.厦门大学学报(哲学社会科学版),2009(1)：114-121.

陈中小路,刘胜男. 众包翻译在中国. 南方周末,2011-11-24.

褚杨杨，田翠芸. 界壳理论下网络翻译批评机制构建. 河北联合大学学报(社会科学版),2015(5)：101-104.

崔巍. 重译《飞鸟集》引骂声 冯唐:将到泰戈尔故乡办分享会.(2015-12-21) [2022-08-15]. http://www. chinawriter. com. cn/news/2015/2015-12-21/261198.html.

杜庆杰. 博客初探. 合肥:安徽教育出版社,2008.

方梦之. 译学辞典.上海:上海外语教育出版社, 2004.

方卫平. 呼唤独立、纯粹的批评精神.文艺报,2014-04-11(5).

冯唐. 翻译泰戈尔《飞鸟集》的二十七个刹那. [2022-08-15]. https://weibo. com/fengtang.

傅伟.Web2.0时代的网络传播特性分析——以豆瓣网发展为例.东南传播,2008(12)：117-118.

高建国. 书评的空白. 出版文化,2007(1):50-52.

辜正坤.中西诗鉴赏与翻译.长沙:湖南人民出版社,1998.

辜正坤. 英汉诗歌翻译批评与学术道德规范——评《我读罗赛蒂"Sudden Light"一诗的四种汉译》.世界文学评论,2009(1):26-40.

辜正坤. 莎士比亚《理查三世》剧文选段解读与翻译研究——对蒋坚霞教授的错误译文及其不良批评习气的批评. 世界文学评论,2010(2):23-32.

郭宏安.《批评生理学》:自发的批评.读书,1987(5):122-127.

哈贝马斯. 公共领域的结构转型. 曹卫东,等译.上海:学林出版社,1999.

贺桂华.《尤利西斯》金隄译本的网上读者接受效果研究.上海翻译,2022(1):88-94.

胡德香. 中西比较视野下的翻译批评. 山东外语教学,2004(5):102-105.

胡牧. 翻译研究——一个社会学视角. 外语与外语教学,2006(9):48-55.

黄肖彦,穆雷. 专播模式观照下的网络翻译批评模式研究——以《史蒂夫·乔布斯传》为例. 外语教学理论与实践,2015(3):80-84.

黄忠廉,李正林.翻译批评体系符号学考量. 外语教学,2015(4):95-98.

蒋坚霞. 再驳辜正坤的"英汉诗歌翻译多元互补论". 世界文学评论,2010(2):33-45.

曼纽尔. 网络社会的崛起. 北京:社会科学文献出版社,1996.

匡文波. 论网络传播学. 国际新闻界,2001(2):46-51.

莱文森. 新新媒介. 何道宽,译. 上海:复旦大学出版社,2011.

蓝爱国. 文学批评:身份的文化辨识. 天津社会科学,2005(8):98-102.

蓝红军. 翻译批评的现状、问题与发展. 中国翻译,2012(4):15.

李超男. 网络言论自由的法律规制. 保定:河北大学硕士学位论文,2015.

李建军. 批评家的精神气质与责任伦理//万宁. 批评的力量. 重庆:西南师范大学出版社,2009:21-30.

李景端. 翻译编辑谈翻译. 武汉:湖北教育出版社,2009.

李景端. 翻译可有"快餐"但不可"快餐化".光明日报,2011-12-13(13).

李景端. 翻译的"时尚"与坚守. 光明日报,2014-05-02(7).

李明. 网络书评的多元价值与社会文化传播功能. 图书馆杂志,2013(11):

30-33.

李平,何三宁."翻译批评"名下的"翻译评论".译林(学术版),2012(5)：148-156.

李全安.翻译评论浅议.中国翻译,1992(1)：11-14.

李彦.Web2.0网站的聚合功能分析——以豆瓣网为例.社会科学论坛,2011(5)：241-245.

李英垣.翻译批评标准新探——以历史语境化、译者主体性和接受语境为基本参数.外国语言文学,2010(4)：251-257.

李永艳.专业批评家与网络文学批评.长江师范学院学报,2008,24(3)：123-126.

廖七一.当代西方翻译理论探索.南京:译林出版社,2000.

林煌天.中国翻译词典.武汉:湖北教育出版社,1997.

蔺志渊.网络环境下的翻译批评研究.时代文学月刊,2010(2)：49-50.

刘丹鹤.网络空间与公共领域实践.北京理工大学学报(社会科学版),2007(4)：71-74.

刘晖.影响大众传播效果的因素.新闻前哨,2012(7)：52.

刘金龙.翻译书评类型刍议.中国科技翻译,2015(4)：58-61.

刘亚猛,朱纯深.国际译评与中国文学在域外的"活跃存在".中国翻译,2015(1)：5-12.

刘云虹.论翻译批评空间的构建.中国翻译,2008(3)：11-15.

刘云虹.论翻译批评精神的树立.外语与外语教学,2009(9)：62-65.

刘云虹.选择、适应、影响——译者主体性与翻译批评.外语教学理论与实践,2012(4)：48-54.

刘云虹.翻译批评研究.南京:南京大学出版社,2015.

吕秀莹.浅析Web2.0环境下我国第三方点评网站的发展现状——以大众点评网和豆瓣网为例.东南大学学报(哲学社会科学版),2011(13)：87-92.

吕俊.论翻译研究的本体回归——对翻译研究"文化转向"的反思.外国语,2004(4)：53-59.

吕俊.翻译批评学引论.上海:外语教育出版社,2009.

吕鑫. 学术博客研究述评. 图书情报工作, 2012, 56(6): 64-68.

陆艳. 众包翻译应用案例的分析与比较. 中国翻译, 2013(3): 56-61.

罗根泽. 中国文学批评史. 上海: 上海书店出版社, 2003: 8-10.

康佳. 我国博客编辑的职能研究. 开封: 河南大学硕士论文, 2008.

孟庆兰. 网络信息传播模式研究. 图书馆学刊, 2008(1): 133-137.

南帆. 没有重量的空间. 电影艺术, 2000(4): 70-75.

农郁. 微时代的移动互联: 轻熟人社交、交往快感与新陌生人社会的伦理焦
    虑——以微信为例. 文学与文化, 2014(3): 91-99.

史蒂文森. 文化公民身份: 全球一体的问题. 北京: 北京大学出版社, 2010.

欧阳友权. 网络文学论纲. 北京: 人民文学出版社, 2003.

欧阳文风. 从文学到文学性: 图像时代文学研究的重心转移. 理论与创作,
    2008(2): 48-50.

彭兰. 网络新闻传播结构的构建与分析(下). 国际新闻界, 2003(3): 31-35.

彭兰. 网络传播学. 北京: 中国人民大学出版社, 2009.

彭萍. 翻译伦理学. 北京: 中央编译出版社, 2013.

石家麒. 从 Wuxiaworld 看中国文化"走出去"新思路. 安徽文学下半月, 2017
    (3): 89-90.

司莉. 网络书评的现状与发展分析. 出版发行研究, 2005(11): 67-72.

时燕子. "微"传番的突破与变革. 创新科技, 2011(5): 20-21.

邵岭. 冯唐重译泰戈尔引质疑: 打个人印记 偏原著精神. (2015-12-26)[2022-
    08-15]. http://culture.people.com.cn/n1/2015/1226/c172318-27980002.
    html.

孙丽丽. 虚拟社区的传播学分析. 法制与社会, 2006(12): 220-221.

宋晓春, 秦绪华. 论当代翻译批评中的排他性——兼论走向交往实践的翻译
    批评. 湖南大学学报(社会科学版), 2009(4): 109-112.

谭晓丽, 吕剑兰. 安乐哲中国哲学典籍英译的国际译评反思. 南通大学学报
    (哲学社会科学版), 2016, 32(6): 81-87.

谭旭东. 寻找批评的空间. 哈尔滨: 黑龙江教育出版社, 2007.

全冠军. 中国网络书评的现状及其存在的问题与对策研究. 中国出版, 2006

（1）：40-41.

王彬彬. 为批评正名. 长春：时代文艺出版社，2000.

汪超英. 绽放在互联网上的奇葩. 武汉：华中师范大学硕士论文，2002.

王东风. 解构忠实——翻译神话的终结. 中国翻译，2004（6）：3-9.

王宏印. 文学翻译批评论稿. 上海：上海外语教育出版社，2005.

王君. 广告传播与文化公民身份的建构途径. 中国广播电视学刊，2013（4）：27-29.

王克非，杨志红. 翻译测试中的理论与实践问题. 外国语，2010（6）：54-60.

王山. 批评：碰撞中的坚守与新生——"网络批评、媒体批评与主流批评"研讨会述评. 文艺报，2001-08-07.

王向远，等. 二十世纪中国文学翻译之争. 南昌：百花洲文艺出版社，2006.

王一多. 网络翻译批评——新的批评空间. 外语研究，2015（4）：73-76

王一多. 译学视域内不确定性中的确定性. 外语研究，2012（6）：76-80.

汪泳. 中国网络翻译批评研究. 南京：解放军国际关系学院博士论文，2012.

魏冰心，冯婧，胡涛. 讨论冯唐荒诞吗？中国众诗人眼中的《飞鸟集》.（2016-01-04）[2022-08-15]. http://inews.ifeng.com/mip/46938400/news.shtml.

韦勒克. 批评的概念. 张今言，译. 杭州：中国美术学院出版社，1999.

文军，刘萍. 中国翻译批评五十年：回顾与展望. 甘肃社会科学，2006（2）：38-43.

吴长青. 试论网络文学批评的困境. 光明日报，2013-10-15（14）.

吴萍. 移动社交网络中的信息传播最大化问题研究. 济南：济南大学硕士论文，2015.

吴万伟. 翻译书评与翻译批评——《翻译为什么重要》九篇书评的对比研究. 英语研究，2011（4）：77-83.

吴燕惠. 网络读者书评对读者角色的冲击. 资讯社会研究，2001（1）：80-120.

谢佳琳，覃鹤. 基于学术博客的知识交流研究. 情报杂志，2011（8）：159-162.

谢天振. 翻译本体研究与翻译研究本体. 中国翻译，2008（5）：6-10.

谢新洲. 网络传播理论与实践. 北京：北京大学出版社，2004.

肖峰. 信息技术决定论：从"信息社会"到"信息主义". 东北大学学报（社会科

学版),2009,11(5):377-383.

肖香龙.网络道德建设的难题及对策分析.浙江理工大学学报,2006,23(3): 380-384.

肖维青.翻译批评模式研究.上海:上海外语教育出版社,2010.

许方.昆德拉在中国的翻译、接受与阐释研究.杭州:浙江大学出版社,2020.

徐敬宏.我国网络隐私权的行业自律保护:现状、问题与对策.图书与情报, 2009(5):30-83.

许荻晔.翻译家葛浩文:莫言对译者很体贴.东方早报,2013-10-16(B03).

许钧.论翻译活动的三个层面.外语教学与研究,1998(3):49-54.

许钧,高方.网络与文学翻译批评.外语教学与研究,2006(3):216-220.

许钧.翻译论.武汉:湖北教育出版社,2006.

许钧.从国家文化发展的角度谈谈翻译研究和学科建设问题.中国翻译, 2012,33(4):5-6.

许钧.论翻译批评的介入性与导向性——兼评《翻译批评研究》.外语教学与 研究,2016(3):432-441

许钧,高方.网络与文学翻译批评.外语教学与研究,2006(3):216-220.

许钧,穆雷.翻译学概论.南京:译林出版社,2009:281.

许钧,穆雷.中国翻译研究(1949—2009).上海:上海外语教育出版社,2009.

许钧,袁筱一.试论翻译批评.翻译学报,1997(1):1-2.

许渊冲.翻译与评论.外国语(上海外国语大学学报),1985(6):13-20.

徐莉.我国网络书评的形态与发展.青年记者,2015(35):107.

徐霞.当代网络书评研究.合肥:安徽大学硕士学位论文,2015.

徐小丽,徐雁,万宇.网络时代的书评.中国图书评论,2004(7):4-7.

徐召勋.书评学概论.武汉:武汉大学出版社,1994.

闫祥岭.新译版《飞鸟集》引争议 "信"是翻译第一标准.(2015-12-19) [2022-08-15].https://lx.huanqiu.com/article/9CaKrnJSu8i.

姚红宇.网络读者书评对书评文化发展的利弊研究.企业文化月刊,2012 (7):147-148.

姚振军.认知翻译学视野下的翻译批评.外语与外语教学,2014(2):15-19.

杨涵,薛阳阳. 再议"技术决定论"——对"范玮琪晒娃"事件的思考. 出版广
　　角,2016(1):70-71.

杨洁,曾利沙. 论翻译伦理学研究范畴的拓展. 外国语,2010(5):73-79.

杨平. 读者反应批评——文学翻译批评新视角. 北京第二外国语学院学报,
　　2009(8):36-40.

杨晓荣. 对翻译评论的评论. 中国翻译,1993(4):19-23.

杨晓荣. 关于翻译批评的主体. 外国语文,2003,19(2):126-129.

杨晓荣. 翻译批评导论.北京:中国对外翻译出版有限公司,2005.

杨晓荣. 翻译批评性质再认识.外国语文研究,2010(1):144-151.

杨自俭,刘学云. 翻译新论. 武汉:湖北教育出版社,1999:263-266.

杨自俭. 简论翻译批评——《文学翻译批评论稿序》. 解放军外国语学院学
　　报,2006(1):52-54.

余东. 虽不能至,心向往之——关于翻译标准的思考. 中国翻译,2005(6):
　　15-19.

禹建湘. 空间转向:建构网络文学批评新范式. 探索与争鸣,2010(11):
　　67-70.

余姚晶. 我国网络书评现状与发展研究. 武汉:华中师范大学硕士学位论
　　文,2008.

袁英. 话语理论的知识谱系及其在中国的流变与重构. 武汉:华中师范大学
　　博士论文,2011.

翟香荔. 众包翻译:网络时代的翻译创新及对出版业的启示. 出版发行研究,
　　2015(9):52-54.

张利群. 中国古代文学批评学的性质及定位辨析. 文学前沿,2009(1):8-18.

张妮. 微博客就在我们身边——对微博的传播学思考. 剑南文学(经典教
　　苑),2012(12):274-275.

张蕊. "异军"知乎的突起——浅析知乎的发展现状. 视听,2015(6):
　　147-148.

张涛甫. 微博时代,专业批评如何作为. 决策探索(下半月),2011(3):68-69.

张涛甫. 新传播技术革命与网络空间结构再平衡.南京社会科学,2015(1):

114-120

张文考，黄玉芬. 网络言论自由的限度及其法律保护. 黑龙江科技信息,2008
　　(34)：315-316.

张馨丹. 浅析 VR 新闻对把关人理论的冲击与影响. 新闻研究导刊,2018-
　　01-25.

张艳琴. 网络时代文学翻译读者角色的多重化. 广东外语外贸大学学报,
　　2007(6)：15-19.

张意. 文化与符号权力:布尔迪厄的文化社会学导论. 北京:中国社会科学出
　　版社,2005：56-77.

张颐武. 后新时期文化:挑战与机遇. 战略与管理,1994(1)：112-114.

张莹. 数字化时代翻译研究面对的新现象新课题. 中国翻译,2012(4)：16.

张智勇.新媒体时代的审美意识浅析.新闻爱好者,2019(9)：58-61.

章宗婧. 英语网络书评与报刊书评体裁的评价性对比研究. 北京:北京外国
　　语大学硕士论文,2015.

赵巍,薄振杰. 论翻译批评的对象和性质. 西安外国语大学学报,2008(1)：
　　75-77.

赵颖慧. 冯唐的飞鸟集?.潇湘晨报, 2015-12-20(A05).

赵玉冬. 基于网络学术论坛的学术信息交流研究.图书馆学研究,2010(13)：
　　40-43.

郑云凤. 基于"蒙牛＋超女"与"江中＋红楼"对比分析的"海选营销"方法研
　　究. 中国商界,2009(1)：149-150.

郑永红. 网上求职陷阱的防范. 湖北警官学院学报,2004,17(6)：92-93.

钟明. 翻译作品质量下滑年轻编辑年任务量达 200 万字文化(2011-03-11)
　　[2022-08-15]. https://www.chinanews.com.cn/cul/2011/03-11/2898666.
　　shtml.

周飞亚. 莫借"翻译"行"篡改". 人民日报,2015-12-24(24).

周领顺. 翻译批评上的"三". 第三届全国翻译批评高层论坛,2019.

周领顺. 译者行为批评:理论框架.北京:商务印书馆,2014.

周秋红. 网络文学批评:现状及其走向.南昌:江西师范大学硕士论文,2007.

朱安博,刘畅. 莎士比亚戏剧网络翻译批评研究. 外语研究,2021(1): 76-84.

朱立元. 当代西方文艺理论. 上海:华东师范大学出版社,2002.

朱伟. 网络社会中知识产权的特点. 中国科技信息,2007(9): 130-131.

朱志瑜. 翻译研究:规定、描写、伦理. 中国翻译,2009(3): 5-12.

附录一　网络翻译批评
传播效果问卷调查

一、问卷调查的设计与安排

网络翻译批评主要指网络上原创的翻译批评,即使用电脑或手机等移动设备创作,发布在互联网上的翻译批评。网络作为翻译批评的新阵地,具有极强的传播力与影响力。根据研究需要,笔者特设计此问卷,并在某所高校的部分老师、研究生及高年级本科生中发放并回收了问卷。

1.调查目的

(1)此项调查意在了解不同身份的读者和批评者对于网络翻译批评的看法、接受度、认可度和参与度以及对网络翻译批评的前景展望。

(2)了解网络翻译批评不同的批评主体、批评内容、批评阵地和批评形态的传播情况与效果。

2.调查对象

网络翻译批评参与者、批评者通常具备一定的外语能力和翻译素养,所以调查应集中在大学以上文化程度的人群,但不应局限于外语行业或专业。本调查选取的对象为某高校部分师生。为保证调查对象的代表性并更好地区分目标群体,笔者将调查对象分为三类:大学教师、研究生以及本科生。他们中有的从事语言教学、研究或学习,有的从事其他学科专业的教学、研究或学习,均具备一定的双语,乃至多语翻译能力,对网络翻译批评也有不同程度的涉猎或了解。关于调查对象的详细情况如表1所示。

表1 调查对象详细情况

问卷参与者身份		人数
大学教师	外语专业教师	18
	非外语专业教师	14
研究生	外语专业研究生	22
	非外语专业研究生	25
本科生	外语专业本科生	25
	非外语专业本科生	25
	合计	129

3.调查形式

本调查采用不记名书面问卷及个别访谈的形式。分别向老师、研究生和本科生共发放问卷129份并全数回收。

二、调查结果与情况分析

1.网络翻译批评的参与度

问题3:您是否曾通过网上的评论关注译作的质量?

调查结果:

共有129人回答了该题,其中75人选择"是",约占58%,54人选择"否",约占42%。也就是说被调查者中近六成的人曾通过网上的评论关注译作的质量。而且,其中研究生(约72%)最多,大学教师(约62%)次之,本科生(42%)最少。(参见表2和图1、图2)

表2 调查对象对问题3的回答情况

选项(单选)	不同类型作答人数(人)			总计(人)	所占比例
	大学教师	研究生	本科生		
是	20	34	21	75	58%
否	12	13	29	54	42%

您是否通过网上的评论关注译作的质量？

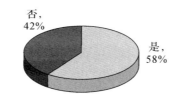

图 1　调查对象对问题 3 的回答

您是否通过网上的评论关注译作的质量？

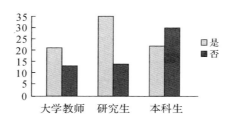

图 2　不同类型的调查对象对问题 3 的回答

分析说明：

被调查者中过半数的人选择"是"，这表明网络翻译批评是目前了解或关注译作的一条重要的途径。研究生较多(72%)采用该途径，一则说明他们对译作的关注度比较高，二则说明较之传统翻译批评方式，他们对网络手段更为青睐。相反，本科生多半(58%)选择"否"的并不出于网络手段的原因，而主要是由于他们对于翻译批评或译作兴趣不高。

问题 4：您是否参与过网络翻译批评？

调查结果：

共有 129 人回答了该题，其中 23 人选择"是"，约占 18%，106 人选择"否"，约占 82%。被调查者中仅 18%参与过网络翻译批评，82%未参与过，参与率较低。其中研究生参与率最高，约为 32%，本科生参与率次之，约为 12%，大学教师参与率最低，不足 7%。(参见表 3 和图 3、图 4)

表 3　调查对象对问题 3 的回答情况

选项(单选)	大学教师	研究生	本科生	总计	所占比例
是	2	15	6	23	18%
否	30	32	44	106	82%

您是否参与过网络翻译批评?

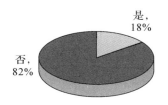

图 3　调查对象对问题 4 的回答

您是否参与过网络翻译批评?

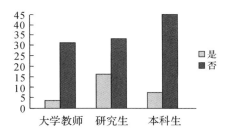

图 4　不同类型的调查对象对问题 4 的回答

分析说明:

被调查者中 58% 的人都曾通过网络翻译批评关注翻译质量,但仅有 18% 参与其中,其他 40% 的人仅仅作为读者。这表明参与翻译批评不仅需要一定的积极性,而且有一定的"门槛",需要专业的知识和理论作为支撑。然而,三个群体中文化层次最高的大学教师参与率反而最低,仅为 7%,远远低于研究生(32%)和本科(12%),这反映出网络作为翻译批评的"年轻"阵地,并未被年龄较大的教师群体所熟悉或应用。

问题 5:您了解/参与网络翻译批评的主要渠道是_____?

调查结果：

被调查者中共有 129 人回答了该题,86 人选择了社交平台,约占 67%,52 人选择讨论组,约占 40%,42 人选择网站,约占 33%,16 人选择 BBS/论坛,约占 12%,21 人选择其他,约占 16%。（参见表 4 和图 5、图 6）

表 4   调查对象对问题 5 的回答情况

选项(可多选)	大学教师	研究生	本科生	总计	所占比例
BBS/论坛	8	3	5	16	12%
讨论组	13	16	23	52	40%
社交平台	23	32	31	86	67%
网站	12	14	16	42	33%
其他	7	4	10	21	16%

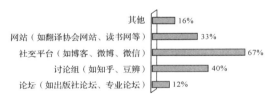

图 5   调查对象对问题 5 的回答

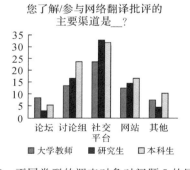

图 6   不同类型的调查对象对问题 5 的回答

分析说明：

大学教师、研究生、本科生三个群体在回答该题时做出了极为相似的选择。博客、微博、微信等新兴社交平台异军突起，凭借其庞大的用户量，成为网络翻译批评不可或缺的重要阵地；豆瓣、知乎等讨论组采用问答、留言的讨论形式，吸引了一大批专业人士，提问者与回答者之间形成良好的互动，从而也拥有了一批数量不群的稳定用户；而传统的网络翻译批评阵地，如网站和BBS/论坛，则逐渐式微，用户活跃度不高。

2.网络翻译批评的接受度

问题6：您对网络翻译批评所持的态度是＿＿＿＿＿＿？

调查结果：

该题共有128人作答，其中52人选择"支持"，约占41%，4人选择"反对"，约占3%，56人选择"中立"，约占56%。大学老师中支持和中立的声音相近(15 vs. 17)，研究生中支持者多于中立者(25 vs. 18)，本科生中支持者远远少于中立者(12 vs. 37)。（参见表5和图7、图8）

表5　调查对象对问题6的回答情况

选项(单选)	大学教师	研究生	本科生	总计	所占比例
支持，接地气，有利于翻译批评的多元发展	15	25	12	52	41%
不支持，批评中主观好恶居多，缺乏专业性和客观性	0	3	1	4	3%
中立，网络手段利弊参半，批评质量良莠不齐	17	18	37	72	56%

您对网络翻译批评所持的态度是？

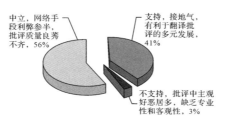

图7　调查对象对问题6的回答

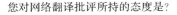

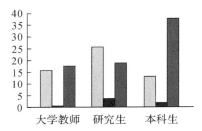

图 8　不同类型的调查对象对问题 6 的回答

分析说明：

被调查者中"中立派"过半,支持者仅占四成,这说明他们对于网络翻译批评的态度并不是十分积极,接受度还有待提高。三个群体中,研究生态度最为积极,这与前面调查中所得出的"研究生参与度最高"这一结论相印证;而本科生中"中立派"(约占76%)最多,这也符合前面本科生"通过网络评论关注译作的比率(42%)最低"及"网络翻译批评参与率(12%)低"的统计结果,说明本科生在三个群体中对于翻译批评及网络翻译批评的了解最少,积极性较低。

问题 7:您认为网络翻译批评的发展趋势应当是_____?

调查结果:

该题 128 人回答,2 人答案无效,有效选择 126 人。其中,37 人选择"让专业的人做专业的事,将网络翻译批评专业化",约占 28%,14 人选择"加大网络翻译批评力度,号召广泛参与,集思广益",约占 10%,76 人选择"专业翻译批评与网络翻译批评能够更加有效地结合",约占 59%,4 人选择"保持现状",约占 3%。(参见表 6 和图 9、图 10)

表 6　调查对象对问题 7 的回答情况

选项（单选）	大学教师	研究生	本科生	总计	所占比例
让专业的人做专业的事，将网络翻译批评专业化	9	9	17	35	28%
加大网络翻译批评力度，号召广泛参与，集思广益	2	7	4	13	10%
专业翻译批评与网络翻译批评能够更加有效地结合	20	30	24	74	59%
保持现状	1	1	2	4	3%

您对网络翻译批评的发展趋势应当是？

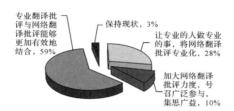

图 9　调查对象对问题 7 的回答

您对网络翻译批评的发展趋势应当是？

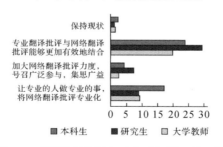

图 10　不同类型的调查对象对问题 7 的回答

分析说明：

被调查者中近六成认为，专业翻译批评应当与网络翻译批评有效结合，近三成认为应当将网络翻译批评交由专业人士。这些都表明网络翻译批评虽具有较强的影响力,但在专业性上有所欠缺,应当是下一步发展所需注意的问题,也说明了网络翻译批评如果不能与学院翻译批评相融合,那么仍然无法真正地得到充分的重视,也无法获得其应有的地位。

3.网络翻译批评的可信度与传播效果

问题8:您认为以下网络翻译批评阵地中,哪一类可信度最高或传播效果最好?

调查结果:

该题共有129人作答。其中57人选择"BBS/论坛",约占44%,37人选择"讨论组",约占29%,47人选择"社交平台",约占36%,57人选择"网站",约占44%,6人选择其他,约占5%。(参见表7和图11、图12)

表7　调查对象对问题8的回答情况

选项(可多选)	大学教师	研究生	本科生	总计	所占比例
BBS/论坛	16	14	27	57	44%
讨论组	14	6	17	37	29%
社交平台	6	26	15	47	36%
网站	15	20	22	57	44%
其他	1	1	4	6	5%

您认为以下网络翻译批评阵地中,哪一类可信度最高或传播效果最好?

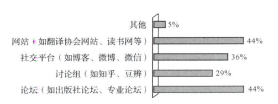

图11　调查对象对问题8的回答

您认为以下网络翻译批评阵地中，哪
一类可信度最高或传播效果最好？

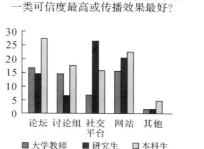

图 12　不同类型的调查对象对问题 8 的回答

分析说明：

根据调查结果，被调查者中认为可信度最高或传播效果最好的网络翻译批评阵地首先是 BBS/论坛和网站，选择率均为 44%，而拥有庞大用户基数的社交平台（36%）以及专业性较高的讨论组（29%）则排在其后。初看这一结果，这似乎与前面关于参与度的调查结论相左，但仔细想来，BBS/论坛和网站这些传统网络阵地虽有式微之势，但毕竟经年运行，在成熟性和可信度方面较新兴阵地有一定优势。

问题 9：您认为可信度较高的网络翻译批评主体是_____？

调查结果：

该题共有 129 人作答，其中 66 人选择"名人或专家"，约占 51%，106 人选择"权威机构"，约占 82%，7 人选择"熟悉的朋友"，约占 5%，24 人选择"陌生网友但批评得有理有据"，约占 19%。（参见表 8 和图 13、图 14）

表 8　调查对象对问题 9 的回答情况

选项（可多选）	大学教师	研究生	本科生	总计	所占比例
名人或专家	18	25	23	66	51%
权威机构（如翻译协会、编辑部等）	26	34	46	106	82%
熟悉的朋友	4	0	3	7	5%
陌生网友但批评得有理有据	8	3	13	24	19%

您认为可信度较高的网络翻译批评主体是__?

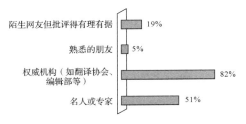

图 13　调查对象对问题 9 的回答

您认为可信度较高的网络翻译批评主体是__?

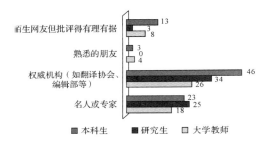

■ 本科生　■ 研究生　□ 大学教师

图 14　不同类型的调查对象对问题 9 的回答

分析说明：

从这一调查结果我们可以看出，"权威"效应在网络翻译批评的信任度方面影响非常明显，大家普遍比较信赖专家、名人或权威等这些"意见领袖"。在互联网的海量翻译评论中，人们很难亲力逐一甄别良莠，而带有"名气"或"权威"标签的意见往往具有较高价值，更容易为人们所接受。因而，虽然网络上"唯名不唯实"的现象比较突出，但也不失为一种高效的方法。

问题 10：您认为网络翻译批评中何种批评形态传播效果更好？

调查结果：

被调查者中共有 129 人回答该问题，52 人选择"话题讨论"，约占 40%，26 人选择"文本式批评"，约占 20%，47 人选择"专题探讨"，约占 36%，22 人选择"学理性批评"，约占 17%。（参见表 9 和图 15、图 16）

表9   调查对象对问题10的回答情况

选项（可多选）	大学教师	研究生	本科生	总计	所占比例
话题讨论	17	15	20	52	40%
文本式批评	8	14	4	26	20%
专题探讨	10	14	23	47	36%
学理性批评	7	6	9	22	17%

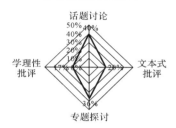

图 15   调查对象对问题 10 的回答

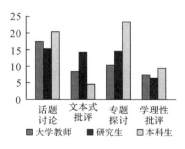

图 16   不同类型的调查对象对问题 10 的回答

分析说明：

不同的批评形态在网络翻译批评中所产生的传播效果不同。通过调查，我们可以发现，被调查者认为传播效果较好的批评形态集中在"话题讨论（40%）"和"专题探讨（36%）"。这两种形态都属于互动性较强的批评形态，可以在网络上调动网民的参与积极性，因而传播效果也会相应增强。

问题 11：何种类型的网络翻译批评更容易让人关注？

调查结果：

该题共有 129 人作答，其中 99 人选择"语言幽默、个性鲜明的评论"，约占 77%，11 人选择"深刻或装作深刻的批评"，约占 9%，28 人选择"邀请职业批评者参与的专题探讨"，约占 22%，13 人选择"与主流观点对立的翻译评论"，约占 10%。（参见表 10 和图 17、图 18）

表 10 调查对象对问题 11 的回答情况

选项（可多选）	大学教师	研究生	本科生	总计	所占比例
语言幽默、个性鲜明的评论	27	36	36	99	77%
深刻或装作深刻的批评	3	4	4	11	9%
邀请职业批评者参与的专题探讨	5	12	11	28	22%
与主流观点对立的翻译评论	3	8	2	13	10%

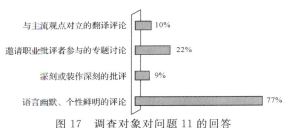

图 17 调查对象对问题 11 的回答

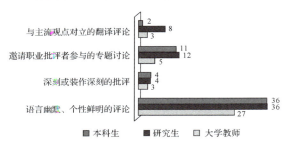

图 18 不同类型的调查对象对问题 11 的回答

分析说明:

在这个选项中,"语言幽默、个性鲜明"还是得到了大多数受试者的青睐,说明在网络上,语言仍然是吸引和影响受试者判断的主要因素。其次邀请职业批评者参与的专题探讨也是能够得到更多认可的选项,说明受试者对于职业批评者的专业性更加地看重,这一点也和前面对于批评主体的可信度选项相符。

问题12:您认为影响网络翻译批评传播效果的最重要因素是_____?

调查结果:

被调查者中129人回答了该题,其中38人选择"批评阵地",约占29%,41人选择"批评主体",约占32%,24人选择"批评形态",约占19%,60人选择"批评内容",约占47%。(参见表11和图19、图20)

表11 调查对象对问题12的回答情况

选项(可多选)	大学教师	研究生	本科生	总计	所占比例
批评阵地	7	19	12	38	29%
批评主体	12	16	13	41	32%
批评形态	8	9	7	24	19%
批评内容	15	19	26	60	47%

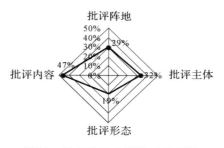

图 19 调查对象对问题12的回答

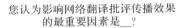

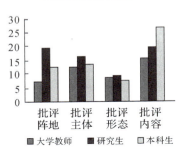

图 20　不同类型的调查对象对问题 12 的回答

分析说明：

批评阵地是在哪里批评,批评主体是谁来批评,批评形态是以哪种形式来批评,批评内容是批评的客体。这四个选项中,批评内容所占比例最高,说明受试者最关心的是批评的客体,也就是批评了什么,批评得怎么样,其次是谁来批评,然后在哪里批评,最后是以什么形式批评。

三、总体分析和评估

本研究通过问卷调查和个人访谈有三个发现:(一)网络翻译批评的参与度和关注度并没有预想中高,但受试者都非常支持网络翻译批评的发展;(二)受试者对网络翻译批评的未来充满希望,同时也希望学院翻译批评和网络翻译批评能够有机地融合;(三)在传播效果方面,受试者对于批评主体的专业性、批评的语言效果、批评的内容以及互动性强的批评形态较为重视。

附录二 网络翻译批评
传播效果问卷调查表

亲爱的老师/同学:

您好！为了更好地了解网络翻译批评的传播情况与效果，我们特设计此问卷。问卷为匿名调查，所统计、分析的数据仅用于学术研究，望如实回答。非常感谢您的支持！

网络翻译批评主要指的是那些在网络上原创的翻译批评，即用电脑或手机创作、在互联网上首发的翻译批评。

（说明:请在您所选择的□或○上打√,□为单选,○可多选）

1.您的身份是_____?

□老师　　　□研究生　　　□本科生

2.您是否从事外语教学/研究/学习?

□是　　　　□否

3.您是否曾通过网上的评论关注译作的质量?

□是　　　　□否

4.您是否参与过网络翻译批评?

□是　　　　□否

5.您了解/参与网络翻译批评的主要渠道是_____?

○BBS/论坛(如出版社论坛、专业论坛等)

○讨论组(如知乎、豆瓣)

○社交平台(如博客、微博、微信)

○网站(如翻译协会网站、读书网等)

○其他

6.您对网络翻译批评所持的态度是?

□支持,接地气,有利于翻译批评的多元发展

□不支持,批评中主观好恶居多,缺乏专业性和客观性

□中立,网络手段利弊参半,批评质量良莠不齐

7.您认为网络翻译批评的发展趋势应当是?

□让专业的人做专业的事,将网络翻译批评专业化

□加大网络翻译批评力度,号召广泛参与,集思广益

□专业翻译批评与网络翻译批评能够更加有效地结合

□保持现状

8.您认为以下网络翻译批评阵地中,哪一类可信度最高或传播效果最好?

○BBS/论坛(如出版社论坛、专业论坛等)

○讨论组(如知乎、豆瓣)

○社交平台(如博客、微博、微信)

○网站(如翻译协会网站、读书网等)

○其他

9.您认为可信度较高的网络翻译批评主体是_____?

○名人或专家　　　　○权威机构(如翻译协会、编辑部等)

○熟悉的朋友　　　　○陌生网友但批评得有理有据

10.您认为网络翻译批评中何种批评形态传播效果更好?

○话题讨论　　　　○文本式批评

○专题探讨　　　　○学理性批评

11.何种类型的网络翻译批评更容易让人关注?

○语言幽默、个性鲜明的评论

○深刻或装作深刻的批评

○邀请职业批评者参与的专题讨论

○与主流观点对立的翻译评论

12.您认为影响网络翻译批评传播效果的最重要因素是_____?

○批评阵地　　　　○批评主体

○批评形态　　　　○批评内容

中華譯學舘·中华翻译研究文库

许　钧◎总主编

第一辑

第二辑

第五辑